リベラルアーツの学び方

THE TRUE VALUE OF LIBERAL ARTS

瀬木比呂志

HIROSHI SEGI

Discover
ディスカヴァー

リベラルアーツの学び方

はしがき――リベラルアーツをあなたのものに

知は力である

フランシス・ベーコン

この本は、若手・中堅のビジネスパーソン、学生、一般社会人・読書人を対象として、僕の考えるリベラルアーツの全領域を紹介するとともに、それをいかに学ぶかについて語るものです。

「リベラルアーツ」の起源は、ギリシア・ローマ時代にまでさかのぼり、当時は、自由人（奴隷を所有することが許されている人、つまり、奴隷ではない人）が学ぶ必要のある自由七科《しちか》、具体的には文法学、修辞学、論理学、算術、幾何学、天文学、音楽を意味しました。現在の大学でいえば教養課程に属する科目ということになります。

しかし、近年注目されている意味での「リベラルアーツ」は、大学における基本科目という趣旨よりも、そのもともとの意味、すなわち、「人の精神を自由にする幅広い基礎的学問・教養」という趣旨で、とりわけ、その横断的な共通性、つながりを重視する含みをもって用いられる言葉だといってよいでしょう。

つまり、実践的な意味における生きた教養を身につけ、自分のものとして消化する、そして、それらを横断的に結び付けることによって広い視野や独自の視点を獲得し、そこから得た発想を生かして新たな仕事や企画にチャレンジし、また、みずからの人生をより深く意義のあるものにする、そうしたことのために学ぶべき事柄を、広く「リベラルアーツ」と呼んでよいと思います。そのような意味におけるリベラルアーツは、自然・社会・人文科学のみならず、広い意味での思想、批評、ノンフィクション、そして各種の芸術までをも含むでしょう。

日本の大学では学べず独学が必要なリベラルアーツ

日本でも、一部の大学には教養学部が存在します。僕の卒業した東京大学

実践的な意味における生きた教養を身につけ、
自分のものとして消化する、そして、
それらを横断的に結び付けることによって
広い視野や独自の視点を獲得する

にも教養学部があります。東大の一、二年生は、皆、駒場の教養学部に属していて、三年生になるとそれぞれの専門学部（教養学部後期課程を含む）に進学してゆくわけです。

しかし、そのような大学は日本ではごくわずかであり、また、そうした大学においても、先に記したような意味でのリベラルアーツが十分に教えられているかといえば、それは疑問です。教養学部のカリキュラムも要するに諸学の寄せ集めにすぎず、それらの間の横断的共通性はほとんど意識されていません。

また、日本の大学には、自由な精神とはほど遠い学部や学科ごとに細かく分断されたセクショナリズムの伝統があって、教授たちの教え方も、上から下に知識を下げ渡す方向の権威主義的なものである場合が多く、少人数の対話型演習もあまり行われていません。つまり、欧米の大学のようにリベラルアーツを体系的、系統的に学ぶことができるようなシステムにはなっていないのです。

これに対し、ヨーロッパの大学にはギリシア・ローマ時代以来のリベラルアーツ教育、学際的教育の伝統がありますし、アメリカには、第1部でもふれるとおり、少人数でリベラルアーツを深く学ばせることを目的としたリベラルアーツカレッジが存在します。

以上のような日本における大学のあり方、教育のあり方の欠陥は、やはり第1部でふれる「タコツボ型社会」の弊害《へいがい》、その構造的な問題の帰結でもあります。

学生たちも、一般的にいえば、ただ修了のために必要な単位をこなしているだけで、主体的に学問の本質やほかの分野との関連を学ぼうという姿勢には乏しいといわれています。したがって、教養学部あるいは教養課程は終えたがリベラルアーツあるいはその本質、精神はあまり身についていない、という結果になりがちです。

これは、日本における外国語、ことに英語教育について起こっている事態に似ています。中学校から大学前期まで八年間も英語を学んでも、それだけで簡単な日常会話やビジネス会話ができる学生はほとんどいませんし、手紙のような日常的な書面でも、短い時間で書ける人はまれです。本当に英語を身につけるためには、各種の教材等を利用して自分で学ぶしかないのが現実です。

リベラルアーツについても全く同様であり、大学で学んだ基礎的教養を本当に自分のものにするためには、独学が必要なのです。

この本は、そのためのお手伝いをするもの、リベラルアーツの各分野とその特質を解説し、すぐれた書物や作品を紹介するとともに、「リベラルアーツの学び方」について解説する書物です。「リベラルアーツの学び方」はそれなりに高度な技術ですが、本書では、それを、できる限り、興味深く、わかりやすく、楽しく学んでいただくことができるように努めています。

現代においてリベラルアーツを学ぶことが求められている理由

リベラルアーツを学ぶことの意味、その学び方を身につけることの意味について、さらに考えてみましょう。

現在の日本は、バブル経済崩壊後の停滞の時代に入ってから久しいといわれます。その停滞の根本的原因は構造的、経済的なものです。しかし、同時に、世界のあり方が大きく変わったにもかかわらず、日本が、また僕たち日本人が、これまでの古い枠組み、たとえば、「東大をはじめとする官学（権力が正統として認め、統治や支配のよりどころとした学問）的な学風の強い大学で、行政・司法官僚を養成し、彼らに民間を指導させる」といった、明治時代以来推し進め、先の大戦における敗戦で仕切り直しと修正を行いながらもその基本は変えてこなかった枠組みに固執していることの問題も、大きいと思います。

このような枠組みでは、官僚の劣化がそのまま国家や社会の劣化を招き、また、人々が自分で考え、決断する力も育たない。そのことが明らかになってきているのに、誰もその枠組みを作り替えられないでいるのが、現在の日本だと考えます。

単線的な成長が終わり、生涯雇用の原則も崩れ、グローバルな競争力が必要となった今こそ、そのような世界で生き抜いてゆくための基本的方法・戦略として、個々の人間が、自分の頭で考え、自分の頭で判断して、みずからの人生に新たな局面を切り開いてゆくことが求められています。

また、それは絶対に必要なことでもあります。たとえば官僚や政治家、あるいは経済界や企業の上層部等の人々が設定した枠組みを一歩も超えずにその中で努力しているだけでは、もう、だめなのです。近年の政治、行政、司法の劣化、中心的な政治家、官僚、裁判官、学者等の劣化、国家や社会の将来の方向を見据えてきちんとした議論や検証を行う姿勢の欠如、そのために

個々の人間が、自分の頭で考え、自分の頭で判断して、みずからの人生に新たな局面を切り開いてゆくことが求められている

生じているさまざまな制度・システムの問題、一例を挙げれば国家の財政問題、原発事故と原子力発電のあり方、エネルギー政策をめぐる問題、そうした事柄をみれば、官僚主導の「護送船団方式」的なやり方がもはや機能していないことは明白だと思います。

個々の日本人が自分の力で考えなければ、自分自身の人生を主体的に切り開いてゆくことも、企業等の集団、あるいは社会や国家の、新たな、そして自由でより豊かな枠組みを作ってゆくことも、難しいでしょう。

そのような意味で、考える方法や感じる方法の生きた蓄積であるリベラルアーツは、個々人がみずから考え、発想し、自分の道を切り開いてゆくための基盤として、まず第一に必要とされるものではないかと思います。

しかし、現代の若者には、かつてに比べてもこうした教養、リベラルアーツが不足しているとの指摘があります。インターネットからいろいろな情報は得ているが、それらを統合する核になるような基本的な知識、方法が不足している。旺盛《おうせい》で幅広い好奇心に欠け、考える力が弱い。物事の本質をとらえる力、異質なものの間に共通点を見出してそれらを統合する力が弱い。マニュアル指向で指示されたことはそつなく効率よくこなせるが、自分で新し

考える方法や感じる方法の生きた蓄積である
リベラルアーツは、個々人がみずから考え、
発想し、自分の道を切り開いてゆくための
基盤として、まず第一に必要とされるもの

いものを作り出すのは苦手。たとえばそうした言葉、苦言を、その指摘が本当に正しいか否かはおくとして、経営者をはじめとする社会のリーダーたちからよく聞きます。

これは、ある意味世界的な傾向、ことにその中でも相対的に豊かないわゆる先進諸国に共通してみられる傾向であり、情報の氾濫《はんらん》や教育・受験制度のあり方等の構造的な問題にも大きな原因があります。

こうした国々では、若者たちは、めまぐるしい時代の変化、生活様式のアップデートについてゆくことで精いっぱいになりがちです。僕自身、法科大学院で教えている学生たちをみていても、そうした傾向は否定できないと思います。

けれども、その結果として、現代の若者たちが失っているものも多いことは、考えてみる必要があるでしょう。考える力や考える方法、新たな発想、勇気あるチャレンジ精神、そうしたものは、知性、感性に基礎力がないと、なかなか養われません。そうした基礎力がないと、競争にも弱くなりますし、人が気付いていない領域を見出して新たな視点からそれに挑むことも、難しいでしょう。

たとえば、誰もが相当の勉強をし、教授も熱心に教える法科大学院では、多くの学生が、ある程度の力はもっています。司法試験に早く合格するためには、そうした学生たちの間で「頭一つでよいから人より上に出る」、そうした知識、発想、思考力、文章術等が必要なのです。しかし、それらを備えている学生の数は多くない。本当の意味で考える方法、思考の方法を知らない学生が多いのです。

もともとはすぐれた素質をもっているはずの多くの若者たちが、受験・教育制度の問題や情報社会のあり方の問題等によって、限られた能力しか発揮できない状態にあるとしたら、非常に不幸なことです。

もし、彼らが、獲得してきた知識や情報を断片的な形にとどめず、横断的で幅広い思考の基盤とすることができたなら、また、それらの知識をより深みと広がりのあるものにするための思考の方法や枠組み、発想の方法を知ることができたなら、①パースペクティヴ、すなわち広がりと奥行きのあるものの見方と、②ヴィジョン、すなわち洞察力と直感により本質をつかむものの見方（これらは僕自身の定義です）、その双方を獲得することができ、その結果、もっている能力を存分に生かすことが可能になるでしょう。

リベラルアーツは、①パースペクティヴ、
すなわち広がりと奥行きのあるものの見方と、
②ヴィジョン、すなわち洞察力と直感により
本質をつかむものの見方、双方の基盤になるもの

リベラルアーツは、右の、パースペクティヴ、ヴィジョン、それら双方の基盤になるものです。したがって、これらを身につけるためには、主体的に、また、系統的に、リベラルアーツを学び直すことが必要なのです。

冒頭に掲げたイギリスの哲学者フランシス・ベーコンの言葉「知は力である」は、正しくは、「知識は力である《ノリッジ・イズ・パワー》」です。近代の始まりにあって、ベーコンは、物事を観察して得られる知識こそ、それから何かを生み出す「精神の道具」であることを鋭く見抜きました。そして、ヨーロッパ大陸における哲学の主流である演繹《えんえき》法、つまり、まず一般的、普遍《ふへん》的な原理、法則を立ててそこから理論を導き出してゆく考え方に対し、帰納法、つまり、物事を観察して得られる個々の具体的な事実を総合して一般的、普遍的な原理、法則を導き出す考え方を提言したのです。

この経験主義的な考え方は、第3部の哲学の部分等でもふれるとおり、本書を書くに当たって僕がとっている考え方の基本でもあります。個々の書物や作品から得られる多様なリベラルアーツの知恵の集積、それこそ、自分の頭で考えるための最強の武器になるということです。

フランシス・ベーコン (Francis Bacon)
1561-1626

リベラルアーツを学ぶことの意味については、第1部でさまざまな観点から説き明かしていますが、若い読者の中には、その部分を読んでもなお十分にはその必要性が納得できない、腑《ふ》に落ちないという人もいるかもしれません。

しかし、そうした読者も、もう少し年齢が上がって、たとえば、部下をもったとき、新たな仕事を任せられたとき、新たな発想をもって事業のスキームを組み立てることを求められたとき、あるいは、海外の人々とのビジネスに携《たずさ》わり、プライヴェートな局面でも彼らと付き合ってゆくことが必要になったときなどに、きっと、その必要性をひしひしと実感することになるはずです。

本書の構成

では、リベラルアーツとは具体的には何を指すのでしょうか？

この本では、リベラルアーツとして、自然科学、社会・人文科学、思想、批評、ノンフィクション、文学、映画、音楽、漫画、広い意味での美術というワイドレンジな対象をボーダーレスに取り上げ、それらのリベラルアーツとしての共通性を軸に、個々の分野の発想や方法、その焦点を、実例を挙げながら語ってゆきます。

具体的には、以下のとおりです。

「第1部 なぜ、リベラルアーツを学ぶ必要があるのか？」では、教養を、普通にいわれているような狭い意味ではなく、リベラルアーツという観点から広く深くとらえ直し、それらを学ぶことのさまざまな意味、効用を説き明かします。

「第2部 リベラルアーツを身につけるための基本的な方法と戦略」では、リベラルアーツを身につけるために効果的な各種の方法やスキルを、僕なりの視点から整理、解説します。

「第3部 リベラルアーツとしての教養を高める方法——何をどのように学ぶか？」では、リベラルアーツを学ぶという観点から書物の読み方、芸術への接し方について語った後、同様の観点から、自然科学、社会・人文科学、思想、批評、ノンフィクション、そして、文学、映画、音楽、漫画、美術等の芸術諸分野について、さまざまな書物と作品を取り上げつつ、具体的に紹介、解説してゆきます。

最も分量の多い第3部は、僕の考えるリベラルアーツの各分野を紹介、解説するとともに、その横断的共通性に留意しつつ、各分野の本質、特徴について語り、それとの接し方や学び方を身につけていただくことを意図しています。つまり、できる限り、個々の書物や作品のリスト的な紹介にとどまらず、それらを深く読み、感じ、考えて、そこから自分自身の教養、リベラルアーツを組み上げる「方法」をも理解できるような、また、それぞれのリベラルアーツ固有の「発想」をも理解できるような、そうした記述に努めるということです。

人々を飢餓から救うやり方としては、個々の食物を与えるとともに食物の作り方を教えることも重要であるといわれます。本書も、リベラルアーツのカタログを示すにとどまらず、それと付き合い、そこから学ぶための方法を提示することに努めています。もちろん、個々の書物や作品についてもできる限り的確な紹介や分析を行いますが、それとともに、読者がそのような紹介、分析を読み進めるうちに「リベラルアーツの学び方」についても自然に理解でき、それが身についてゆく、そのような記述のあり方を心がけているということです。

読者は、個々の書物や作品の紹介、分析を読み進めるうちに、リベラルアーツを組み上げる「方法」と、それぞれのリベラルアーツ固有の「発想」を理解できる

この本が取り上げる分野は自然科学、社会・人文科学、ノンフィクション等から各種の芸術に至るまで非常に広いので、個々の書物や作品の詳細な分析までは無理であり、前記のような「方法」を明らかにするにも、紙数からくる一定の限界はあります。しかし、三部から成る書物の構成、各分野のリベラルアーツとしての意味についての考察、具体的な書物・作品選択のあり方等をも含めた記述の全体を通じて、リベラルアーツに関する僕の考え方を理解し、リベラルアーツに対する接し方、学び方の核心を理解していただくことは、十分に可能だと思っています。

また、本書の特色の一つとして、第3部の中で芸術に比較的多くの頁をさいていることが挙げられます。これは、後にもふれるとおり、芸術は、個々の作品として受容する、楽しむだけでなく、リベラルアーツとしての知恵や方法の供給源としても利用できるし、その深さや鋭さも社会・人文科学等の学問に決して劣らないという僕の考え方、実感によります。

以上のとおり、本書の目的は、読者の皆さんにリベラルアーツの内容を紹介し、その学び方についても解説することを通じて、物事の本質をとらえる力、それらの横断的共通性をとらえる力を身につけ、「心のある知性」、つま

物事の本質をとらえる力、それらの横断的共通性をとらえる力を身につけ、「心のある知性」、つまり、「感性の裏付けのある生きた知性」を身につける

り、「感性の裏付けのある生きた知性」を身につけていただくことにあります。

なお、書かれている事柄の性質上、第1部はやや抽象度が高く、第2部、第3部と進むにしたがって記述が具体性をもち、その意味ではわかりやすくなっているかと思います。第1部から読んでゆくのが最も理解しやすいとは思いますが、理屈については後からでよいと思う人は、目次や本文にざっと目を通した上で、第2部、あるいは第3部から先に読み始めていただいてもかまいません。

最後に、簡単な自己紹介をしておきたいと思います。

僕は、東京大学法学部卒業後裁判官となりましたが、その仕事には飽き足らず、判事補から判事になった前後から、民事訴訟法諸分野の研究や日本の法制度の法社会学的研究に打ち込み、また、実名や筆名での執筆を行ってきました。二〇一二年に明治大学法科大学院専任教授に転身し、そこで民事訴訟法を教えています。また、学者転身後に、『絶望の裁判所』、『ニッポンの裁判』〈ともに講談社現代新書〉で、自由主義者の視点から、日本の裁判所・裁判官制度、裁判全般の批判的、構造的分析を行い、さまざまな分野の知識人やジャーナリストから広く反響を得ました。

以上の過程で、哲学者、思想家、芸術家、ジャーナリスト、編集者等いろいろな分野の人々と交流し、専門外の事柄についても多くを学ぶことができました。

とりわけ、実務と研究を並行して行い、裁判官、学者、ライターという、「生きた人間の営みを対象とする三つの仕事」に関わってきた点は、かなり珍しい経歴ではないかと思います。そして、それらの仕事を並行して行ってゆくための基盤としては、リベラルアーツが何よりも重要でした。

この本では、そのような僕のキャリア、経験から獲得した、生きた知識としてのリベラルアーツ、また、その学び方について語りたいと思います。リベラルアーツに関心をもち、それを主体的に学びたいと考えている読者の方々にとって一つの参考になれば幸いです。

引用した書物については原則として出版社を記しています（訳者の違いもあるので、そのことも考慮した上、代表的なものやなるべく入手しやすいものを選んでいます）が、文学、漫画等ではごく一部を除き省略しています。また、絶版ないしは品切れの点についても記していません。今日では、インターネットの利用によって、古書でも容易に探索、入手が可能になっているからです。書物や作品の年代については、文脈との関係上必要な場合にのみ特定しています。芸術作品については、独立した書物等の形を取ることが多いものは『　』で、短編等その一部を構成することが多いものは「　」で、それぞれ示していますが、厳密なものではありません。海外人名の表記は、慣例により、また、姓のみによっている場合もあります。

なお、本文においてゴシック体で示した書物、作品は索引に掲載されているものです。また、書物、作品、人名のうちその右側に傍線が記されているものは、下方に図版が掲載されています。

第3部　実践リベラルアーツ
――何からどのように学ぶのか？

第1部
なぜ、リベラルアーツを学ぶ必要があるのか？

第1部では、人々が、ことにその中でも若手・中堅世代が、リベラルアーツを学ぶ、学び直すことの意味、なぜそうする必要があるのかについて、八つの視点から語るとともに、その過程で、僕の考えるリベラルアーツの内容についても明らかにしてゆきます。

「リベラルアーツ」は知識、とりわけ権威付けのために用いられる知識ではなく、生きた、実践的な教養です。横断性、普遍性、広い世界とのコミュニケーションの基盤、飾りやファッションではなく身につき使いこなせる教養、その人固有の「生」の形と結び付いた教養、理論と実践の両輪をつなぐシャフト、といった観点が重要になります。

独自のパースペクティヴ、ヴィジョン、価値観、人生観、世界観、人間知の基盤となるような教養ということです。

人のいうことを正確に理解する力、さらには、自分で考える力、また、新たな重要課題、すなわちアジェンダを設定する力は、リベラルアーツの蓄積がなければ育ちません。

また、リベラルアーツを学び続けることは、人生に新たな局面を切り開くための最も有効な投資ともなりえます。そして、何よりも重要なのは、リベラルアーツを学ぶことで、僕たちが僕たち自身の人生をより充実した意味深いものにしてゆくのが可能になることでしょう。

1 リベラルアーツは、単なる知識の蓄積、教養のための教養ではない

「教養」なんて、ただの自己満足かカッコつけ？

法科大学院で未来の法律家をめざす学生たちにリベラルアーツとしての教養の重要性を説こうとすると、次のような意見に出会うことがあります。

「私は、自分に興味のないことはできないし、小難しい話もできれば聞きたくない人間です。暇な時間があれば、一般的に教養とされているような面倒くさい知識を習得するよりも、漫画やアニメでも見ていたいです。

豊かな精神を身につけるには、必ずしも教養など必要ではなく、かえって、人のもっていない知識を得ることで、自己満足や慢心におちいる危険もあるのではないでしょうか？

また、難しい本を読むよりも、漫画のセリフ一つから、より深い印象をもって同じことが学べる場合だってあると思います」

僕は、この学生のいうことはよくわかりますし、基本的に同意できます。彼、彼女に間違いがあるとすれば、教養というものを、「人より自分がまさっていることをひけらかすための小難しい知識の蓄積、生き生きした実感からほど遠いもの、したがって何の役にも立たないもの」と決め付けてしまっていることです。

こうした教養のとらえ方はことに現代の若者に特徴的だと思いますが、このような認識が広まってしまったことについては、学者やメディアの型にはまった教養のとらえ方、教え方、紹介の仕方にも一つの原因があると思います。

しかし、このような認識は誤っています。

本来的な意味における教養、リベラルアーツとは、そうした古くさくて型にはまった、他人にひけらかすための「飾り」ではありません。学生のいう「漫画」も立派な教養の一分野でありうると思います。また、いわゆる古典的な教養書よりも同時代の芸術、たとえば漫画のセリフ一つのほうがその人にとっての「真理」をよりダイレクトに伝えるといったことも、十分にありうると思います。

「小難しくて面白くもないカビの生えたような権威主義的知識の蓄積＝教養」、「楽しめる漫画やアニメ＝教養とは関係のない息抜き」という二分法的認識は、多数の日本人、ことに若者の素直な本音だと思います。

しかし、このような認識は、古典のもっている時代を超えても失われない強靭《きょうじん》な思考やメッセージの力と、同時代の大衆芸術のもっている生き生きとしたポップ感覚に裏付けられたメッセージの力を、双方とも見逃してしまう結果を招きます。

このような二分法に立ってみる限り、古典は難しくてカビくさいだけで面白くも何ともない書物であり、一方、漫画は、たとえある瞬間そこから強烈な印象を受けることがあったとしても、基本的には、一時的なものとして消費されてゆく楽しみ、娯楽でしかありえず、したがって、先の貴重な印象も、読み手の心の中で意味付けられ定着することのないまま一つの孤立した印象として漂っているだけ、ということになってしまうからです。

単なる知識ではなく、柔軟な思考力、想像力、感性を身につけるためのもの

僕のいう教養に、ジャンルの絶対的な区分やそれら相互の上下の区別はありません。ただ、どのジャンルの作品にも、すぐれたものとそうでないものがあるというだけです。また、すぐれているか否かの基準も、絶対的なものではないでしょう。

僕自身は、この本で、書物であればその質を中心に、作品であれば審美的にかなり高い基準をとりながら、対象を選択していますが、それは、あくまで僕の視点からの選別であって、ほかの視点を排除するものではありません。ただ、僕は、自分の基準について、十分な根拠のある一つの見方としてそれを説明できるとは思っています。

僕の考える教養、リベラルアーツの最も重要な性格は、ボーダーレス、ジャンルレスの横断的共通性です。つまり、ジャンルによる上下の区別も付けないし、ジャンルの区別も絶対的なものとはみません。そして、それらの中から特定のものを選択する基準は、個々の書物や作品の質だけです。

教養、リベラルアーツの最も重要な性格は、ボーダーレス、ジャンルレスの横断的共通性

このようにボーダーレス、ジャンルレスの横断的共通性を軸にしてリベラルアーツをとらえると、それらの共通の基盤になっているものがよくみえるとともに、ほかのジャンル、ことに隣接したジャンルとの対比によって、それぞれのジャンルの本質や特徴、また、個々の書物や作品の本質や特徴も、よりよくみえてきます。

こうした、リベラルアーツ全体を貫く基盤と個々のジャンルや作品の本質、その双方を見極める作業は、知的であると同時に、感覚的な、つまり感性に訴えるものでもあります。知性と感性を駆使しなければ、異なるジャンルから共通するものを抽出することはできないし、リベラルアーツ全体の中に個々の作品を位置付けながらその本質を掘り下げることもできないからです。

僕たちは、自然科学、社会・人文科学、思想、批評、ノンフィクション、そして、芸術諸分野の提供する人間と世界についての知識、情報、感覚を総合することによって、さらに、それらが提供するさまざまな視点をとり、またそれらの間を移動することによって、柔軟で強靱な思考力、想像力、感性を身につけることができます。また、パースペクティヴすなわち広がりと奥行きのあるものの見方と、ヴィジョンすなわち洞察力と直感により本質をつかむものの見方の、双方を身につけることもできるはずです。

リベラルアーツ全体を貫く基盤と個々のジャンルや作品の本質、その双方を見極める作業は、知的であると同時に、感覚的な、つまり感性に訴えるものでもある

以上のような知的・感覚的作業を繰り返すことによって、横断的でありかつ深い教養が身につけば、自然に、物事や世界をみる眼は深くなり、新たな発想や独自の発想も浮かんでくることでしょう。

いいかえれば、リベラルアーツを学ぶことによって、僕たちは、考える力と感じる力の双方を、ともに伸ばすことができるのです。

こうした意味での教養が、単なる知識の蓄積、教養のための教養ではないことは、もうおわかりではないかと思います。

2 タコツボ型の「知識」から横断的な「教養」へ

日本社会はタコツボ型社会

丸山真男という政治学者、思想家が、『日本の思想』（岩波新書）の中（129頁以下）で、ササラ型とタコツボ型という言葉を用いて、文化の型の分類を行っています。

ササラ型というのは、今となってはいささか古いたとえですが、竹や木の先のほうを細かく割って作った洗浄器具や楽器のことです。つまり、「根元がつながっている」ということですね。タコツボ型というのは、孤立したタコツボが相互に無関係に並立している、ごろごろころがっているということで、こちらはイメージしやすいでしょう。

丸山真男（まるやま・まさお）1914-1996

丸山は、ヨーロッパの近代科学は本来ササラ型で下のほうではつながっているのに、日本では、ササラの上のほうの個別化された部分だけが移植され、それが大学の学部や学科の分類となったために、その横断的な共通性が忘れられてタコツボ化し、それらをつなぐ共通の言葉にも乏しくなっていると分析します。同様に、民間でも、異種の構成員を結び付ける教会、クラブ、サロンなどの横断的なコミュニティーが発達していないと指摘します。

丸山のいう「ササラの下のほうのつながっている部分」こそ、まさに、本書でいう「リベラルアーツ」だといえるでしょう。

この丸山の分析は、現代の日本にもそのまま当てはまります。「タコツボ社会」は、言葉を換えれば「ムラ社会」ということであり、相対的に知的レヴェルの高いはずの専門家集団も、たとえば、学界ムラ、医師ムラ、法律家ムラ、あるいは、官僚ムラ、原子力ムラ、農水ムラなどといったムラ、タコツボの集合にすぎず、そのために、閉鎖社会の中でしか通用しない縄張り意識や社会の一般水準を外れた倫理観がはびこることになりやすいのです。これは、企業や業界についても同様にいえることでしょう。

あえていえば、インターネットによる言論に新たなコミュニケーションの

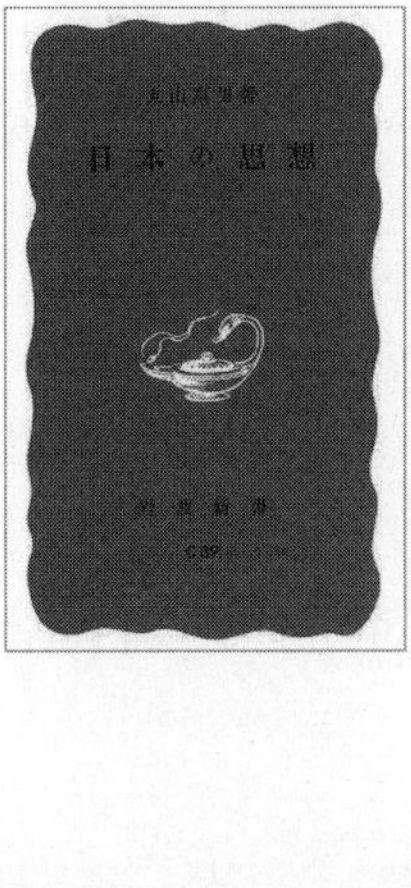

『日本の思想』丸山真男著、岩波書店

一つの可能性がみえるとはいえるかもしれません。ただ、日本では、インターネット言論についても、共通の基盤となる言葉や倫理観が欠けているために、偏狭なものになったり口汚いものになったりしがちだという欠点は、やや目立ちます。市民団体やNPO（非営利組織）、NGO（非政府組織）についても、残念ながら、割合閉鎖性が高く、外部に対して閉じている、外部に語りかける共通の言葉をもっていない、という傾向はみられるように思います。

リベラルアーツによってタコツボ型社会から脱出する

しかし、このようなことでは、これからの社会にとって重要なものである草の根民主主義的なネットワークは育ちませんし、グローバル化してゆく世界において、個人や企業が、海外の人々と実りのあるコミュニケーションを結び、経済活動や国際交流をスムーズに行ってゆくことも、難しいでしょう。

タコツボ型社会からの脱出のためには、丸山のいうササラ型の教養、すなわち横断的なリベラルアーツを人々が身につけることが、どうしても必要です。人々は、それらを共有することによって、他分野、他集団の人々や海外の人々と生き生きしたコミュニケーションを行い、交流を深めることができ

タコツボ型社会からの脱出のためには、丸山のいうササラ型の教養、すなわち横断的なリベラルアーツを人々が身につけることが、どうしても必要

るようになるはずです。そうなれば、海外の人々からよく聞かれる「日本人とは、仕事以外の部分で会話や付き合いを楽しむことが難しい」という感想も、やがては消えてゆくことでしょう。

また、日本社会の特徴の一つとしていわれる「世代ごとの断層、断絶」という問題も、そのタコツボ的な性格と関係があります。「世代ごとのタコツボ」の結果として、ある世代の体験はその中でだけ共有されていて、後続の世代には受け継がれず、したがって、世代が変わるごとに同じ問題や論点が形を変えて何度でも蒸し返される、そうしたことが起こります。僕も、自分より一回り若い世代のライターが、僕の世代より上の世代であれば当然の前提としてもっているような認識を、あたかも自分が発見したかのように得々と書き記しているのをみて驚かされたことが、何度かあります。ことに、海外生活が長かった人には、こうしたことがありがちです。

このような「世代ごとのタコツボ」も、元をたどれば、世代を超えて受け継がれる共通のリベラルアーツおよびそれに基礎を置く共通の知識や言葉の不足という問題に帰着します。

さらに、近年の日本では、「制度のガラパゴス化」という新たな問題も発生しています。新興国では世界水準で最新の考え方に基づく法律や制度がどんどん取り入れられているのに、日本では、なまじ明治時代以来の一定の歴史と蓄積があるために、古い制度に問題があることがわかっていてもその効率的な改革ができない、そういう事態です。行政、司法等の国家制度のみならず、企業や組織のあり方一般についても、そのような傾向はあるでしょう。

一方、こうした古くて固い枠組みが厳然と存在するために、新しい制度が海外から取り入れられる場合にも、その本来の意味が忘れられ、官僚主導のゆがんだ形、つまり官僚や政治家の利益をまず第一に考えた形で導入される結果、制度のメリットが生かされずにかえって弊害ばかりが目立つという事態も、起こりやすいのです。

以上のような問題についても、リベラルアーツ的な教養、知識の不足の結果、制度の基盤にある本来の意味が十分に突き詰められ、消化されることのないままに、その形だけが移入された、そして今でも移入されていることに、その根本原因があると思います。

日本社会のこうした根本的問題を改善するためにも、リベラルアーツの普及、その標準化が必要であることは、間違いありません。

3

ファッションではなく身につき使いこなせる教養

外来の目新しい思想を知っているのが教養?

本当の意味における教養、リベラルアーツとしての教養は、飾りやファッションではありません。ところが、日本では、大昔から、教養といえば、まず、「外来の目新しい学問、思想」であり、「権威付けとしての飾り物」でした。この傾向は、明治時代以降、日本が、欧米諸国に追い付くために、ことに富国強兵、中央集権、官僚的ヒエラルキー(位階)の確立といった観点に重きを置いて欧米の学問や思想を輸入したことにより、加速されました。

僕は、十歳前後から大人向けの本を持ち出しては人の見ていないところで盗み読みするませた子どもの一人でしたが、そんな子ども時代以来の長い読書経験からみても、日本でベストセラーになる思想書の多くは、海外の思想をわかりやすくパラフレーズした「舶来もの」、横文字をタテにするという意味では「横タテもの」だったといってよいと思います。

こうした書物はえてしてオリジナリティーに乏しく中身も薄いのですが、目新しいことと日本人の欧米コンプレックスとが相まって、よく売れるし、著者に箔《はく》が付くという効果も大きいのです。よくいわれる「日本人の権威主義的傾向、横文字コンプレックス」ということですね。

しかし、こうした思想書の大半は、飾り、ファッションとして受容され、消費されるだけで、それらが人々の生き方や考え方を深い次元で変えるなどといったことは、ほとんどなかったように思います。

教養は、飾り、ファッション、権威付け？

また、日本の学問の世界、とりわけ社会・人文科学系のそれが全体として地盤沈下傾向にあることの原因も、日本における学問・思想のファッション的性格、各専門領域のタコツボ化とガラパゴス化、専門化・細分化された特殊用語（ターム、ターミノロジー）の閉じられた性格、学問の権威主義的性格と専門家志向といった事柄にその根があると思います。

僕が大学に移ってから痛切に感じたのは、ジャーナリストも、編集者も、一般の人々も、もはや学者に対する幻想などほとんど抱いておらず、僕の場合にも、長く実務にたずさわりつつ並行して研究も行ってきたという点、あるいは書いてきた書物の質や文章が評価されているのであって、肩書や大学の名前などほとんど問題ではないということでした。まさに実力が測られる時代となってきており、肩書やブランドの威光は、今後、薄れてゆく一方でしょう。それは、ビジネスの世界等ほかの世界でも同じことだと思います。

そのように人々の考え方が権威主義、事大主義から中身・実力中心志向に移ってきたこと自体は結構だと思うのですが、それでは、前記の、教養についての「飾り、ファッション、権威付け」というとらえ方については、どうなのでしょうか？

この点に関する僕の考えは、次のようなものです。

「確かに、敗戦後、掘り下げた反省や内省が行われて一定程度そのような傾向が改善され、思索が深められた面はある。しかし、左翼思想退潮、大衆社会化の進展に伴い、また、日本が長い停滞の時代に入り、社会に閉塞《へいそく》感が強まるに従い、そのような思索の成果は、再び忘れられ、失われつつあるのではないか？」

その結果として、教養＝小難しい＝面倒くさい＝いらない、というある意味開き直った発想が広がりつつあるように思います。「1　リベラルアーツは、単なる知識の蓄積、教養のための教養ではない」の最初に引用した学生の「教養観」は、まさに、「飾り、ファッション、権威付け」として教養をとらえるものでした。しかし、このような「教養観」については、転換が必要だと思います。

「思想的道具」としての教養

それでは、「飾りやファッションではない教養」とはどのようなものなのでしょうか？

僕の考えるところのリベラルアーツが、まさにそれだと思います。みせびらかして優越感にひたるため、他人と自分を差別化して満足するための教養ではなく、身につき、使いこなせる教養、そのような意味での「思想的道具」ということです。

たとえば、社会に起こっているさまざまな問題について、世界で交わされているさまざまな論争について、どのような世界観や人生観を選ぶべきかについて、あるいはビジネス上の課題にいかに取り組むかについて、考えてゆくときの基盤となるパースペクティヴやヴィジョン、すなわち、各自の「思想」を築くための「思想的道具」が、リベラルアーツなのです。

飾り、ファッション、権威付けとしての教養は、簡単にはがれ落ちてしまって後には何も残りません。シーズンが過ぎれば脱ぎ捨てておしまいの流行のTシャツみたいなものです。せっかく時間と費用をかけて獲得するものがそれでは、空しいとは思いませんか?

ある人間の中に本当に残ってゆく思想は、その人の思考と人間性からにじみ出たものだと思います。同様に、ある人間の中に本当に残ってゆく教養、その人の存在の一部となって残る教養は、その人が対象に正面から向き合い、それと対話しながら獲得し、自分のものにした教養に限られるでしょう。そのような思想や教養には、人を動かす強い説得力があるはずです。

「4　固有の『生』の形と結び付いた教養」、「5　自分で課題《アジェンダ》を設定する能力」では、この点について、さらに具体的に述べてゆきます。

ある人間の中に本当に残ってゆく教養、その人の存在の一部となって残る教養は、その人が対象に正面から向き合い、それと対話しながら獲得し、自分のものにした教養に限られる

4

固有の「生」の形と結び付いた教養

新しい価値を示し、思想を提示するのは、書物とは限らない

「3　ファッションではなく身につき使いこなせる教養」の最後でふれた点について、さらに考えてみましょう。

「その人の存在の一部となって残る教養」とは、どのようなものなのでしょうか？

僕の考えるところでは、そのような教養は、書物から得られるものとは限りません。

たった一つのポピュラー音楽曲が、そのような「教養」を提示することだってありえます。たとえば、ロックンロールの超古典「**ブルー・スエード・**

シューズ」がそれです。

オリジナルは、カール・パーキンスという、カントリー色の濃い、比較的穏やかなスタイルのロックンローラーの曲なのですが、その真価をただちに見出して最大限に引き出したのは、エルヴィス・プレスリーであり、その燃えさかるようなヴァージョンでした。

俺を殴り倒したってかまわない
顔を踏ん付けたってかまわない
あっちこっちで、中傷して回ったってかまわない
でも、ハニー、
俺のブルー・スエード・シューズだけは踏み付けるな
何をしたっていいけれど、俺のブルー・スエード・シューズにだけは近寄るな

この曲が、そしてプレスリーの圧倒的な解釈がすばらしいのは、それが、かつてなかった全く新しい一つの価値観を提示し、それを掲げて、聴き手に挑戦しているからです。プレスリーが歌っているのは、ただの「青いスエー

『ブルー・スエード・シューズ』エルヴィス・プレスリー

ド靴」のことのように聞こえますが、しかし、実はそれだけではない。つまり、この曲、ことにプレスリーのヴァージョンは、名誉、地位、金銭等の既成の価値の物差しとは全く異なった一つの価値の物差し、価値観をも提示しているのです。「自分にとって重要なのは、名誉、地位、金銭等ではなく、今ここにある音楽、ファッションとそれに対する熱狂、そしてそれらに自分のすべてを賭けることだ」という、そんな、全く新しい、そして、既成の世界を支配する人々にとっては脅威となりうる価値観を提示しているのです。その二重の含意《がんい》が、実にすばらしい。

これこそまさにロックの精神であり、思想であり、聴き手がロックから汲み取ることのできる「教養」なのです。

プレスリーが古すぎるというなら、現代のポップパンクグループであるジ・オーフスプリングのめいっぱいわいせつで威勢のいい一曲「**プリティ・フライ（フォー・ア・ホワイト・ガイ）**」には、こんな歌詞があります。

世界はウォナビーを愛してる
だから、全く新しいことをやろうぜ！

『プリティ・フライ（フォー・ア・ホワイト・ガイ）』ジ・オーフスプリング

ウォナビーというのは、「なりたがりや」だが実際に「なる」のは難しい人々を指す英語であり、本来否定的な意味の言葉です。しかし、ジ・オーフスプリングは、ここで、皮肉や反語的なニュアンスを交えつつも、「ウォナビーが『なりたがる』ことによってこそ、新しい世界が開けるんだ」と、その言葉の意味を強烈に反転させながら用いています。これもまた、鮮烈なロック的メッセージだといえるでしょう。

僕自身は、思想的には自由主義者であり、権威や因習に束縛されない自由な人々がつくる自由な世界を理想としています。そうした僕の価値観を形作った教養としては、もちろん、第3部でふれるプラグマティズム哲学等の思想、各種の書物、アメリカ留学体験等もありますが、それと同じくらいに根源的なものとして、僕が、ロック等の同時代の音楽、映画等の感覚的な芸術から得てきたものも大きいと思います。

僕は、子ども時代から、各種の書物のほか、音楽や映画を含むあらゆる芸術に兄弟か幼なじみのように親しんで育ちました。それらから得たものはまさに僕の「血」の中に流れ込んでいますし、持っている本やCD、DVD等の数も、第2部の終わりのほうでふれるとおり、膨大なものとなっています。

結局のところ、最後に人を動かすのは、たとえばそのような、その人に染み付き、その血の中にまで流れ込んだ思想、価値観、そうした意味での教養ではないでしょうか？　少なくとも、僕がこれまでに共感してきた思想や芸術は、すべてそのようなものでしたし、僕がこれまでに共感を感じた人々も、そのような意味での教養の持ち主でした。

固有の人間性、根源的な生の形に根を下ろしている教養

つまり、その人の人間性、根源的な「生」の形、子どものころから変わらないその人の本質、善と悪の両方の側面を含んだそれ、そのような意味での「無垢《イノセンス》」（これは、裁判官時代に僕が筆名で書いた四冊の書物の共通テーマとした観念です）に結び付いている教養、思想、倫理は強いということです。それはまた、ただの知識や観念ではありませんから、人を引き付け、共感させる力をもっています。

プレスリーの「ブルー・スエード・シューズ」は、無意識のうちに若者を駆り立て、熱狂させる一方、社会の権威や因習、古い価値観を代表する人々を、なぜかはわからないままに激怒させました。本当の教養になりうる文化

結局のところ、最後に人を動かすのは、
その人に染み付き、その血の中にまで流れ込んだ
思想、価値観、そうした意味での教養ではないだろうか

的現象には、必ず、そのような一面があると思います。

まとめれば、「その人固有のパースペクティヴやヴィジョン、価値観、人生観、世界観、そして、人間知すなわち人間性に対する洞察力、そうしたものの基盤となるような教養を身につける」ことが大切であり、また、「そうした教養は書物から得られるものには限られない」ということです。

そして、そうした教養には、「考え方、考える力」だけではなく「感じ方、感じる力」も同様に含まれるということです。

5

自分で課題《アジェンダ》を設定する能力

マキャヴェリによる人間の三分類

イタリアルネサンス期の外交官、思想家で、「マキャヴェリズム」という言葉とともに、というよりもむしろその言葉によって有名となったニッコロ・マキャヴェリは、代表作『君主論』の中で、古典を援用しつつ、人間を三種類に分けています。

すなわち、①自分で考えることのできる人間、②人のいうことは理解できる人間、③どちらもできない人間、です。マキャヴェリは、この書物で、君主に対して全般的にそれほど飛び抜けた資質を要求してはおらず、右の三分類でいえば、よき君主としては第二のカテゴリーに入る必要はあるがまあそ

ニッコロ・マキャヴェリ
(Niccolo Machiavelli) 1469-1527

れで十分だ、としています。透徹《とうてつ》したリアリスト、形而下《けいじか》的な知恵の人であった彼らしい分析です。

確かに、たとえば政治家などという職業には、特別に並外れた知性や洞察力は必要ではなく、むしろそれに足を取られることもありうるのであって、それよりは、さまざまな人々のさまざまな言葉を適切に理解し評価する能力のほうが重要なのかもしれません。ことに、大国においてはその傾向が強いかと思います。

リベラルアーツを学ぶことは「自分で考えられる人間」になるための条件

さて、これまでの僕の人間に関する経験をこの分類に当てはめてみると、第一カテゴリーに入るような人物は、学者・科学者、医師、法律家、エンジニア、ジャーナリストなどのいわゆる知的職業に就いている人々でも、あまり多くはないという気がします。そうした能力に比較的すぐれているはずの学者という種族でも、その相対的な上層部の中でせいぜい何割かといったところではないでしょうか。多くの人々は、他人の考えたことを整理、再利用

『君主論』ニッコロ・マキアヴェリ著、池田廉訳、中央公論新社

し、それらにいくぶんのことを付け加えている程度だと思います。

しかし、これからの世界で生き抜いてゆくためには、あらゆる分野で、つまり右のような専門職に限らず、経営者やビジネスパーソンについても、最低限第二カテゴリーの能力は十分に備え、さらにある部分では第一カテゴリーに食い入ることのできるような人間となることが、必要ではないかと思います。

現在の日本におけるエリートたちの限界

僕が実際にその内情までよく知っている外国といえばアメリカだけであり、ほかの国々は、主として書物や芸術、あるいは海外旅行等を通じて間接的に知っているにすぎませんが、優秀な人材が集まり競争の激しいアメリカにしても、本当の意味で知的にすぐれた人間の数がすごく多いのかについては、疑問を感じます。ただ、少なくとも、大学等の高等教育機関、そのメソッドが、学生の知的な部分を伸ばし、ことに「自分で考える力」を伸ばす方向においてすぐれていることは、間違いがないでしょう。僕が留学中に見聞した範囲でも、学生本位の、かつ、学生に主体的に学ばせることを意図したカリ

あらゆる分野で、最低限マキャヴェリのいう
第二カテゴリーの能力は十分に備え、
さらにある部分では第一カテゴリーに
食い入ることのできるような人間となることが必要

キュラムが組まれ、学生とのコミュニケーションを重視した教育が行われていたと思います。いわゆるリベラルアーツ的な学問・教養の教え方についても、同様のことがいえます。

日本の場合には、かつては、真ん中の層、前記の分類でいえば第二カテゴリーに属する人々が厚いことが、大きな特色であり強みでもありました。しかし、バブル経済崩壊後、徐々に、その強みが生きにくくなってきているように思われます。もはや、人が計画してくれたこと、官僚がお膳立てしてくれたことの枠組みの中でだけ能力を発揮できても、大きな成果を期待できない時代になったことが明らかだからです。

また、官僚自体についても、これは行政官僚でも司法官僚でも官学的傾向の強い大学の学者でも同じことなのですが、その能力の低下と創造性の乏しさが問題にされるようになってきています。政治家の質、端的にその知力や教養の低下傾向については、残念ながら、いうまでもない状況です。

ことに、官学的な傾向の強い大学におけるドイツ系、ヨーロッパ大陸系の演繹《えんえき》法的な思考方法や教育方法、まず原則を立ててそこから結果を導き出してゆく、そのような形で人間や組織を制御する、そして、個々の人間や事柄には必ず存在する「ずれ」や「はみ出し」がもっている創造的な力を認めず、むしろこれを切り捨ててしまうといったやり方は、そのよくない面ばかりが目立つ状況になってきていると思います。

これからの世界を生き抜き、より豊かな人生を送るためには、世界レヴェルでみてもかなり先の見え始めている経済的繁栄の追求だけではなく、社会や企業のあり方を考え、設計し直し、個人の自由と権利の確保された、住みよい、生きがいのもちやすいものにしてゆく努力も必要なのであり、それは、人間のあり方についても同様にいえることだと思います。どの分野でも、第一カテゴリーの人間が増え、適切なパースペクティヴとヴィジョンの下に改善、改革が行われてゆくことが求められています。

とりわけ、流動化が激しい現代社会では、問題、課題を解く以前に、それを探し出し、正しく設定する能力、すなわちアジェンダ（重要課題）の発見、設定能力が非常に重要になってきています。しかし、そのアジェンダは、第一カテゴリーの人間でなければ決して見付け出せません。

そして、「まさにこれだよ」というアジェンダを見付け出すためには、横断的で幅広いリベラルアーツのバックグラウンドが必要です。学校のテスト

問題、課題を解く以前に、それを探し出し、正しく設定する能力、すなわちアジェンダ(重要課題) の発見、設定能力が非常に重要

であればともかく、現実の社会においては、与えられた課題を解く以前に自分で課題を設定する能力のほうが、はるかに重要なのです。

リベラルアーツを学ぶことは、この第一カテゴリーに食い入ることのできる人間になるための、つまり、あらかじめ与えられずともみずから課題を見付け出し、適切にそれを設定する能力のある人間になるための、必要条件なのです。

6

理論の裏付けのある実践

リベラルアーツは、
理論家と実践家双方の共通基盤

理論家と実践家の乖離

理論と実践の連繫《れんけい》、両立が十分でないという日本社会の特徴も、両者を結び付ける基盤となるリベラルアーツの不足と関係があると思います。なぜなら、リベラルアーツは、理論家と実践家双方の共通基盤だからです。

たとえば、僕の属している法律家の世界がその典型です。一般の人々は、法律実務家である裁判官、検察官、弁護士と法律研究者、法学者とは大体似たようなものであって相互の交流も密に行われていると考えるのではないかと思いますが、実際には、そうではありません。

丸山のいうタコツボ型社会の弊害で、学者は形式論理を重視した概念的な法解釈学を細密化することに腐心している一方、弁護士は弁護士で、学者の小理屈など実務には何の役にも立たないと広言して、あらっぽい法律論を繰り広げています。裁判官、検察官は、同じ実務家ではあっても全く別のセクトを作って、やはり、それぞれのやり方を押し通しています。おおまかにいえばこれが現状であり、僕のように実務家と学者の双方にまたがる形で活動してきた者は、数少ない例外に属します。

法律家という相対的に小さな専門家集団の中にまでこうした対立があり、相互に優越感とコンプレックスの混じり合った複雑な感情を抱いているわけです。これは全く生産的なことではなく、全体としての法律家の力や発言権をも弱めているのですが、そのことに自覚的な人々はごくわずかであるのが現状です。

こうしたことの結果、実務は型にはまった「職人芸」となり、現代の社会に即した改善や利用者、市民のために使いやすいものとするための改善がなかなか行われません。一方、学者は学者で、かえって長老世代のほうがまだ視野が広く、世代が下るにつれてスケールが小さくなり、また、全体として進歩があまりみられない、精緻《せいち》化しているかもしれないがそれには国際標準を外れた日本独自のガラパゴス的進化という負の側面もありそうだ、そんな状況になってきています。つまり、学者集団もまた、閉じられた「職人的ギルド」を形成しているのです。

理論家と実践家の共通言語としてのリベラルアーツ

いかがでしょうか？　おそらく、皆さんが専攻している分野、ビジネスの世界や業界においても、形や程度こそ違え、同様の傾向はあるのではないでしょうか？

こうした日本社会特有の問題も、たとえば、法律家なら法律家の間における共通の教養、基盤、言語が欠けているところから生じている側面が大きいのです。

理論と実践は常に相携《あいたずさ》えて進むべきものであり、いわば車の両輪のようなものです。そうでなければ、理論はただの形式的な飾りとしての理屈になってしまいますし、実務は理論的バックグラウンドを欠いた偏狭《へんきょう》な職人仕事になってしまいます。

日本人は、昔から求道が大好きで、子ども・青年向けの漫画にも、ゴルフ、料理、美食、麻雀等々何でもかんでも職人芸の求道ドラマに仕立て上げた数々の作品があり、また、それらは概して人気も高いのです。確かに、職人芸には日本文化の粋という部分があります。ことに、伝統工芸や手工業的な技術はすぐれています。しかし、一方、個人の経験と勘だけに頼る職人芸には、一般的にいえば限界もありますし、独善や自己満足におちいりやすいという問題もあります。ことに、チームワークが必要とされる規模の大きなプロジェクトについては、そのようにいえるでしょう。

先に述べた法律家の世界でも、実務家と学者の双方が狭い「芸」の世界に凝り固まっていることによって、クライアント、ユーザーである人々や企業の意識との間に大きな溝が生じ、その結果、市民や経済界の司法に対する不信、不満が高まってきており、弁護士数が激増しているにもかかわらず、民事新受事件数はどの分野でも減少しているといった状況にあります。

これからの日本の発展のためには、また、個々の日本人の仕事が実り多いものとなるためには、どんな分野においても、理論と実践の共存、理論に裏打ちされた実践が必要であり、その相互客観化、相互の建設的な批判や助言が必要です。そうした交流のかなめになるのも、理論と実務の共通の基盤、それらを結び付けるシャフトとしてのリベラルアーツなのではないかと思います。

どんな分野においても、理論と実践の共存が必要であり、リベラルアーツはそれらを結び付けるシャフトとなる

7

リベラルアーツは最も有効な投資

リベラルアーツに対する投資はリターンに見合うのか？

やや抽象的な話が続いたので、ここで、ちょっと観点を変えて、リベラルアーツを身につけることを、一つの投資として考えてみましょう。

僕自身が、この本で論じているような広い意味でのリベラルアーツにどれくらいのお金をかけてきたかをざっと計算してみました。その結果は、現在の物価に換算すると相当に大きな金額、中堅サラリーマンの三、四年分の年収になりました。

おそらく、この金額は高すぎると感じる人が多いのではないかと思います。

でも、本当にそうなのでしょうか？

僕は、第2部でもふれるとおり、CDだけでも九〇〇〇枚以上のコレクションを持っていますが、そのうちの相当部分は、円高の時代に、輸入盤を安く買ったものです。せいぜいCD一枚平均七〇〇円前後ではないかと思います（ダブルアルバム等の組物は比較的安いので、CD一枚の平均価格を下げる）。クラシックだと、ボックスセットなら、有名なアーティストのものでも一枚平均数百円で買えます。これは今も同じです。インターネット時代には、「情報」は、それ自体が「力」になります。買い方を「知っている」だけで、よいものを安く手に入れることが可能になるのです。

また、先の大きな金額についても、学生時代からの年数で割ってみると、一か月では四万円余りです。かなりの回数外で飲んだり、高い洋服を買ったりするのと同程度ないしはそれ以下、少なくとも、極端に大きな金額とまではいえないでしょう。

さて、それでは、僕が書物や芸術等のリベラルアーツから得たものはといえば、まず第一に、「生きる力」だと思います。困難な状況に出会っても、へこたれず、節《せつ》を曲げず、システムに事大主義的に順応することなく、自分の生き方や考え方を貫いてゆく力ということです。リベラルアーツから学ん

書物や芸術等のリベラルアーツから得た第一のものは、「生きる力」、自分の生き方や考え方を貫いてゆく力

だそのような力がなければ、とっくに、型にはまった官僚裁判官として化石化していたことでしょう。

次が、「生きる楽しみ」であり、「考え、感じる喜び」でしょうか。人生を生きることには、現実の人生を生きることと、書物や作品の受容、創造（受容には、受容する人間による創造的な働きかけの側面も含まれます）といういわば心の中の人生を生きることとがあると思いますが、リベラルアーツに接することは、後者の世界を充実させることであり、そこで、現実の人生から受け取ることのできる価値とは異なった価値を受け取ることです。僕にとっては、本を読む、音楽を聴く、映画を見るといった行為は、友人との充実した時間を過ごすのと同程度の大きな意味があります。

そして、研究と執筆があります。僕が初めて論文を書いたとき、また、私的な文章を書いたとき、それが活字になること以外には、何一つ期待していませんでした。しかし、結果的に、それらの文章は、僕に、大学教授への転身の道を開きました。執筆や転身によって得られた利益は、およそ金銭に換えられない価値ですが、あえて評価するなら、僕にとっては一財産以上の価値があります。裁判所に残っていたらつぶされてしまった可能性もあること

第二のものは、「生きる楽しみ」、「考え、感じる喜び」。リベラルアーツに接することで、心の中の世界を充実させ、現実の人生から受け取ることのできる価値とは異なった価値を受け取ることができる

を考えれば、なおさらです。

さらに、僕の生涯収入も、これは大学の定年が今のままならということですが、働ける期間がかなり延びることもあり、多分、減ることはないでしょう。現在の日本経済の先がみえない状況を考えるなら、定年が先延ばしされるという点だけでも大きなメリットだといえます（なお、定年後も弁護士をやることは可能ですが、これは、相当本気でやらなければ、安定した収入にはなりません）。

以上によれば、僕がリベラルアーツの蓄積から得たものがどれほど大きいかはおわかりでしょう。あえて投資にたとえるなら、その意思もないのに行われた投資が勝手にふくらんだようなものです。

もちろん、以上のような過程では苦しいことや不快なことも数多くあり、それは今後も変わらないと思いますが、それでもなお、得られたもの、得られるもののほうがずっと大きいことは、間違いないでしょう。

そして、これは、僕だけの特殊な事柄ではありません。人とは異なった蓄積をもち、それに裏付けられた発想をもっていたために、転身したり、起業を行ったり、組織の中で特別な評価を得るなど、さまざまな形で成功を収めた人々は数多く存在します。また、そうした人々のかなりの部分が、海外にも活躍の場を広げ、あるいは海外の人々とも交流しています。

リベラルアーツは、誰にとっても成功のきっかけになりうる知的財産

さて、ここまで読み進めてきて、「でも、それは特別幸運な一部の人たちのこと。僕には、私には何の関係もない」と考えた人もいることでしょう。

しかし、本当にそうなのでしょうか？

たとえば、非常に重要な案件を抱えているクライアントがいるとして、その案件に適切な候補者たち（例として弁護士を考えてみてください）のリストを前に誰を選ぼうかと考えた結果、最終的に、法的能力がおおむね同等と思われる二人が残ったとします。

そのクライアントが、「今度の案件では、精神的なバックアップも必要だ。そうなると、たくさん本を読んでいて、何事についても自分の考えをもっているA弁護士がベターだろう。アドヴァイザーとしても、友人としても、非常に頼りになる人物だから」と考えることは、おおいにありうるのではないかと思います。そして、その案件の報酬が、A弁護士のその後の弁護士生活

を支える基礎資金になる可能性だってあるのです。

実際、多くの成功した弁護士が、若いころにこうした経験をもっています。たとえば、思想傾向や同じ方面の趣味に関する話が合うことからプライヴェートでも親しくしてもらっていたある年配の実業家の大きな事件を担当することで、それまでの二、三年分の年収に相当するまとまった報酬が得られ、その報酬により、一等地に自分の弁護士事務所を構え、後輩弁護士も雇い入れて、後に大きな弁護士事務所となった彼のオフィスの基盤を築くことができた、たとえばそんな話は、何度も聞いたことがあります。

また、これは、弁護士等の専門家に限ったことではありません。企業の幹部がプロジェクトチームを立ち上げるための人選を行うときにも、海外の企業が日本における独占的な取引先を選定するときにも、必ず、同じようなことはあるはずです。そして、結局、成功というのは、どのような規模のものであれ、こうした一つ一つの小さな事柄の積み重ねからしか生まれないものなのです。

現在、アメリカでもリベラルアーツの重要性が再認識され、また、アメリカの政財界や新規分野の起業の成功者には、少人数でリベラルアーツを深く学ばせることを目的としたリベラルアーツカレッジで学んだ人々が非常に多くなってきているといいます。僕の体験からして、アメリカ人くらい、抽象的、形式的な理屈よりも実際に役立つ事柄に重きを置く国民は少ないと思います。そのアメリカ人がリベラルアーツの重要性に関する認識を深めていることには、注目すべきではないでしょうか？

リベラルアーツを学ぶには、もちろん、それなりのコストや努力も必要です。しかし、そこから得られるものは、そのコストや努力をはるかに上回るものになりうるのです。

8

リベラルアーツによって可能になる仕事の質や生き方の深化

革新と創造の源泉、世界の人々と渡り合う風格の基盤

第1部では、さまざまな視点から、リベラルアーツを身につけることの意味について語ってきました。どんな領域の仕事をしているにしても、また、大学までの教育で何を学んできたとしても、リベラルアーツの主体的な学び直し、独学には大きな意味があることが、おわかりいただけたのではないかと思います。学生についても、リベラルアーツを系統的に学ぶことで、日々の授業からも、現在よりは多くのものが得られるようになるでしょう。

どんな領域の仕事をしている場合であっても、リベラルアーツは、革新と創造の源泉になると思いますし、また、狭い領域を超えた成功を可能にして

くれるとも思います。リベラルアーツは、たとえば、仕事上の問題を解決しかつ新たな領域に挑む発想力、企画力、新たなビジネスモデルを構築することのできる知力、世界の人々と堂々と互角に渡り合ってゆける構想力や風格、そうしたものの基盤になります。

さらに、仕事においては、結論、結果のみならず、そこに至る過程や手続、その中で相手に与えるイメージもきわめて重要です。それらは、同じ相手とのその後の仕事、本人はもちろんその組織の評価、評判に深く影響しますし、自分自身がみずからの仕事について感じる満足にも影響することでしょう。

また、リベラルアーツは、仕事だけではなく、僕たちの生活、人生全般をも豊かにしてくれます。人生のさまざまな時点における新たな選択肢が広がりますし、物事や人間をみる眼も深まります。自分で自分の人生をコントロールしているという実感、仕事と交友を通じて広い世界に影響を及ぼし、それに貢献しているという実感も、より確実にもてるようになるでしょう。「7リベラルアーツは最も有効な投資」にも記したとおり、リベラルアーツは、僕たちの「生きる力」、「生きる楽しみ」、「考え、感じる喜び」を高め、人生における自己実現の重要な基盤になります。

どんな領域の仕事をしている場合であっても、リベラルアーツは、革新と創造の源泉になり、また、狭い領域を超えた成功を可能にしてくれる

現代の若者が求めているのは、かつてにもまして、お金や世間的な成功にとどまらない多様な価値、人生の豊かさやニュアンス、微妙、精妙な味わいの追求だと思いますが、リベラルアーツは、まさにそうした人生の豊かさやニュアンスを、それを支える知性と感性をもたらすものです。

最初のわずかな違いが後には大きな違いを生む

ある地点で人がわずかにその歩む方向を変えたとき、その変化は、短いスパンでは小さなものであっても、長い時間の間には、非常に大きな違いとなって現れてきます。

僕の人生もかなり長くなりましたが、最近は、自分と同世代の人々と話をするときに、そこに存在する大きな相違について考えさせられることが多くなりました。一定の蓄積を重ね、一つ一つの事柄を深く体験してきた人には、言葉に重みがあり、人間としての存在感もあります。一方、学生時代から何の変化、進歩もない、ただ年をとっただけでありその結果魅力を失っただけなのではないかと感じられるような人も、結構多いですね。その違いは、本当に大きいという気がします。

リベラルアーツは、もちろん、ビジネスをはじめとするみずからの領域で成功を収める上で大変有用なもの、そうした意味での武器であり方法ですが、より重要なのは、それによって、僕たちが僕たち自身の人生を充実した深いものにしてゆくのが可能になることなのではないでしょうか？

精神的に充実した人生を送る上でのリベラルアーツの重要性は決定的であり、その意味で、リベラルアーツは人生の必須アイテムである、そういって間違いはないと思います。

精神的に充実した人生を送る上での
リベラルアーツの重要性は決定的であり、
その意味で、リベラルアーツは
人生の必須アイテムである

第2部
リベラルアーツを身につけるための基本的な方法と戦略

第2部では、リベラルアーツを身につけるための基本的な方法と戦略について語ってゆきます。

内容は二つの部分に分かれています。

まず、第1章「基本的な方法」では、リベラルアーツに接し、それからさまざまな事柄を学ぶに当たって注意しておくべきポイント、また、リベラルアーツから得られる重要な技術、方法についてまとめています。

具体的には、「1　批評的・構造的に物事をとらえる、2　作品と対話し、生き生きとしたコミュニケーションを図る、3　歴史的・体系的な全体像の中に位置付ける、4　視点を移動し、橋をかけ、共通の普遍的な問いかけを知る、5　ある分野の方法をほかの分野に転用する、6　自己を相対化・客観化して見詰める」といった事柄について述べます。

第2章「実践のためのスキルとヒント」では、リベラルアーツを学び、それを自分自身の創造的な活動に生かしてゆくために役立つと思われるスキルとヒントをまとめています。

具体的には、「1　情報収集と情報処理をどのように行うか?、2　情報とアイディアをどのようにストックするか?、3　収集、蓄積した情報からどのようなものを生み出したいのか?——機能性とコスト、4　書物や作品のコレクションを作ることにはどんな意味があるのか?」といった事柄について述べます。1はインプット、2はインプットとアウトプット、3はアウトプットに関わっています。4は総合的な事柄です。

第1章
基本的な方法

1

批評的・構造的に物事をとらえる

物事や出来事の「本質」を的確に把握する

リベラルアーツを身につける、あるいは個々の書物や芸術を通して本当の教養を身につけるに当たってまず重要なのは、個々の対象に接する過程で、批評的・構造的なものの見方、物事のとらえ方を学ぶことだと思います。

社会に起こっている事柄にしても、人々の行動や志向の変化にしても、ビジネスのトレンドにしても、それらを的確に読み取り、自分の中で明確に位置付けるには、批評的・構造的なものの見方、物事のとらえ方が必要です。

物事の全体を客観的に分析し、その中で重要と思われる事実を的確に選び出し、それらの相互関係をよく考えた上で、自分が見付けた課題、あるいは与

リベラルアーツを身につけるに当たって
まず重要なのは、個々の対象に接する過程で、
批評的・構造的なものの見方、
物事のとらえ方を学ぶこと

えられた課題に関する的確な推論を行い、必要な解答、答えを見出すということです。

これは、いいかえれば、表面的な枝葉末節にとらわれることなく、物事や出来事の「本質」を的確に把握するということでもあります。

自分なりの批評の「定点」を保つ

批評的・構造的なものの見方、物事のとらえ方においてポイントとなるのは、自分なりの批評の「定点」、基準点を定め、それをしっかりと保つことです。定点を欠いた批評は、自己の知識と見解の主観的、趣味的な羅列になりがちです。そして、定点をしっかりと確定するためには、本書で何度もふれる二つの「ものの見方」、パースペクティヴすなわち広がりと奥行きのあるものの見方と、ヴィジョンすなわち洞察力と直感により本質をつかむものの見方、その双方が必要です。

批評的・構造的なものの見方において、
ポイントとなるのは、
自分なりの批評の「定点」を定め、
それをしっかりと保つこと

正確な事実を確定した上で、その的確な分析に基づき推論・判断する

同様に重要なのは、対象に関する正確な情報や事実を確定し、それらを的確に位置付けた上で、自己の意見を組み立てる、そういう手続です。みずからの見解の基礎になる事実を確実に押さえなければ、正しい推論、判断はできません。

日本人は知的に高い民族だと思うのですが、この項目で論じてきたような批評的精神・方法については、必ずしもそうはいいにくいところがあります。たとえばインターネット上のブログや各種のレヴューの記述にしても、英米のそれは、先に述べたような批評としての手続をきちんと踏んでいるものがまずまず多いのですが、日本のそれは、もちろん参考になるすぐれたものも一定の割合あるものの、全体としてみると、自分の「実感」だけに基づいた、主観的、情緒的、断片的な感想、いわゆる「印象批評」が多いようです。

こうした「自己の実感を絶対化した印象批評」の根には、おそらく、日本人特有の、「べったりリアリズム」とでも呼ぶのがふさわしいものの見方、自己と世界あるいは他者を明確に区別せず、みずからの具体的な経験や印象をそのままただちに一般化、法則化する、それもきわめて感情的、一面的に

対象に関する正確な情報や事実を確定し、
それらを的確に位置付けた上で、
自己の意見を組み立てる

法則化する考え方があると思います。ネット言論のよくない部分にままみられるものです。

しかし、そのような「批評」は、「批評的・構造的なものの見方、物事のとらえ方」とはほど遠く、自分と同じ感覚、趣味、志向の人間にしか受け入れられませんし、新たなものの見方や発想を生み出す力にも乏しいのです。

書物や芸術を通して、対象をじっくり見据え、体系的、構造的、客観的な分析と推論、判断を行う方法を学び、身につけることが必要なのです。

2

作品と対話し、生き生きとしたコミュニケーションを図る

同じ人間として作家、作者と対話しながら読む

リベラルアーツを構成する個々の書物や作品を深く「読み」、そこから多くのものを「得る」ために重要なのは、一つ一つの対象を、時間つぶしの楽しみとして「消費」するのではなく、また、そこに示されているものをできあがった権威として「鵜呑《うの》み」にするのでもなく、一人の人間に接する場合のように、それとの「対話」を行って、対象を、内在的に、かつ、深く、感じ、理解することです。コミュニケーションとは本来そういうものであり、それは、相手が人間の場合でも、書物や作品の場合でも、何ら変わりありません。

一つ一つの対象を、一人の人間に接する場合のように、それとの「対話」を行って、対象を、内在的に、かつ、深く、感じ、理解する

古典になっているような本は自分とはかけ離れた権威あるえらい人が書いたものなのだという思い込みをもってそうした書物に接している人は多いと思います。たとえばノーベル賞作家等の同時代の大作家といわれる人々の作品を読んでみようと考えるような場合についても、同様ではないでしょうか？
しかし、実際には、全くそうではないのです。僕自身、本を書くようになってから、かなりの数の高名な著者、芸術家、学者たちに実際に会ってみてわかったのは、彼らもまた、僕たちと何ら変わりのない普通の人間であり、ただ、ほかの人にはないすぐれたものを何かもっているというだけのことなのだ、ということでした。第3部でもふれる哲学者、思想家の鶴見俊輔さんについては、スケールの大きな、また、鋭利な刃物のような、ずば抜けた知性を感じさせる方でしたが、その鶴見さんにしても、そのほかの点では、特別に普通と異なった人間というわけではありませんでした。

歴史上の偉大な作家たちの場合にもそれは何ら変わりなかったことを示す書物があります。**『まことに残念ですが…――不朽の名作への「不採用通知」160選』**（アンドレ・バーナード編著、木原武一監修、中原裕子訳、徳間書店）という本です。作家たちが生前に受け取った出版社からの断り状を集めた本

『まことに残念ですが…――不朽の名作への「不採用通知」160選』アンドレ・バーナード編著、木原武一監修、中原裕子訳、徳間書店

なのですが、驚くべきことに、名だたる著者たちが、木で鼻をくくったような言葉、時には無理解からくる悪意ある言葉でもって、けんもほろろに出版や掲載を断られているのです。

いくつか挙げてみましょう。

まことに残念ですが、アメリカの読者は中国のことなど一切興味がありません。(パール・バックの『大地』に対して)

ご自身のためにも、これを発表するのはおやめなさい。(D・H・ロレンスの『チャタレイ夫人の恋人』に対して)

遺憾《いかん》ながら、イギリスの児童文学市場にまったくふさわしくないという理由で、この本の出版を見合わせることを全員一致で決定いたしました。非常に長く、いささか古くさく、なぜこれがアメリカで好評を博しているのか、まったく解《げ》せません。(ハーマン・メルヴィルの『白鯨《はくげい》』に対して。イギリスの出版社による)

どうです? これはへこみますよ。作家などというものはおおむねガラスのような神経の持主ですから、最低でも二日や三日は寝込んだことでしょう。

このように、「こんな人たちでもこうだったんだ……」ということがわかるという点で、ライターにとっては非常に勇気付けられる本なのですが、それだけではなく、著者たちが断り状によって感じさせられたであろう失意、落胆、憤《いきどお》りが肌で感じられるところがいいのです。彼らも、僕たちと何ら変わりのない一人の弱い人間であったことがわかり、距離感がぐっと縮まります。

『新約聖書』を対話の精神で読めるようになったきっかけ

もう一つの例を挙げましょう。

思春期に入ったころ、『新約聖書』を読んでみようとしたのですが、自分には遠い経典《きょうてん》のような（実際経典でもあるのですが）言葉の羅列に感じられて、なかなかその世界に入ってゆくことができませんでした。そんなとき、イタリア映画『奇跡の丘』（ピエル・パオロ・パゾリーニ監督）を見ました（第2章でふれる、見た映画について僕がつけている記録を調べてみると、十二歳の秋のことでした）。パゾリーニは、急進的な左派の芸術家でしたが、この映画では、『マタイによる福音書』をほぼ忠実に映画化しています。ほかのイエス伝映画と異なる点は、彼が、イエスを、ただの一人の青年として、少しも神格化しないで、ひたすらリアルに映像化していることでした。

パゾリーニの映画は、シーンによって出来映えにムラがあり、この映画も例外ではありません。しかし、いくつかのシーンは本当にすばらしく、ことに、イエスの布教中に母マリアが彼を訪れるシーンは、鮮やかでした。雑然とした人混みの中にいるイエスに、人のよさそうな青年が近付いてきて、「あんたのお母さんが来ているよ」と、そっと耳打ちします。イエスが示された方を見ると、母マリアが、遠くから心配そうに彼を見ています。

マリアも、この映画では、よくヨーロッパ絵画に描かれているような美しく気高い若い女性ではなく、息子を思う一人の年老いた貧しい母親として描かれています。そこで、まだ表情に若干の幼さが残るくらいの青年イエスが、みずからの感情を断ち切るように、短く、鋭く、言い放ちます。

> 私の母、私の兄弟とは誰のことか?
> ここにいる人たちこそ、私の母であり、私の兄弟だ

「あっ、そうだったのか!」と僕は思いました。イエスを、地上につかわさ

『奇跡の丘』ピエル・パオロ・パゾリーニ監督、1964

れた神としてではなく、一人の、貧しく先鋭な、思想家、預言者、民衆扇動家としてとらえることも可能なのであり、パゾリーニの解釈は、まさにそういうものでした。

その映画を見た後でマタイによる福音書を読み返してみると、一つ一つの言葉や会話、出来事の意味が、映画のあのシーン（『マタイによる福音書』では第一二章第四六節以下）同様の切実さで身に迫ってきて、僕は、初めて、『新約聖書』、ことにその中核となる四福音書の意味を、自分なりに理解することができたのです。つまり、パゾリーニの映画で、本当にそうであったろうと思われるようなリアルな、生身のイエス、その誇りや悲しみに気付かされたことをきっかけに、『新約聖書』という近付きにくかった書物を対話の精神で読めるようになったということです。

『新約聖書』は、知恵に満ちた深い書物であり、クリスチャンでなくとも、そこから非常に多くのものを得ることのできるすばらしい本です。ただし、そのためには、対話の精神をもって、謙虚に、かつ、フレンドリーに、それに接する必要があります。

3

歴史的・体系的な全体像の中に位置付ける

常に、作品の歴史的・体系的な位置付けを考える

リベラルアーツを構成する個々の書物や作品と接する際に重要なもう一つの事柄は、それらを歴史的・体系的な全体像の中に位置付けることです。同じジャンルの中で、同じ作者の仕事の中でどのように位置付けられるかを知り、また、同時代のほかのジャンルの作品群との関連も考えてみるとよいと思います。

特定の書物や芸術作品が好きだというときに、それに何度となく接していながら、たとえば映画の場合などだと、どこの国の映画かも、監督の名前も

知らない人がいます。もちろん趣味、娯楽というレヴェルにとどまるならそれでも問題はないのですが、リベラルアーツの一つとして接する場合には、その歴史的・体系的な位置付けを知っておくことが必要です。

イギリスの思想家的作家ジョージ・オーウェルは、第3部の文学の部分でもふれる純文学SF**『一九八四年』**（思索的、文明批評的SFの先駆的な作品です）において、国家によって過去が次々に変造され、歴史が書き換えられてゆく恐ろしい世界を描きました。それを読むと、僕たちがあたりまえのものと考えている「歴史」が、実は、人類が血であがなってきた知恵の集積であり、文明や文化の不動の基盤でもあることがよくわかります。

ですから、文化の一部、その精髄《せいずい》であるリベラルアーツについても、それらの歴史的・体系的な位置付けを理解しておくことが大切なのです。時代の流れの中での、また、そのジャンルの体系中の位置付けを考えながら、個々の書物や作品に接することが必要です。

また、同じ作者の作品でも、作られた時期に応じ、作者の経歴と連動して必ず何らかの変化や発展があり、時には退歩もあります。それらを踏まえた上で、その厳密な文脈、コンテクストの中に個々の作品を位置付けるようにすると、個々の作品の見方、それから得られるものが、ぐっと深まるはずで

ジョージ・オーウェル（George Orwell）
1903-1950

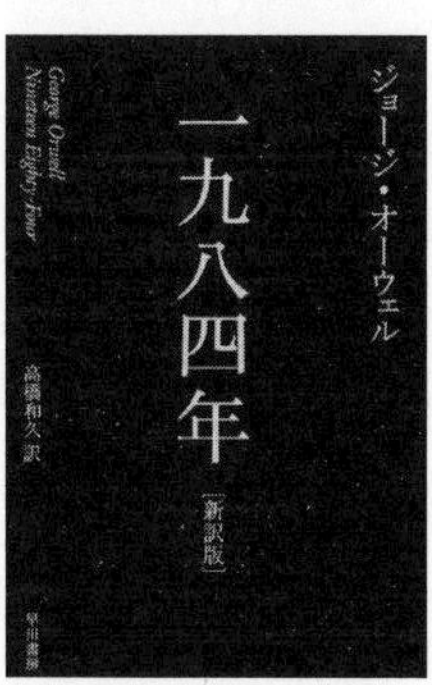

『一九八四年』ジョージ・オーウェル著、高橋和久訳、早川書房

す。

物事を歴史的、体系的にとらえる習慣を身につける

物事を体系的に把握しあるいは設計する技術、能力は、学者等の知識人に限らず、特定の物事についての戦略を練るなどの知的な作業を行う場合には、誰にでも必要なものです。リベラルアーツを学ぶ際に、常に歴史的・体系的な枠組みの中で個々の作品やそのメッセージをとらえる習慣を身につけると、そのような能力が研ぎ澄まされてゆきます。

僕は、自分のよく知っている書物や芸術のジャンルであれば、求められればいつでもその全体像や歴史について自分なりに語ることができると思っています。前記のような習慣を身につけると、自然にそうした蓄積ができてゆきますし、そうした歴史的・体系的な視点は、広い範囲の知的作業において、いろいろな形で利用できるのです。

関連して、ことに、ていねいに読んでその方法を自分のものにしたい書物、これには、一般書のほか、専門分野の教科書、体系書等も含まれますが、それらを読むときには、まず目次をじっくり読んで、全体の構成を頭に入れて

リベラルアーツを学ぶ際に、常に歴史的・体系的な枠組みの中で個々の作品やそのメッセージをとらえる習慣を身につけると、物事を体系的に把握・設計する能力が研ぎ澄まされてゆく

から読み始めるようにするといいと思います。章の立て方やその相互関係をみることで、著者の思考の体系やその作り方を学ぶことができ、内容の理解も深まるからです。

4

視点を移動し、橋をかけ、共通の普遍的な問いかけを知る

さまざまな視点からものをみることの重要性

「相手の身になって考える」のは非常に難しいことですが、「相手の視点に立って考える」ことも、それに劣らず困難で、意識的な訓練を要します。

弁護士で、優秀であるにもかかわらず訴訟の結果が思わしくない人は、この、「相手の視点に立って考える」ことができていない場合が多いのです。

自分の依頼者の視点を離れないままやみくもに相手と戦うだけではなく、時には視点を相手の側に移して、相手の視点から、自分のほう、自分の主張立証を客観的にみることができれば、そのどこが弱いかが、はっきりとわかります。それを知った上で元の視点に戻って、その弱さを補う訴訟活動を行え

ばよいのです。

同様に、弁護士は、時には裁判官の視点に立って、裁判官からは自分と相手の主張がどうみえているかを考えてみるべきですし、また、裁判官よりもさらに高い認識者の視点、いわば鳥の視点、神の視点に立って訴訟の全体像を把握してみることも必要です。

これは、ビジネスなどの社会的・経済的活動でも、教育でも、何ら変わりありません。相手の視点、人々の視点、学生の視点等さまざまな視点に立ってみることで、全体についての、また、自己についての、正確なパースペクティヴ、ヴィジョンが得られます。リベラルアーツを横断的に学び、ボーダーレス、ジャンルレスに、さまざまな対象のもつ固有の視点から物事をみる経験を積んでゆくと、こうした能力が飛躍的に向上します。

さまざまな視点に共通する普遍的な問いかけを知る

このような側面からリベラルアーツに接するときに重要なもう一つの事柄は、「架橋《かきょう》」ということです。さまざまな対象が与えてくれるさまざまな視点に共通する普遍的なもの、普遍的な問いかけは何かを考えながら、対象に

視点の移動、すなわち相手の視点、人々の視点等
さまざまな視点に立ってみることで、
全体についての、また、自己についての、
正確なパースペクティヴ、ヴィジョンが得られる

接することが大切です。一つ一つの作品に個別的に接し、次の作品と出会うときにはもう前の作品のことは忘れてしまっているというやり方ではなく、自分の頭の中で、それらの間にコミュニケーションの橋を架けてゆくのです。視点の移動の能力とともに、異質な物事の中から普遍的なもの、共通するものを見出してゆく能力が身についてゆくはずです。

なお、念のために付け加えておくと、架橋の重要性は「1　批評的・構造的に物事をとらえる」に記した「自分なりの批評の定点、基準点を保つ」こととは矛盾しません。「自分なりの定点はきちんと保った上でほかの視点との間に架橋を図ること」が大切なのです。日本の議論によくある「足して二で割る」方法は、自分の定点をもたないで、他人の意見の「間」を取るというやり方ですが、これは欺瞞《ぎまん》、偽善におちいりやすいよくない議論の仕方です。

さまざまな対象が与えてくれるさまざまな視点に共通する普遍的なもの、普遍的な問いかけは何かを考えながら対象に接する

5

ある分野の方法をほかの分野に転用する

書物の執筆にも生かせるジャズ・ロック演奏の霊感とリズム感

「方法の転用」も、リベラルアーツを通して得られる重要な技術です。

簡単にいえば、ある事柄についての方法は、他の事柄についての方法としても類推的に利用できるか、あるいは、他の事柄を理解、批評する方法として利用できるということです。

一例を挙げれば、文学や映画、あるいは芸術批評における「語り《ナラティヴ》」の方法は、論文や専門書にも応用できるものですし、全くジャンルの異なった音楽における「叙述」の方法さえ、執筆への転用はおそらく可能なのです。

僕の経験では、たとえば、法解釈学において一つの条文の意味を厳密に確

「方法の転用」、すなわち、ある事柄についての方法は、他の事柄についての方法としても類推的に利用できるか、あるいは、他の事柄を理解、批評する方法として利用できる

定していったり、判例批評・研究において特定の判例の事実認定と判旨（判例要旨）の関連を正確に読み取ったりする場合の頭の働き方は、クラシック音楽において指揮者やソリストが楽譜の意味を正確に読み取りながらそれを全体としての曲のイメージと結び付けてゆく作業に似ているのではないかと思います。

また、新たな方向を打ち出す書物や論文、あるいは創作を書いてゆくときの頭の働き方は、ジャズやロックにおいて、演奏者が、神経を極度に集中しながら、一方意識をリラックスもさせて、曲の本質にずばりと切り込んでゆくときの頭の働き方に似ているのではないかと思います。そうした意味で、音楽を集中して聴く訓練は、各種の執筆にも十分に応用できるのです。

大学、学界という「象牙の塔」の中の静かな仕事である専門書や論文の執筆においてさえこうしたことが可能なのですから、実社会で活躍するビジネスパーソンであれば、日々の仕事において、リベラルアーツから読み取り、自分のものにした方法、あるいはもっと直接的なリズム感のような生きた感覚をうまく仕事に生かしてゆくことは、十分に可能なはずではないかと思います。

僕自身は、文学、映画、音楽、漫画、美術等から学んだあらゆる方法、ことに広い意味でのリズム感やレトリック（修辞法、文章に豊かな表現、意味合いを与えるための技術）を、一般書、専門書双方の執筆に利用していますし、社会・人文科学、思想、批評、ノンフィクション等の書物から学んだ批評的・構造的なものの見方、物事のとらえ方を、書物の基本的な枠組み、骨組みとして利用するとともに、書く際の基本的な視点としても利用しています。さらに、書くものの基盤となる世界観、人間観、価値観、人生観等々については、自然科学をも含めたリベラルアーツのすべてから学んだものを適宜活用しています。

人間は、日々の生活のルーティーンの中で、惰性に従うことに慣れています。そして、自分の狭い世界における「方法」、すなわちものの見方、考え方、感じ方を唯一絶対のものとしてしまいがちです。

しかし、そのように外の世界と断ち切られた思考形態や方法意識は、みずからの思考や感性を硬直させ、あるいはフラットで一面的なものとし、やがては外の世界との溝を広げてゆくでしょう。

自分の世界の方法とほかのさまざまな世界の方法との間に、また、人々の生き方の方法との間に、新たな橋を架け、そこに共通するものを探るためには、視点の移動と並んで、先のような「方法の転用」が非常に重要なのです。

6 自己を相対化・客観化して見詰める

みずからの考え方を相対化・客観化して検討する

最後に、これは「1　批評的・構造的に物事をとらえる」と関連するのですが、身につけるのがおそらく一番難しいこととして、「自己を相対化・客観化して見詰める」ことが挙げられます。

他人に対して説得力のある議論、立論を展開しようとする場合、議論を行う者は、抽象的、一般的な建前論を展開するだけではだめです。特に、議論の内容が批判的なものである場合には、「あなた自身はどうなんですか？」と足をすくわれます。

説得力のある議論を展開するためには、その主体が、自分自身の立場や、自分の理論が立っている基盤を検証し、みずからの考え方や議論がその立場や基盤によって影響されている可能性をもきちんと考慮に入れながら、論理

自分の思考がみずからの立場や利害に
影響されていることを意識した上で、
それによる補正を行いつつ
自分の議論を組み立て展開してゆくことが必要

を展開してゆくことが必要です。

日本の政治家や官僚の議論が説得力に乏しく、嘘くさく感じられることが多いのは、その議論が結局は彼ら自身の利益、権益確保を目的としており、にもかかわらず彼らがそのことを自分で検証していないどころか、十分に意識すらしていないことによるところが大きいと思います。こうしたことは、学者等の専門家や経済人についても、ままみられます。

これは、第3部でもふれる社会学者カール・マンハイムが提唱した「知識、思想の存在被拘束性」の問題です。その要点は、僕たちの思考や自己認識が、僕たち自身の存在のあり方、存立基盤に避けようもなく影響を受け、拘束されている、ということです。

マンハイムは、知識、思想の存在被拘束性を超えてその時々の歴史的な状況やその中にある真理に近付くためには、対立する見解を広く見渡し、その全体像を把握できるような総合的な「場所」を発見しなければならないとし、「不安な確信のない人たちのやり方に従って、存在する問題や矛盾をみないことにしたり、右翼や左翼の人たちのやり方にしたがって、そうした問題を自己の思想や立場の宣伝のために、あるいは、過去や未来の栄光のために利

カール・マンハイム
(Karl Mannheim) 1893-1947

用してはならない」と説き、全体的な視野に立ちつつどこにも属しないで自由に浮動する知識人の役割、重要性を強調したのです。

僕は、「1　批評的・構造的に物事をとらえる」で論じた「批評的・構造的なものの見方、物事のとらえ方」と並んで、こうした「自己の思考がみずからの立場や利害に影響されていることを意識した上で、それによる補正を行いつつ自分の議論を組み立てる能力」も、日本人に弱い部分だと思います。日本文化に特有の「建前と本音」の乖離《かいり》が、この傾向を助長しています。

表では体面をとりつくろうための「建前」をいい、裏ではむき出しの情緒的な「本音」を語る。そこには、自分の本当の姿を、また、自分の議論がみずからの立場や利害によってどのように影響されているかを厳しく検証し、自分の議論の価値を高めようとする真摯《しんし》な努力が欠けています。

その視点は、みずからの生育歴、立場、利害等に影響されていないか？

「1　批評的・構造的に物事をとらえる」に記したように、「批評的・構造的なものの見方、物事のとらえ方」には、自分なりの「定点」が必要ですが、

マンハイムが提唱した「知識、思想の存在被拘束性」の要点は、僕たちの思考や自己認識が、僕たち自身の存在のあり方、存立基盤に避けようもなく影響を受け、拘束されているということ

それと同時に、そのような自分のスタンドポイントが、みずからの生育歴、立場、利害等によってどのように影響されているのかを見極め、意識しておくことも必要です。そうでないと、議論に客観性や説得力がなくなり、容易に足元をすくわれます。これは、日本では、政治家や官僚はもちろんですが、知的専門職に就《つ》いている人々にさえままみられる欠点です。

そのような人々であれば、本来なら当然に、また十分に備えていなければならない「存在被拘束性」の意識が弱く、そのために、善意でがんばっていても、客観的にみれば自己満足的あるいは傲慢《ごうまん》尊大であったり、あるいは過度に自己規制的、集団規制的であったりで、その努力について一般の人々やほかの世界の専門家の理解も得にくい、極端な場合には、実は他人を傷付けたりその迷惑になっているにすぎないにもかかわらずそのことに気付けない、そうした事態を招いている場合が、しばしばあると感じます。

ビジネスの世界でも同じことで、たとえば、本当は自分の利益、自分の会社の利益しか考えていないのに、そのことを隠すだけでなく、自分自身で意識すらできていない、そうした仕事や営業のあり方では、相手も不快になり、継続的で安定した信頼関係を築くことはできないでしょう。

僕も、裁判官退職後にリスク分散のために退職金をいくつかの銀行に分けて預金したことから、生まれて初めて複数の銀行と並行して関わりをもつようになりましたが、比較的信頼できる銀行は、「当方ももちろん商品を買っていただきたいですが、あなたにもこんな利益があるんですよ」という説明の仕方をし、考えられるリスクについても、質問すればきちんと答えます。

これに対し、「とにかくうちがもうかればよく、顧客のことなんかどうでもいいや」というところほど、反対に、口では顧客の利益だけを一方的に強調し、あたかも特別な親切ですばらしい商品を紹介してやっているんだといわんばかりの態度をとりがちです。笑顔を振りまいて腰だけは低くても、信用がなりません。これは、まさに、ビジネスにおける「みずからの存在被拘束性」の認識を欠いた態度だということになりますね。

リベラルアーツの作り手たちは、皆、この自己認識の能力には長《た》けています。そうでなければ、本当に説得力や社会的影響力があり、後世にも残るような仕事をすることはできません。僕自身も、大学の演習等ではできる限り自己認識の方法を教えることを試みてはいるものの、学校でこれを教えることはなかなか難しく、ある意味、リベラルアーツを通して独力で習得するしかない技術だといえるかもしれません。

第2章
実践のためのスキルとヒント

1

情報収集と情報処理をどのように行うか？

質と稀少性の高い情報を厳選する

現代は情報の時代であり、情報に満ちあふれています。反面、情報におぼれてかえって全体がみえなくなっている人々も多い。そういう時代であり、この傾向は、おそらく、今後も加速される一方でしょう。

こうした情報化社会では、情報収集・処理のあり方が非常に重要になってきます。そこで、僕が日常行っている若干のスキルを御紹介しておきたいと思います。

これは、リベラルアーツに関する情報収集や処理にも役立ちますが、それにとどまらない、一般的なスキルでもあります。

まず、情報を精選することです。自分独自の思考や発想をもちたい、オリジナリティーをもちたいと考える人については、ことにそのようにいえます。みずからの思考力の強化、視野の拡大、新たな発想の獲得に生かすつもりであれば、情報については、その質と稀少性をみるべきです。誰もが得ている一般的な情報や、自分の心や耳に心地よいだけの情報は、ジャンクフードみたいなもので、口当たりはよくても、後に何も残りません。質と稀少性の高い情報は、必ず、受け手にも一定の対価を、つまり、思考と時間を要求するものです。

媒体《メディア》ごとの特性を考える
——テレビ、新聞、雑誌、書物、インターネット

僕の場合、テレビは、自分からはあまり見ません。食事時だけは家族に付き合うということですね。実は、大きめの専用テレビはもっているのですが、これは、映画を見るときにしか使いません。本を書いたり、考えたりするために役立つ情報は、テレビからはそれほど得られない。もちろん、報道特集、

みずからの思考力の強化、視野の拡大、
新たな発想の獲得に生かすつもりであれば、
情報については、その質と稀少性をみるべき

教養番組等にはよいものもあるのですが、チェックしたり録画したりするのが大変ですし、見るにもかなりの時間がかかります。ですから、基本的にはいさぎよくあきらめ、特別に興味を引くような番組が目にとまれば、それだけ見ています。

新聞や雑誌からもある程度のものは得られますが、近年は、ことに新聞について、適切なアジェンダが発見できていない、掘り下げが浅い、そうした傾向が目立つようになってきました。

雑誌はその点ベターであり、稀少な情報も得られることがあるのですが、これは、テレビ以上にチェックするのが大変です。そういうわけで、雑誌もあまり読みません。もっとも、雑誌の特集号だけは、内容の濃いものが時々あるので、興味をもっている分野のものはある程度フォローしています。

なお、新聞についてオリジナル情報としての価値が落ちた理由には、ある程度重要な記事であれば、インターネットによって、事後的に、それも、数紙をまとめて、また、ウェブマガジン等インターネットの詳しい記述をも含めて、照らし合わせながら読むことが可能になったということもあります。

結局、僕の重要な情報源は、書物、補充的にインターネットです。

なぜなら、書物は、そこから得られる情報、思考、感覚の質の高さ、稀少性という意味では、ほかの媒体より格段にすぐれているからです。また、古典等の歴史的な知恵の集積は、書物という形でしか接することができません。たとえ、紙媒体の書物が衰えて電磁的なものが主流になるようなことがあるとしても、なお、まとまった思考や感覚の結晶としての書物の価値、重みは変わらないでしょう。

日本人の読書量は国際的にみても大きいとかつてはいわれていたものですが、最近の各種調査の結果をみると、どうも、世界的にみても小さいほうに転落しているようです。下は韓国だけという調査結果さえありました。一方、日本でも、ハイキャリア女性の読書量は一般的な成人の約四倍という調査結果も出ています。

「この人は本なんか一冊も読んでいないけれどすごい」といった人物も、昔なら存在した、あるいは辺境と呼ばれるような国や地域なら今でも存在するかもしれませんが、高度情報社会ではもう皆無に近いでしょう。

インターネットは、端的にいえば図書館代わりです。自分のもっている情報は正確か、より新しい、あるいは詳しい情報はないか、自分の発想に落ち

書物は、そこから得られる情報、思考、感覚の質の高さ、稀少性という意味では、ほかの媒体より格段にすぐれている

や補うべき部分はないか、それらをまとめてみた場合の細部の記述の正確性、そういう部分を詰めてゆくときには、インターネットは、非常に有用です。

また、ジャーナリズムに関しては、今後、最も可能性のある分野の一つが、インターネットジャーナリズム、ウェブマガジンではないかという気がしています。ほかでは流されていない重要な情報、あるいは掘り下げた分析が、そうしたネットジャーナリズムに出ることが多くなってきているからです。これは、権力によるメディア統制、メディアコントロールが、インターネットジャーナリズムには及びにくいことと関係があります。記者も、フリージャーナリスト、ビジネス関係の仕事をもっている人など専業ではない人が多く、その分、自由な取材や報道ができるという大きな利点をもっています。

書物から効果的に情報を得る

書物は、自分が興味をもっている分野については継続的にチェックしています。ここ十数年は、あまり書店にはゆかず、多くの書物はインターネットで買っています。時間がかからないし、自分の知っている分野のものであれば、インターネットの紹介程度でも、すぐれたもの、必要なものの判別は十分につくからです。著者、タイトル、出版社の組み合わせだけでも、ある程度のことはわかります。

書物は、新しいものでも古書でも、ともかく引っかかったら買ってストックしておきます。まれにですが入手不能になることがあるからです（なお、最も入手不能になりやすいソフトはＤＶＤですね）。そして、自分の当面の執筆や研究に関係するものは先に読み、それ以外は、重要と考えるもの、あるいは面白そうなものから読んでいます。

なお、書物については、普通に読む以外に、「めくり読み」とでもいうべき読み方もあります。これは、知的職業に就いている人間の特技のようなものですが、難しい本でなければ、ゆっくりめくる程度のスピード、一冊一〇分から一五分程度の時間、その時間もなければ数分程度の早めくりでも、それが提供するおおよその情報は得られるものです。これは、特に、優秀な裁判官、弁護士には絶対に必要な技術です。法廷で出されたものを即座にぱっと読んでぱっとわからなければいけないからです。

僕は、近年は、買った本については、たとえ処分する場合であっても、最低限こうした形で目を通すことだけはしています。もっとも、この読み方では、著者との対話とか方法を学ぶなどといったことはおよそ無理で、あくまで「おおよその情報」が得られるだけです。また、文学の場合には、こうした読み方は無意味です。ただ、最近は、新聞や週刊誌レヴェルの記述、その程度の密度しかない、めくり読みで十分足りるような本が増えてきていることは残念です。

インターネットは目的を定めて使う

インターネットは、特別な目的をもたずに見ることもありますが、時間としてはわずかです。目的をもってみる場合には、ほとんどが執筆か研究に関係しています。執筆との関係では、記述の細部を詰めるための確認に使うことが多いですね。インターネットは、ライターにとっては夢のシステムという部分があります。かつてなら図書館に出かけて何時間もかけて調べなければならなかった細々《こまごま》とした事実、情報が、国内のものも英語のものも、数分間、数十分間で簡単に確認でき、入手できるのですから。

たとえば、書物の中の比喩《ひゆ》でナポレオンフィッシュを使いたいという場合に、その色や形がよくわからない、そんな簡単なことでも、かつては、メモしておいて図書館に出かけなければならず、本当に大変でした。いろいろ探してみても、魚類図鑑や百科事典の情報は意外に限られ、結局、子ども向けの図鑑がまだ一番ましなどといったことになる、そんな苦労がよくありました（実際の特徴は、青っぽい大魚、頭部が大きくかつ目立ったコブがある、唇がとても分厚くかつ突き出している、目と唇が離れている、などで、非常にとぼけた味わいがあります）。今なら、インターネットによって、数秒で、いくらでも画像が見られますし、よりよい比喩を書くために適切なナポレオンフィッシュに関する情報だって、わずかな時間で簡単に得られます。これはすばらしい。

ライターであれば、こうした機能だけでも、月に数万円くらいはインターネットを用いた検索利用のために支払う価値があると思います。実際にはただですが。

インターネットは、漫然と見ていても、少なくとも僕のようにそのシステムにうとい人間では、重要な情報はほとんど得られません。知りたい事柄を的確に絞れば絞るほど有益で高度な情報や意見が得られます。

ブログ等の記述についても、アクセスが多いものほど価値が高いとはいえない。まあ、それは、インターネットが一種の「世間」であることを考えるなら、仕方のないことでしょう。ただ、絞ってゆけばそれなりに価値のあるものに容易にアクセスできるという点は、普通の「世間」とは異なります。

要するに、新たな思考や発想の基盤になるのは、まずは書物です。インターネットは、非常に便利ではありますが、インターネットジャーナリズムの中のすぐれたものを除けば、情報の細部を詰めたり確認したりするための、あるいは参考意見を調べてみるための利用、そのような意味での図書館代わりの利用が主であって、位置付けとしては、補充的、副次的ということです。

以上はあくまで僕の個人的な見解にすぎませんが、一定の根拠はあると思います。なお、僕も、もっと若かったら、ある程度時間の無駄があっても多くの媒体からいろいろな情報をとると思うのですが、残念ながら残された時間がだんだん少なくなってきているので、自分にとっての機能性とコストを最大限に生かした情報のとり方をしているわけです。

何でもかんでも残さない

情報処理に関してほかに重要なのは、厳選して情報をとり、利用した後は、その中でも特に必要なもの、必要になる可能性があるものだけを選んで残す、いいかえれば「何でもかんでも残さない」ということでしょうか。

僕の場合でも、たとえば一冊の本の執筆資料はかなり大きなものになることがありますが、そのうちで後に残すのは、再度参考にする可能性があるものに限定しています。膨大なものを残しても、場所はふさぐし、パソコンに入れるにはかなりの時間がかかるし、結局どこにあるかわからなくなってしまって使えないことも多いからです。なお、情報といっても、リベラルアーツを構成するようなものは、残しておくほうがいいといえますが、これについては「4　書物や作品のコレクションを作ることにはどんな意味があるのか？」で述べます。

2

情報とアイディアをどのようにストックするか？

不可欠なものではないメモ、カード、ノート

情報の整理に関して重要なのは、それをどのような形で残しておくかということです。この「残すこと」について、それにメモ、カード、ノートなどの形を与えるために大きな時間をかける人もいますが、どのような形のものを残すにせよ、重要なのは情報が自分の頭の中に残っていることであり、先のような「形」は、頭からすぐ情報を引き出すための手がかりと考えるべきです。

情報が、体系的、構造的に自分の頭の中に位置付けられていると、今度は、それを元にしたアウトプットが可能になります。アウトプットの元になるの

情報が、体系的、構造的に自分の頭の中に位置付けられていると、今度は、それを元にしたアウトプットが可能になる

は、インプットによって触発された自分自身のアイディア、発想の核としてのアイディアです。それについても最後に関連してふれましょう。

まず、読んだ書物等についてメモ、カード、ノートなどを作るかですが、僕も、若いころにはしたことがあり、すぐれた書物についてこうした要約を行うことは、よい知的訓練になると思います。ただ、僕自身は、執筆を始めたころから、やめてしまいました。端的に、時間がとても足りなくなったからです。

『民事保全法〈新訂版〉』〈日本評論社〉というその分野では弁護士等に最も広く使われている体系書についても、裁判官時代に初版を書いたときには、最初に目次だけ作って、メモ等は一切使わずに、机のまわりに山のように参考文献や資料を積み上げ、ぶっつけで書いていました。

このやり方は、必ずしも僕だけのものではありません。よく知っている事柄についてなら、慣れてくれば、こうしたことも可能になります。つまり、メモ、カード、ノートは、あれば便利ですが、絶対に必要なものとまではいえないと思います。

アンダーラインを引く、扉に簡潔なメモを記す

僕は、現在では、本を読みながら、重要な箇所についてだけ、本の表紙を開いた扉の部分（最初の白い頁）に、一言、二言のメモを頁とともに記しています。これなら簡単にできるし、執筆等の際に参照したい箇所がすぐに探せて便利だからです。

また、専門書、論文、執筆資料のうち特に重要なものを読む場合には、重要部分に定規を使って傍線やアンダーラインを引いています。これは、専門書を書くために後から参照する場合に便利だということもありますが、線を引くことによって、書物全体の中での位置付けを考えながら重要部分の内容を記憶してゆく、あるいはそれについて思考をめぐらすという意味がより大きいですね。

学生が教科書にどのように線を引いているかを見るだけでも、その学力や理解度について大体の見当が付くものです。書物の重要部分が適切に見分けられるようになれば、おおむねその本が理解できているといってよいのです。

CD、DVDは、数が多い場合にはカード等を用いて整理する

今でも全部カードを使って整理しているのは、ＣＤとＤＶＤだけです。「4書物や作品のコレクションを作ることにはどんな意味があるのか？」に記すとおり膨大なコレクションなので、整理しておかないと、どこにあるのかはもちろん、何をもっているのかさえ不確かになるからです。

また、映画については、一二歳の時から、何を見たかだけは全部記録しています。カードを使わずに、ルーズリーフに順番に記してゆく形式にしたことがよかった、簡単だから続けられたと思います。今になってみると、書物についても同じような形で記録しておけばよかったなと思います。最近、遅ればせながら作り始め、いつ何を読んだかと簡潔な感想だけは、映画同様ルーズリーフに順番に記しています。

このように記録しておくと、いつ、何とどのように接した、対話したかがたちどころにわかり、そうした記述の変遷《へんせん》から、自分の成長してきた部分、そうでない部分ともによくみえるようになります。

また、同じ形式によるソフトの数が多い場合には、単に整理という観点だけからも、記録しておくことが必須です。九〇〇〇枚以上のＣＤから必要な一枚を探し出すことなど、カードがなければ不可能だからです。僕は基本的

いつ、何とどのように接した、
対話したかがたちどころにわかると、
その記述の変遷から、自分の成長してきた部分、
そうでない部分ともによくみえるようになる

にアナログ型情報処理に慣れてしまっているのでやりませんが、パソコンのデータベースを利用すれば、データについてさらに高度な使い方ができるでしょう。

創造の核となるアイディアをストックする

僕は、得られた情報の記録だけではなく、自分のアイディアもストックしています。書物（一般書、専門書）と論文の簡単なプランだけで、構想だけのものも含めて全部で三〇くらいのものですが、こういうふうにまとめておくと、ちょうど溶液の中に入れておいた小枝や小石の周囲に結晶ができてゆくように、自然に、無意識のうちに、書物や論文のプランが、頭の中にゆっくりとできてゆくのです。

実は三〇代の後半から同じようなことはしていたのですが、そのころは、個々のアイディア自体が思い付きの域を出ない、熟していないものだったので、それらの中で実際に実を結んだものはわずかでした。今は、大体こんな本、論文という程度の具体的なイメージをもてるものだけストックしているので、もちろんそれらが実を結ぶか否かは機会と時間によると思いますが、先のような結晶化は、より進みやすくなりました。

これもおそらく誰にでもできることで、ビジネス等関心のある事柄についての私的なアイディアをストックしておけば、リベラルアーツの個々の対象、書物や作品を選択する際にも、それに接する際にも、目的をもった方向性のある読み方、自分独自の視点、観点がよりもちやすくなると思います。

また、そのアイディアを実行に移す場合にも、より短い時間で、かつ、より効果的にそれを行うことができるでしょう。すでに頭の中で無意識のシミュレーションが何度も繰り返されているからです。

**関心のある事柄についての私的なアイディアを
ストックしておけば、リベラルアーツの作品に接する際、
目的をもった方向性のある読み方、
自分独自の視点、観点がよりもちやすくなる**

3

収集、蓄積した情報からどのようなものを生み出したいのか？
——機能性とコスト

それは、時間とコストをかけるほどの社会的価値あるアイディア、発想か？

リベラルアーツを学ぶ際に、その過程で特定のテーマについて新しい情報や新たな発想を得ようとするのなら、どのようなテーマを念頭に置くかの選択に当たっては、機能性とコストも考慮に入れておくとよいと思います。つまり、リベラルアーツの蓄積を元に自分は何を生み出したいのかというアウトプットの側面をも考えながら学ぶことが大切です。そして、その「アウトプットの側面」を考える場合には、「機能性とコスト」が重要な要素になる

リベラルアーツの蓄積を元に自分は何を生み出したいのかというアウトプットの側面をも考えながら学ぶことが大切

と思います。

機能性を重視するのは、そうでないと、テーマの選び方も、結果として得られる成果も、自己満足的なもの、趣味的なものになってしまいがちだからです。そうしたものには、広がりがありませんし、他人に訴える力も乏しくなります。

たとえば、自分が興味をもつ事柄に関する私的な検討、研究についても、それを自己目的化することはつつしみ、何らかの実践的提言を行い、あるいは、新しい理論的展開を図る、そうした現実的な方向性を保っておくべきです。いずれに重きを置くかは別として、両者の方向を併せて意図することが適切だろうと思います。

つまり、私的な検討、研究についても、その機能性を考え、できる限り社会的影響力の大きくなりうるものを選ぶほうがよいと思いますし、それにかかる時間や費用のコストについても、それをかけることがふさわしいものかどうかを考慮したほうが、よい結果が得られると思います。

なるべく自分がよく理解していて手の内に入っており、かつ、自分のこれからの仕事、また、人々や社会に与える影響、効果の大きいテーマを選択することです。常に、その検討や研究を人前で発表したり、自分のやりたいことに生かしたりする可能性を考えながら、それを行うとよいと思います。

職人至上主義的価値感覚に注意

ここでも、第1部でふれた、「日本人の求道大好き傾向」には注意すべきです。日本人の美意識として、「実際の役に立たない研究、あるいは、趣味と芸の世界における求道、そうしたものにこそ至高の価値がある」という独自の「職人至上主義的価値感覚」があると思います。しかし、これは、第1部でも述べたとおり、視野が狭くなりやすい限界がありますし、独善や自己満足におちいりやすい弊害もあります。

検討・研究にせよ実践・実務にせよ、「この道一筋、求道の極み」みたいなことばかり言っている人ほど、どうでもいいような細かいことにこだわり、専門世界の狭い「決めごと」に固執する傾向がある、僕の経験からして、それは否定できないように感じます。

こうした側面では、「特定の人間の思想、考え方や行為は、社会においてどのように機能し、人々にどのような影響を及ぼし、どのような効用をもたらすのか」を常に問い続けるアメリカ的な機能主義（その思想化が、第3部で

あなたの思想、考え方や行為は、
社会においてどのように機能し、
人々にどのような影響を及ぼし、
どのような効用をもたらすのか？

ふれるプラグマティズムです）には、学ぶべきところが大きいのではないかと思います。

4
書物や作品のコレクションを作ることにはどんな意味があるのか？

書物や音楽CD、映画DVDは、処分せずにコレクションとする

「1　情報収集と情報処理をどのように行うか？」では精選、厳選をいいましたが、書物や芸術等リベラルアーツのコレクションについては、微妙なところがあります。楽しみのレヴェルにとどまるのであれば、本当に好きなものだけ取っておけば十分だと思いますが、リベラルアーツを学ぶという観点からすると、保存しておく、コレクションを作るということにも、それなりの意味があるからです。

僕の場合も、買うときは本当に厳選していることもあり、書物や芸術ソフトは処分しにくいというのが事実です。本（専門書と漫画を除く）は、正確に数えたことはありませんが、これまでに読んだものの六割くらい、三五〇〇冊くらいはまだ持っていると思います。なお、漫画も段ボール箱で三〇箱くらいはあります。これについては、いつか漫画に関する本を一冊書きたいと思っているために資料として残してあるものも、かなりあります。

CDは九〇〇〇枚余り、内訳は、ロックとクラシックが各三五〇〇枚、ジャズ九〇〇枚等です。ジャズだけでも、昔ならジャズ喫茶が開ける枚数になります。今後新しいソフトのフォーマットが現れても、全部の買い替えはとても無理ですね。

DVDとブルーレイも九〇〇枚余りあり、DVD化されていない、あるいは買い替えていないビデオもまだ数百本保存しています。ほかに、専門書も相当にあります。その結果、教授室は別にして、自宅も、書斎の押入はCDの段ボール箱で満杯ですし、隣室や二階の小屋裏収納にまでものがあふれて、家族のひんしゅくを買っています。

これらのうち一番重要なものは、書斎の、幅が三・三メートル三層で合計一〇メートル、高さが二・四メートルのスライド書棚に納めています。この書棚の床下には二トンの負荷がかかるので、特別な基礎を打って補強してあります。

音楽ソフトの数が段違いに多いのは、ロックとクラシックについては、価値がありそうなロックのアルバム、クラシックの録音(二〇世紀の録音に限定しましたが)は全部聴いてみたいというとんでもない野心をもってしまったからです(書物の場合には、そうした野心を抱いても、およそ実現不可能です)。

また、音楽というのは、たとえばロックであれば才能ある若者たちにはまずは録音の機会が与えられるし、クラシックであれば定評のあるアーティストはかなりの数の録音を残している、そうした事情もあります。

これが映画になると、第3部でもふれることですが、莫大なお金がかかり、したがってどうしても多数の観客を集めなければならないという商業上の制約、そして、多数のスタッフのインスピレーションが一つの方向に結集しないとよいものはできないというチームワークの制約から、すぐれた作品の数は、相当に限られてきます。したがって、手元に置いておきたいものは、音楽の場合よりはずっと少なくなります。

なお、ロック等のポピュラーミュージックについては、携帯ステレオの実質をもつ一二八ギガバイトのウォークマンに約二万五〇〇〇曲を入れて、外出中の時間が空いたときに、シャッフルモードで聴いています。次にどんな曲が出てくるか予想がつかないので、感性に対するよい刺激、訓練にもなります。また、こうした音楽のリズムは、思考や執筆のリズムにも影響しますし、落ち込んだときにも、ぐっすり寝た後で喫茶店でこれを聴いていると、また、「よし、やるぞ！」という気持ちになれますね。

コレクションを身近に置くことで、自分の位置が常に確認できる

このような膨大なコレクションをしている理由ですが、一つは、書物や芸術は僕にとって幼なじみか兄弟のようなものだから、ということがあると思います。

もう一つは、それらが僕のイマジネーションの源泉、その主要なものの一つだからということがあると思います。書物の中核部分は、それらの著者の方法、その言葉の使い方の技術すなわちレトリックの形が、自分の中に型、スタイル、方法となって残っていますし、芸術についても、ほぼ同じことがいえます。だから、いつでも参照、利用できる状態にしておくことが必要なのです。

コレクションはイマジネーションの源泉、
その主要なものの一つだから、
いつでも参照、利用できる状態にしておく

そうした理由から、こうした書物や作品については、先の書斎のスライド書棚に納めて、随時参照できるようにしているのです。

おそらく、コレクションの究極の意味は、いつでも手に取れる場所、タイトル・背表紙が眺められる場所にそれらがあることによって、自分の生きてきた精神の形、あるいはその位置する場所が確かめられることにあるのだろうと思います。

かなりの部分を記憶しているそれらに時間を置いて繰り返しふれることで、それらを鏡として自分の位置を見定めることができるし、自分の進歩や退歩、転向や回帰の形もわかる、そういうことなのではないでしょうか。

だから、もはや読むことはないかもしれない書物等でも、それが価値あるものと認められる限り、並べておくこと、取っておくことは、無駄ではないと思うのです。もっとも、人生最後の数年間くらいは、それらのうちでも本当に好きなものだけを選んで、読んだり聴いたり見たりして過ごしたいとは思いますが。

以上についても、あくまで僕の個人的な見解にすぎませんが、一定の根拠

コレクションの究極の意味は、
いつでも手に取れる場所にそれらがあることによって、
自分の生きてきた精神の形、あるいは
その位置する場所が確かめられることにある

はあると思います。少なくとも、リベラルアーツを系統的に学びたいという人は、本、ＣＤ、ＤＶＤ等を片っ端から処分しないで、そのうちで心に残っているものは、少なくとも自分の価値観や審美眼が確立するまでは、保存しておいたほうがいいでしょう。

第3部
実践リベラルアーツ
——何からどのように学ぶのか？

第3部では、第1部で述べたリベラルアーツの必要性、第2部で述べたリベラルアーツを身につけるための基本的な方法と戦略を前提として、自然科学系、社会・人文科学系、芸術系の各分野について、すぐれた書物や作品をピックアップしてゆきます。僕の選択基準は、ジャンルによる上下の区別を付けず、しかし、どのジャンルについてもなるべくすぐれたものを広く選んでゆくというものです。

リベラルアーツ、教養という側面から、知性や感性をきたえるために有益なもの、役立つものを選んで、その面白さと、大きな枠組みの中での広がり、つながりを示したいと思います。芸術の各分野についての詳しい紹介は、機会があれば別の書物で行いましょう。

本書における書物・作品選択の一般的傾向

僕の選択の一般的傾向についても、ここでまとめてふれておきます。

詳しくは第2章「1　哲学」の項目で述べますが、それは、哲学的・思想的方法としてのプラグマティズム、より広くいえば、「はしがき」でベーコンの言葉に関連してふれた経験主義、帰納法的な考え方、発想法に基づいています。物事を観察して得られる個々の具体的な事実を総合して一般的、普遍的な原理、法則を導き出す考え方、発想法ということです。

反面、まず一般的な原理原則を立ててそこから理論を導き出してゆく演繹《えんえき》法的な考え方、発想法はとっていないし、そうした考え方、発想法に基づくような書物や作品は、あまり選んでいません。わかりやすくいえば、観念的傾向、観念臭の強いものは避けているということです。

これは、第1部でもふれたとおり、官学的な傾向の強い大学におけるドイツ系の演繹法的な思考方法や教育方法、つまり、まず原則を立ててそこから結果を導き出してゆく、そのような形で人間や組織を制御する、そして、個々の人間や事柄には必ず存在する「ずれ」や「はみ出し」がもっている創造的な力を認めず、むしろこれを切り捨ててしまうといったやり方は、そのよくない面ばかりが目立つ状況になってきているという僕の現状認識によります。そうしたやり方は、行政・司法官僚、政治家、中心的なものとされてきた大学の学者といった人々の能力低下と創造性の乏しさ、日本という国家やその社会の活力低下を招くのみならず、机上で計画した物事が新たな事態に対応できず、場合によっては予想外の事故を招くといった結果をも導いていています。

自然科学から社会・人文科学、思想、批評、ノンフィクション、各種の芸術まで

そのような観点から、本書では、まず、自然科学、それも、人間と世界のあり方に関する基本的な知識や視点を得るために有用な分野のそれを重点的に選択し、それらについては、かなり詳しい解説と分析を行っています。そして、この部分の記述は、いわば、現時点における僕の人間・世界認識の基本的枠組みを記述したものともなっています。

おわかりのとおり、歴史的にこうした役割をになってきた学問は、哲学、それも前記の演繹法的な思考方法に基づくそれでしたが、僕は、先に述べたような理由から、現状におけるその有用性をかなりの程度に疑っています。これは、僕の卒業した大学である東大等の官学的学風の強い大学における主流派の学問、ことに文科系のそれの方法に対する疑いをも含んでいます。また、二〇一一年の福島第一原発事故によって、こうした弊害は文科系だけの問題にとどまらないことも、明らかになりました。

なお、僕自身は、哲学はその領域のかなりの部分を諸科学、ことに自然科学に侵食されてきており、今後もこの傾向は持続すると思っています。もっとも、科学における倫理の問題については、哲学者との学際的アプローチが非常に重要でしょう。

次に社会・人文科学系のリベラルアーツについては、大学、狭い意味での学問という垣根を無視して、思想、批評、ノンフィクションまでを広く含めた選択を行い、また、個々の書物を選ぶ場合にも、なるべく、経験主義的な観点に基づく世界観の組み立てや発想に有益なものを幅広く選ぶ一方で、ドイツ系哲学等の演繹的な思考方法に立つ観念臭の強い書物（たとえば、カントの『純粋理性批判』やヘーゲルの『精神現象学』のような、そのタイトルからして演繹的志向の強い哲学書）は、ほとんど選んでいません。

これには、前記のような僕の考え方に加え、僕自身が、文科系の人間ではありますが、一方では自然科学的な志向が強く、一方では芸術という感性と直観に基づく領域から多くを学んできていて、演繹的な思考方法、官学的な学問等に対する違和感の強い人間だという事情もあります。実際、ドイツ系の哲学書等も少年・学生時代には一定程度読みましたが、それらが自分の中に本当に思想的方法、考えるための技術として残ったかというと、ほとんど残っていないというのが事実なのです。自分にとって有用ではなかったものを人に薦《すす》めることはできません。

なお、ドイツ観念論等のドイツ系哲学は、日本の法学にも大きな影響を与えていますが、僕自身は、日本の法学のそうした側面についても批判的であり、プラグマティズム的な機能的方法を重視した法学を提唱しています（『民事訴訟の本質と諸相』〈日本評論社〉等。なお、一般書である『絶望の裁判所』、『ニッポンの裁判』についても、その方法意識は共通しています）。

最後に、僕の選択においては、芸術という領域が非常に重要であり、また、その中から、単なる感覚的な喜びにとどまらず、深い思索や、物事を構造的、体系的にとらえる視点をも含んだものを重点的に選んでいます。この点もかなり特徴的だろうと思います。また、その分野も、文学、映画、各種の音楽、漫画、広い意味での美術と、多方面にわたっています。

以上のような意味では、第3部の選択も、第1部、第2部同様、あくまで、僕という個人、一人の自由主義的学者・ライターの世界観、価値観や考え方、感性によって枠付けられ、切り取られたものであることは間違いありません。しかし、これは、仕方のないことだと思います。僕自身、総花的でフラットな案内書が役に立ったという経験は皆無であり、役立つ情報というのは、常に、「相当の根拠や基盤をもつある視点によって切り取られたもの」だと思っているからです。ただ、その視点が自己のよって立つ場所や限界を意識していることは必要でしょう。本書の記述に当たっても、その点は忘れないように注意しているつもりです。

基本書は繰り返し読む

関連して、書物の読み方等に関する注意事項についてもふれておきます。

書物のうち、自分の仕事にとっての基本書は、一冊を何度も読み返すことが必要です。

僕は、第2部でふれた体系書『民事保全法』を書く過程で、その分野のかつてのスタンダードであった『新版 保全処分概論』〔西山俊彦、一粒社〕という書物を、七、八回は読んだと思います。二、三行の記述の意味を、何度も、時には何時間もかけて、検証し直しました。

まあ、これは、顕微鏡で覗くような学者特有の読み方ですが、自分の専門分野についての最も重要と考えるような本であれば、数回は読み返して頭の中に叩き込んでしまうと、考え方や発想の核として大きな力を発揮すると思います。

書物の歴史的・体系的な位置付けを確かめておく

それ以外の書物についても、その歴史的・体系的な位置付けを、読む前か読んだ後にインターネットなどを利用して確かめておくと、個々の本が、頭の中で正確な位置を占めてゆくはずです。たとえば、その書物が書かれた時代的・社会的背景、著者の仕事全体の中での位置付け、与えた社会的影響等について確認しておくといいでしょう。かつては文庫等の第三者解説も質の高いものが多かったのですが、今はかなりいい加減になってきているので、インターネットを利用して信頼できる記述を拾っておくのがベターです。

芸術については、楽しむだけでなく、第2部でふれたように、対話と学びの姿勢で接してゆくことが大切です。歴史的・体系的な位置付けが有用なことは、書物の場合と変わりありません。


なお、はしがきにも記したとおり、今日では、インターネットの利用によってユーズド商品の入手が容易になりましたし、書物については図書館の利用も可能ですから、現在販売されているか否かにはあまりこだわらず、あくまでその「質」を中心とした選択を行っています。

自然科学から、社会・人文科学、思想、批評、ノンフィクション、そして、文学、映画、音楽、漫画、美術までを、一つの大きなパースペクティヴの中で、リベラルアーツの横断的な連続体として実感していただければと思います。

第1章
自然科学とその関連書から、人間と世界の成り立ちを知る

自然科学をリベラルアーツの先頭にもってきたのは、第3部の冒頭でもふれたとおり、現時点で、人間と世界のあり方に関する基本的な知識や視点を獲得するためには、自然科学から得られるデータや推論が最も重要かつ確実ではないかと考えられるからです。以下に掲げるような分野、すなわち、生物学、脳神経科学、精神医学、物理学、天文学等々の研究は、その進展に伴い、かつては哲学が占めていた領域の多くをその中に取り込んでしまいました。

僕は社会・人文科学系の人間であり、読んできた書物はそちらのほうがずっと多いのですが、もともとは自然科学的な志向も強く、最近は好んでその方面の書物を読んでいます。

これは、すでにふれた経験主義的思考方法ということと深く関係があります。近代になってから徐々に体系化されてきた社会・人文科学の領域は、その成り立ちとしてはおおむね自然科学を模範、規範にしていますが、大きな違いが一つあって、それは、ベースとしている実験の精度、検証可能性が低いということです。学問の始まりの形であった哲学に至っては、その主流である演繹的方法によるものは、およそ実験、検証しようがないような、頭の中で始まってそこで完結してしまう議論の組み立て方をしている場合が多い

人間と世界のあり方に関する基本的な知識や視点を獲得するためには、自然科学から得られるデータや推論が最も重要かつ確実

といえます。その意味では、ほとんど文学と変わりないのではないかという気がします。

しかし、実験の精度や検証可能性が低いことは、人間と世界の成り立ちの大筋をとらえるためのリベラルアーツとしては、やはり、大きな欠点といわざるをえないでしょう。ことに、倫理学領域の議論にはその欠点が目立つように感じられます。議論の定点が定まらず、堂々めぐりのものになりやすいのです。たとえば、日本でも評判の高かったマイケル・サンデル『これからの「正義」の話をしよう』（ハヤカワ文庫）などもその一例で、僕には、倫理をめぐる気ままなおしゃべりに学問的体裁を施してみた書物、という印象が強かったというのが正直なところです（まあ、これには、好みからくる偏見があるだろうことは認めますが）。

社会・人文科学者は、しばしば、たとえば生物学者の議論について「根拠のないトンデモ議論、人間の価値をおとしめる偏見に満ちた議論」といった批判をしたがりますが、各分野の学者の書いたものをそこそこ読んできた僕の目からみれば、それはむしろ逆で、「根拠のないトンデモ議論」とまではいわずとも「客観的根拠に乏しい議論、事実やデータの厳密な検証に基づかない議論」、「根拠のない性善説とセットになった安直な環境決定論（人間の悪を内なるものとして冷静に検証せず、すべてを生育環境のせいにする議論）」、「人間の動物との連続性をあまりにも無視した脆弱《ぜいじゃく》、主観的な理想論」等々の問題は、社会・人文科学系の学者のほうにより多くみられるように思います。決してきれいごとではない裁判実務の世界で長い間悪戦苦闘してきた僕のような実務家経験のある学者の目からみると、そうした議論はきわめて弱いものにみえることが多いのです。

以上のような理由から、僕は、現時点では、人間と世界の成り立ちの大筋をとらえるためのリベラルアーツ、そのような意味での総論的リベラルアーツとしては、自然科学のほうがより確実なものを提供していると考えます。

僕が第3部の最初に自然科学を配置した理由は以上のとおりです。

以下、個々の分野の選択と個々の書物の紹介に当たっても、以上のような僕の問題意識、現状認識を頭に置いていただくと、僕が個々の書物を選んだ意味をより的確に理解していただけると思います。

なお、「1　生物学」と「2　脳神経科学」については人間存在を考える

人間と世界の成り立ちの大筋をとらえるための
リベラルアーツ、そのような意味での総論的
リベラルアーツとしては、自然科学のほうが
より確実なものを提供している

上で最も重要な領域と思われるので、特に詳しく記しました。また、「3　精神医学関連」では、自然科学以外の関連一般書も取り上げています。人文科学との境界領域ですが、生物学や脳神経科学との関係が深いことから、ここに位置付けました。「4　自然科学のそのほかの分野」では、物理学、天文学をはじめとして、世界の成り立ちとそれに関わる問題を取り扱っている分野の書物、また、思考の枠組みを広げたり新たな発想の糸口になったりすると思われる書物を選択しています。

1

生物学——人間の動物との連続性を明らかにする

現代的な視点から人間のあり方や未来について考えるためには、まず第一に、「人間の動物との連続性」、「動物としての部分」を自覚し、視野に入れておく必要があると思います。人間とは、言葉をもち、認識と思考の力をもった動物にほかならないからです。しかし、人間が、そうした新たな能力によって、自己の有限性、存在被拘束性を知るのみならず、非常に短い期間に高度な文明をもつことさえ可能になった、不思議な動物であることも間違いありません。

核時代、人口爆発的増加の時代、大規模な自然破壊の時代における人類の存在の危うさは、すべて、人間というこの不思議な動物が本来的にもっていた右の二つの側面の間にある矛盾、その矛盾が科学の発達によって過去とは比べものにならないほど大きくなったことの結果です。

また、僕たちは、みずからを、生まれながらに「人間らしい存在」であると思っていますが、おそらく、それは誤りです。僕たちは、文化、文明に守られ、両親に保護され、長い教育を受けることによって、「人間らしい存在」に「なる」のです。その意味では、僕たちは、「自然の子」であると同程度に「文化、文明の子」でもあります。そして、こうした二つの側面を切り分け、それぞれの限界を知るには、生物学から得られる知識、知見が必要です。

ローレンツ――「愛、友情」は「攻撃」の裏面

生物学における知見が人間観にも大きな影響を与えるようになったのは、デズモンド・モリス『裸のサル』〔原著一九六七年、邦訳角川文庫。以下「原著」、「邦訳」は省略します〕等のいわゆるポップサイエンス的な書物を別にすれば、コンラート・ローレンツ（一九〇三―八九。動物行動学）の**『攻撃――悪の自然誌』**〔一九六三年、みすず書房〕あたりからでしょう。

現代動物行動学の開拓者であるローレンツは、動物の攻撃行動のうち同一

コンラート・ローレンツ
(Konrad Zacharias Lorenz) 1903-1989

の種におけるそれを、強い個体を生殖のために選択する淘汰《とうた》に役立つ行動であるとします。

また、このような攻撃的行動は、本格的な闘争に至る前に弱者が強者に道を譲る「順位制」につながるだけではなく、攻撃行動の解除や変形は、典型的な求愛の仕草にもなるといいます。すなわち、「愛や友情（的な動物の行動）」は、実は「攻撃」の裏面であり、だからこそ、個体の間の「愛や友情（的なもの）」による結合を作る動物にのみ、同種間の「攻撃」も明確な形で存在するというのです。

つまり、攻撃性をもつ動物が、種を保ち、子を育てるなどのために協力することが必要になったときに、攻撃にまつわる仕草を変形して「儀式化」する、そうやってできた「儀式」はやがて本能的な愛の行動となり、また、儀式を行うために必要な相手の存在が、欠かせないもの、愛の対象になるということです。

ローレンツの考え方のうち動物行動学をそのまま人間の行動に類推した部分は今では根拠に乏しいとされていますが、そうした部分を除いても、僕たちがプラスの価値を与えている愛や友情といった情緒や行動と、マイナスの

『攻撃——悪の自然誌』コンラート・ローレンツ著、日高敏隆／久保和彦訳、みすず書房

価値を与えている攻撃行動との深い結び付きを明らかにしている点で、『攻撃』は、現在でも、十分に示唆的な書物だといえます。このような「発想のコペルニクス的転回」は、名著の大きな特徴です。

先にふれたとおり、こうした「愛の起源」についての考察をそのまま人間に結び付けることはできませんが、それでも、「愛は憎しみの反面」、「愛と憎しみは紙一重」といったリアルな言葉、あるいは、芸術において本当にすごみのある相手はあからさまなモンスターなどではなく、親しみに近い仕草を伴って近付いてくる「何か、誰か」である事実（たとえば冒険ものの漫画でも、一番の悪役は両性具有的な美少年であったりしますね）などは、この書物によってその真実性を裏書きされるといえるでしょう。

ドーキンス――遺伝子は、その乗り物《ヴィークル》である個体の世代を超えて生き延びる

リチャード・ドーキンス（一九四一―。動物行動学）の『利己的な遺伝子〈増補新装版〉』〈初版一九七六年、紀伊國屋書店〉は、ここ数十年間において最も影響の大きかった自然科学書、生物学書の一つでしょう。

リチャード・ドーキンス (Clinton Richard Dawkins) 1941-

ドーキンスの考え方のポイントは、自然淘汰の単位を、遺伝子という最も小さなレヴェルでとらえることにあります。そして、その遺伝子は、あたかも「非情な利己主義」という行動原理によって動いているかのようにふるまいます。個体はトランプの手札のように世代ごとにうつろいますが、遺伝子はその単位としての個々の「カード」であり、その乗り物《ヴィークル》である個体の世代を超えて生き延びるというのです。

動物の相互作用、コミュニケーションには、生存競争という観点からの攻撃、うそ、だましなどの要素が本来的に含まれています。なお、もちろん、「うそ、だまし」という評価は「人間の目」からのものにすぎません（著者（瀬木）のコメントないし補足です。以下、「1　生物学」と「2　脳神経科学」で書物の要約に関連して（瀬木）と表示してある場合にはその趣旨です）。

彼は、動物の利他的（とみえる）行動も、基本的に、自己の遺伝子のコピーを多く残すという戦略の現れとして理解します。動物は、みずからと血縁の近い、つまり、遺伝子の大きな部分を共通にする個体の保護のためにはみずからを犠牲にすることもあるが、これは、遺伝子を淘汰の単位として考えれば説明がつくとするのです。

『利己的な遺伝子〈増補新装版〉』リチャード・ドーキンス著、日高敏隆／岸由二／羽田節子／垂水雄二訳、紀伊國屋書店

親による子の保護行動もこの例外ではないとします（もっとも、この点には異論も出ています〔瀬木〕）。そして、親と子の間でさえ、遺伝子的戦略からの計算（弱い個体を生かすか、それとも、見捨ててもう一つの個体を生むか）や利己的行動（鳥のひなが捕食者を巣に引き付けかねない鳴き方をすることによって兄弟姉妹に先んじてえさを得る）は存在するとします。

こうして、彼は、従来、動物の利他的行動を説明するために用いられてきた「群れ（単位の）淘汰説」、つまり、「群れのために犠牲になる個体」を想定する考え方は誤りであるとします。一見利他的とみえる行動も、遺伝子レヴェルからみれば実はそうではないというのです。

ドーキンスは、この本の全面にわたって、鋭利で非情なリアリズムを展開しています。たとえば、動物の間では雄による雌の搾取《さくしゅ》が一般的なことについて、彼は、これは両者間の「繁殖戦略」の決定的な相違によるとします。雄にとってはできる限り多数の雌と交尾することに利益があるが、雌にとっては、数の限られた卵子を用い、かつ負担の大きな妊娠という結果が伴う交尾の相手は、いやがうえにも慎重に選択する必要があるというのです。これは、人間にもそのまま当てはまる側面がありますね。

群れとしての動物の間では、生存競争のためのさまざまな戦略が繰り広げられています。そこでは、うそをつく、信じる、やられた場合にはやり返す、つまり、相手の行動に応じてそれに見合った反応をとる、などの戦略がからまりあっての激しい戦いが繰り広げられています。しかし、常に「出し抜く」ことが優位になるわけではなく、コンピューター・シミュレーションによれば、むしろ、やられた場合にはやり返す、に類した「基本的には寛容だがうそやだましには報復的な戦略」が安定的であるとドーキンスはいいます。

人間は、言葉、意識とこれに支えられた高度な記憶をもつという一点において特異な動物であり、そのために、たとえば産児制限等により遺伝子の独裁に抵抗することにも一定程度成功しました。また、先のような戦略的争いの中で身につけた他者をだます能力やこれを見破る能力についても、意識化し記憶しています。人間に備わる各種の心理的特性、すなわち、愛、憎しみ、ねたみ、罪悪感、感謝、同情、不正に対する怒り等々の起源についても、そうした能力から形成された部分があるのかもしれません。

以上のようなドーキンスの問題提起はワイドレンジで示唆的ですが、遺伝子を淘汰の単位と考えることには、一つの仮説的な提言、あるいは、擬制《ぎせい》、フィクションという側面があるように感じられます。

その考え方は、むしろ、「群れ淘汰説」に対する痛烈な一撃となった点に意味があるのではないでしょうか。

ドーキンスの考え方は自然科学者全体の中でもきわめて即物的であり、ローレンツのような動物の擬人化的側面はほとんどありません。生物の世界を、遺伝子を単位とした生き残りのための非情な戦略の体系としてとらえています。ことに、動物の利他的行動のようにみえるものは実は遺伝子の生き残り戦略の一側面にすぎないことを明らかにし、利他的行動の存在を否定した点は、人々に大きなショックを与えました。

ただ、注意しておくべき点は、彼の「遺伝子が基準であって個々の生物はその乗り物《ヴィークル》にすぎない」という言葉には、価値的な意味、つまり、良い悪いという「価値判断」は含まれていないということです。彼は、あくまで、生物学的な考察の枠組みとしてはそう考えることが正しいし、広範な現象について整合的な説明をつけられる、と述べているだけなのです。

それにもかかわらず、『利己的な遺伝子』といったセンセーショナルなタ

注意しておくべき点は、彼の
「遺伝子が基準であって個々の生物はその乗り物にすぎない」
という言葉には、
価値的な意味は含まれていないということ

イトルや才気煥発《かんぱつ》で比喩のうまいドーキンスの文体が、多くの読者に、「人間は遺伝子に支配されているその乗り物にすぎず、取るに足りない存在である」との主張を行っている書物だとの感想を抱かせてしまったわけですが、それは、ある程度は著者の責任でもあるでしょう。

グールド――人間があらかじめ定められた進化のゴールであるというのは根拠のない思い込み

スティーヴン・ジェイ・グールド（一九四一―二〇〇二。古生物学、生物学史）は、さまざまな意味でドーキンスの対抗馬と考えられていました。同じ進化生物学の枠組みの中で、進化に関する二人の考え方が大きく異なっているからです。

グールドの主要著作『ワンダフル・ライフ――バージェス頁岩《けつがん》と生物進化の物語』（一九八九年、ハヤカワ文庫）と『フルハウス――生命の全容』（一九九六年、同）の要旨は、比較的簡明なものです。

彼は、生物進化のパターンは、一般的に信じられているような末広がりではなく、むしろ先細りであり、身体の基本設計の幅という点ではカンブリア

スティーヴン・ジェイ・グールド（Stephen Jay Gould）1941-2002

紀直後が最も大きく、生物分類上最大の区分である「門」の数はその時点が最も多かったといいます。また、人類の進化は何ら必然的なものではなく、数々の偶然の結果であり、歴史のテープを巻き戻せばもう一度人類が出現する可能性は皆無であろうともいいます。

グールドは、淘汰の単位は通常は個体だがそれ以外のさまざまなレヴェルでも働きうるとします。また、生命の歴史において淘汰は重要な要因だが、ドーキンスら多数派のいうように絶対的な要因であるとまではいえないともいいます。ことに、それを巨視的なパターンでみるときには、大規模だがまれである気候的、地理的、地質的な出来事（偶然的な出来事）が決定的な影響を与えていると主張します。たとえば、大隕石の地球への衝突で大型爬虫類が全滅し、哺乳類が爆発的に進化したという例があります。また、グールドは、進化生物学の手法を用いて人間の社会行動を説明しようとする試みには、非常に懐疑的です。

彼の立脚点は、ドーキンスら多数派（科学万能派）に対する懐疑派の立場といえるでしょう。ことに、グールドは、「進歩」という観念や、人間中心の、

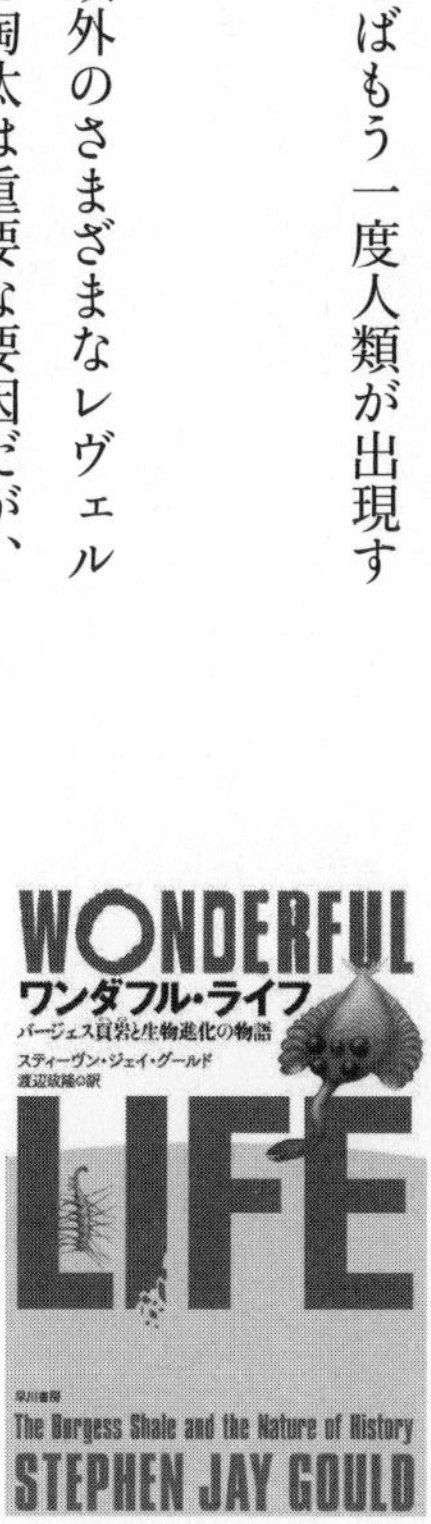

『ワンダフル・ライフ――バージェス頁岩と生物進化の物語』スティーヴン・ジェイ・グールド著、渡辺政隆訳、早川書房

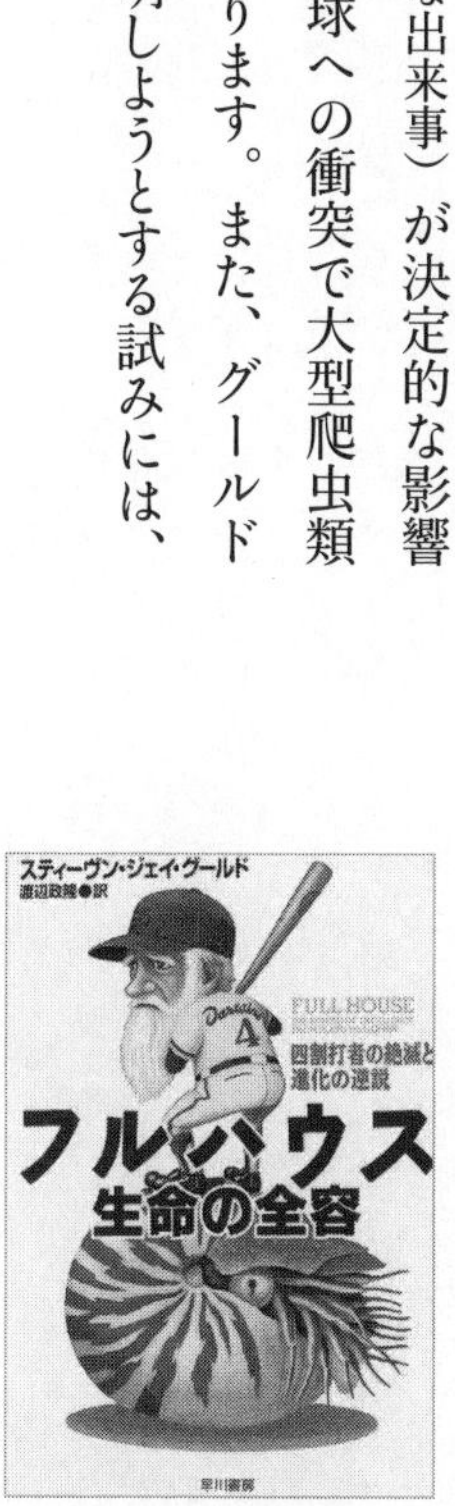

『フルハウス――生命の全容』スティーヴン・ジェイ・グールド著、渡辺政隆訳、早川書房

あるいは人間の視点中心の生物学的な考え方を、ドグマ、教義であるとして強く批判します。彼の著作は、先に挙げたものを含め、少数派が多数派を批判する際にままある極端な書き方や誇張がみられるのが欠点ですが、生命の歴史における偶然性の役割と人間存在の偶然性を強調する点は、一定の正当性を含んでおり、ことに、生命の歴史における偶然性の役割を強調する部分については、評価する人が多いようです。

また、彼の考え方は、その謙虚さによって、科学万能主義に対する解毒剤の役割をも果たしています。人間中心の視点、人間存在を特権的なものとみる視点は、生物学者一般が批判しているものなのですが、彼は、そうした生物学者たちの進化認識にさえも、「人間という進化のゴールを目指して全生物が営々と進歩を続けてきた」といった根拠のない思い込み、人間中心主義の誤謬《ごびゅう》が存在すると指摘しているわけです。

ウィルソン――人間性の基盤にある動物としての部分を直視せよ

ドーキンスやグールドよりも先輩で中庸《ちゅうよう》を得た考え方の持ち主であるE・O・ウィルソン（一九二九年―）の専門は当初昆虫学でしたが、そこから発展して、大規模な「社会生物学」、生物の社会的行動の進化的機能を取り扱う生物学を提唱しました。その範囲に人類までをも含めたことによって、彼の考え方は、遺伝決定論者のそれであり、人種差別や性差別を助長するものであるとして左派から非難されました。演壇上のウィルソンが若者たちからコップの水を浴びせられるという衝撃的な場面を、一回り年の若い俊英であったドーキンスとグールドは、双方とも目撃しています。

しかし、彼の本質は科学的啓蒙主義者であり、その著作には、ドーキンスやグールドのようなはなやかさ、目新しさこそないものの、中庸を得た説得力のある論旨が展開されています。

『人間の本性について』（一九七八年、ちくま学芸文庫）は、社会生物学の枠組みの中で、種々の観点から人間の本性を分析しています。

彼は、人類という種を特徴付ける行動上の特性についても、その多くは、自然選択に基づいて進化したものを基盤としている可能性が高いとします。

たとえば、インセスト・タブー（近親姦に関するタブー）は明らかに動物起源の遺伝的なものであり、淘汰的な観点に根拠があるとします。子孫の存続のために不利だからです。ヘビなどの一定の動物に対する生来の激しい恐怖

E・O・ウィルソン（Edward Osborne Wilson）1929-

『人間の本性について』E・O・ウィルソン著、岸由二訳、筑摩書房

感についても同様であるとします。人間の群れのあり方、生殖行動、子の育て方等々についても、類人猿との共通性が顕著だといいます。

また、彼は、人種を含めた人類の遺伝的な多様性は人類に希望と誇りをもたらすものであるとも主張します。

啓蒙主義者としてのウィルソンは**『知の挑戦――科学的知性と文化的知性の統合』**〔一九九八年、KADOKAWA〕において、自然科学を中心とした人間の知の総合、融合を提唱しています。もっとも、社会科学にはタームの共通性がなく、基盤としている知見の根拠も薄弱であると批判していますが、うなずける部分があります。

『生命の未来』〔二〇〇二年、KADOKAWA〕においては、人類による地球資源の飽くなき消費は近い未来に食物、物資の窮乏というボトルネックをもたらすのみならず、人類にとっても有用な地球上の無数の生物種とその棲息《せいそく》環境の大半を奪ってしまう可能性があるとして、科学者らしい綿密な分析に基づいた警告と提言を行っています。いずれも、重い問いかけの書物といえます。

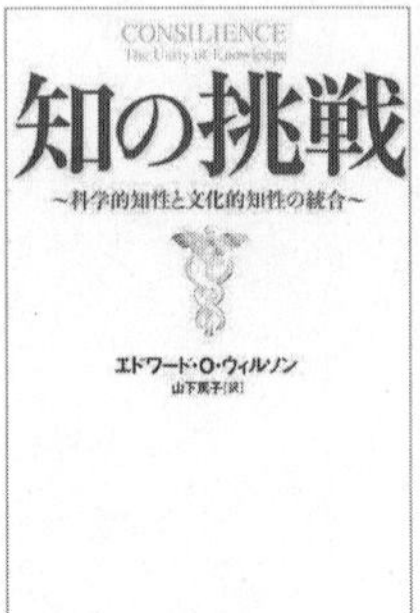

『知の挑戦――科学的知性と文化的知性の統合』E・O・ウィルソン著、山下篤子訳、KADOKAWA

『生命の未来』E・O・ウィルソン著、山下篤子訳、KADOKAWA

彼の主張は、一言でいえば、「人間性の基盤にある動物としての部分を直視しなさい」ということであり、また、「そこから、人間と他の生物全般をひとつながりのものとしてとらえ、人類のエゴイズムを抑制する視点が生まれてくるのではないか」ということでしょう。

ワトソン――人間の動物的本性としての「悪」を自覚し、抑制しなければならない

生物学者であると同時に神秘主義者でもあって、これまでに述べたような正統派の生物学者たちとは異なり、学者というよりむしろ思想家といったほうがいい人物であるライアル・ワトソン（一九三九―二〇〇八）の『**ダーク・ネイチャー――悪の博物誌**』（一九九五年、筑摩書房）は、生物学の視点から「悪」を論じたものとして興味深い書物です。

ワトソンは、自然の世界が、人間の夢想するような楽園などでは全くなく、弱肉強食の生存競争の世界であり、人間の「目」でみるところのあらゆる「悪」が行われている場所であるといいます。たとえば、ヤセザルの集団における

ライアル・ワトソン (Lyall Watson) 1939-2008

新しいボスは、集団内の幼児、すなわち自分と遺伝子を共通にしていない子どもを片っ端から殺すという徹底したマキャヴェリズムを遂行《すいこう》しますし、エンゼルフィッシュの雄は、自分の身体をレンズとして集光した太陽光線でライヴァルの網膜を焼きます。

彼の掲げる悪の例は、より豊富ではありますが、基本的には、ドーキンスが遺伝子淘汰単位説を説くに際して掲げたものと同質です。すなわち、ワトソンのいうところの「遺伝子の命じる動物行動の三原則」、①身内には親切にせよ、②部外者はやっつけるかあるいは意地悪くせよ、③自分の利益のためには可能な限りどんな手段をとってもかまわない（可能な限りズルをせよ）の結果としての「悪」です。そして、それらは、動物にとっては自然な行動です。

しかし、人間の場合、右の三原則に従って行動することは明白に「悪」を行うこととなります。だから、人間は、みずからのそのような本性を知りつつそれを抑制すること、つまり、遺伝子の命令と戦うことを学ばなければならない。

人間の自己正当化能力は驚くべきものであり、そのため、たとえば戦争に

『ダーク・ネイチャー――悪の博物誌』ライアル・ワトソン著、旦敬介訳、筑摩書房

関連する残虐行為は本当にひどいものになるだけでなく、行っている当人にも悪の意識すらない状態にしてしまいます。一族の伝統とか集団に対する忠誠心といったものに基づく行動や意見、すなわち、ナショナリズムをはじめとする各種の集団主義も、国家をはじめとする人間の社会的な諸制度も、往々にして先の三原則をおおい隠し正当化している場合があります。だから、僕たちは、悪を避けるために、できる限り多くの検証された知識の助けを借りながら、きわめて困難なものである「選択の自由」を行使してゆく必要がある。それが彼の主張です。

正統派の生物学者たちが、生物学の視点から「悪」を論じるワトソンのアプローチに疑問を呈する可能性はあるでしょう。しかし、少なくとも、ワトソンのアプローチは、どこへもたどり着かないで堂々めぐりをすることの多かった従来の哲学、倫理学のアプローチよりはずっとましであり、人間の、動物としての「存在被拘束性」を直視し、「悪」を僕たちの内なるものとしてとらえ直すことによってそれを克服しようとする試みとして、評価することができると思います。

ワトソンの書物は、人間の、動物としての「存在被拘束性」を直視し、「悪」を僕たちの内なるものとしてとらえ直すことによってそれを克服しようとする試みとして、評価することができる

2

脳神経科学——人間の認識と思考の本質を明らかにする

脳神経科学は、「人間とは、言葉をもち、認識と思考の力をもった動物にすぎない」という生物学の基本的命題を受けて、その「認識」と「思考」の本質を明らかにしようとしています。このような作業はまさにかつての哲学の中心領域の一つでしたが、哲学の言葉は、かなりの程度に不正確で大ざっぱであり、また、個々の哲学者の主観に色付けられたものでした。脳神経科学は、人間の認識、感覚、思考のプロセスを正確、精密に明らかにしつつある最初の学問であるといえ、その重要性は計り知れません。

また、脳神経科学は、人間存在の超えがたい個別性を明らかにしてもいます。僕たちの他者理解は、最も基本的なレヴェルにおいてさえ、類推によるものでしかありません。このことから、言葉によるコミュニケーションの重

脳神経科学は、人間の認識、感覚、思考のプロセスを正確、精密に明らかにしつつある最初の学問であるといえ、その重要性は計り知れない

要性と、その限界の認識が導かれます。僕たちは、基本的には「絶対的な個別性」の中に生きているのであって、他者の理解は相当に不正確なレヴェルでしか行えないということです。

第2部でふれた、「自己を相対化・客観化して見詰める」ことの困難さも、この「他者理解の困難さ」の反映でしょう。簡単に他者を理解できるなどと考えないこと、ましてや、そんな他者の目で見た自分の客観的な姿とその限界を知るのはさらに困難であり、そのためにはまさにリベラルアーツ的な知恵の集積と訓練が要求されること、たとえばそうしたことを、脳神経科学の知見は示唆してくれます。

クリック――「心」とは膨大なニューロンの相互作用以外のものではない

脳の働きについては、近年急速に研究が進んでいます。現在の脳神経科学は、僕たちが、「心」や「魂」と呼んできた存在の実体に関するほとんど初めての科学的な探究についてすでにかなりの成果を挙げました。また、それは、視覚、記憶、判断等の精神的作用についての考察を重ねることによって、僕たちが自明のものとしてきた各種の感覚やそれに基づく世界認識のあり方が、実際には、僕たちの脳の構造に規定されたものであることをも、明らかにしつつあります。

DNAの二重らせん構造発見者の一人であり、その後研究対象を人間の脳の働きに替えた分子生物学者フランシス・クリック（一九一六―二〇〇四）の『**DNAに魂はあるか――驚異の仮説**』（一九九四年、講談社）は、先駆者による概観です。

クリックは、「心」とは膨大なニューロンの相互作用以外のものではないと主張します。

彼は、大脳皮質の演算は、非線形の並列複合的な処理として行われる大変複雑なものであり、コンピューター・モデルのそれとは全く異なる、脳の演算に類した形の情報処理を行うようなコンピューターは、未だごく原始的なものしか開発されていない、といいます。

脳のこうした情報処理システム自体に僕たちがアクセスできる範囲は限られています。おおまかにいえば、意識は、演算の結果、つまり結果としての思考にはアクセスできますが、演算そのものにはアクセスできません。このことは、おそらく、僕たちが無意識の領域をみずからコントロールすることがで

フランシス・クリック（Francis Harry Compton Crick）1916-2004

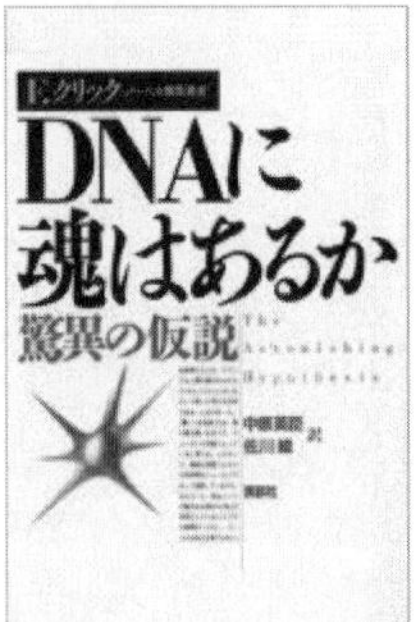

『DNAに魂はあるか――驚異の仮説』フランシス・クリック著、中原英臣／佐川峻訳、講談社

きず、また、僕たちの自己分析にも限度があることと関係しているでしょう。

脳の働きのうちで最も解明が難しいのは、「意識の主観的性質」だと彼はいいます。なぜなら、それは、個々の意識の主体が使用しているシンボリズム〈記号体系〉に依存している可能性が高いからです。このシンボリズムは、個々の脳を正確につなぎ合わせない限り、他者に伝えることはできません。ここに、人間相互のコミュニケーションの本質的な困難さと限界の根拠があります。

ラマチャンドラン――人間の視覚は作られた知覚の体系であり、人間の感覚や認識も非常にだまされやすいものである

以下の学者たちは、クリックが示した脳神経科学の大きな枠組みの中で、それぞれの個別的な関心事に迫っています。

『脳のなかの幽霊』〈一九九八年、角川文庫等〉、『脳のなかの幽霊、ふたたび』〈二〇〇三年、同〉の著者、V・S・ラマチャンドラン〈一九五一―〉は、脳神経科学の研究者であるとともに臨床医でもあります。科学者兼実務家である

V・S・ラマチャンドラン (Vilayanur S. Ramachandran) 1951-

彼のアプローチは、脳に何らかの障害が生じている患者の症状から逆に脳の構造と機能を推論し、そこで得た知見をさらに治療にフィードバックするという、高度に実証的、機能的なものです。鏡や視覚的図表等のわずかな道具を効果的に用いて脳の働きを確実に推認、確認していく彼の手際は実に鮮やかであり、実務家と研究者を兼ねる人間であった僕にとっても、「方法」という側面からみて、非常に興味深く、かつ、共感できるものです。

まず、彼の発見、分析から二つをピックアップしてみます。

幻肢患者（失った手足を「感じる」患者）の幻肢は脳が構築しているイメージです。したがって、ミラーボックスを使って患者の脳の「イメージ」を修正してやることにより、物理的には存在しない幻肢の麻痺や痛みを治療することが可能になります。

盲視患者（見えないはずの視野に何かが存在することは知覚できる患者）の観察から、視覚系の複雑さ、すなわち、空間的な位置を特定する径路と対象物を「見極める（通常の意味で「見る」）」径路の分離を推認することができます。盲視患者は、後者の径路は断たれているが、前者の径路はつながっているのです。

『脳のなかの幽霊』V・S・ラマチャンドラン著、山下篤子訳、KADOKAWA

『脳のなかの幽霊、ふたたび』V・S・ラマチャンドラン著、山下篤子訳、KADOKAWA

ラマチャンドランは、クリックや後記のサックス（この三人は友人でもあります）と同じく、人間の視覚の成り立ちについて、脳の広範な領域が複雑な形で関与するきわめて精巧なものであって、外界の単なる「映写」とは全く異なり、遺伝的な有利性を追求する中で構築された「作られた知覚の体系」であることを繰り返し強調します。僕たちが「見る」ものは、周囲の世界に存在する事物の信頼できる表象ではあっても、必ずしも正確なものではないのです。

ラマチャンドランは、「3　精神医学関連」でふれるフロイトの学説について、検証ができないから厳密な意味では自然科学とはいえないとしつつも、以上のような観察の結果からみて、否認、反動形成、合理化等フロイトの提唱した「人間の自己正当化（虚偽隠蔽《いんぺい》）」機制それ自体は、科学的にも十分支持される事柄ではないかといいます。

以上のような知見に基づいて、彼は、クリックのいう「意識の主観的性質」の問題についても可能な範囲で推測を行っています。その部分を概観しておきましょう。

「意識の主観的性質」の問題は二つに分けられます。

第一は、いわゆる「クオリア」、すなわち、主観的性質をもつ生《なま》の感覚の問題です。「感覚質」とも訳されます。つまり、主観的に体験される感覚の質ということです。たとえば、ある特定の波長の光を「赤い」と感じることや、もっと個別的な痛みなどの各種の感覚がその例になります。最低限の短期記憶がなければクオリアは保持できません。

結局、クオリアとは、外部からの刺激によって経験される質感であり、認識と判断や行動を媒介するために遺伝的に作られてきた表象なのです。クオリアは、個々の脳を正確につなぎ合わせない限り他者に伝えることはできませんが、これは、人間が、神経インパルスの言語を人間の言葉に翻訳して他者に伝えるほかないという「一般的な翻訳の問題」に根拠があるのであって、哲学者（なお、前記クリックの考えも同じ〔瀬木〕）がいうような「心と身体の問題に特有な難問」などではないとラマチャンドランはいいます。

より漠然としていて的を絞るのが難しいのが、第二の、自己（クオリアを感じる「私」や「あなた」）とは何かという問題です。

これは、自己イメージ、感覚や意志や記憶、自己の組織体としての統合感、クオリアを支える自己、社会的自己等のさまざまな要素から構成されます。要するに、「自己」とは、確実な実体というよりも、生物学的、社会的な「構築物」であるといったほうが正しいものです。

そして、自己イメージの構築、作話、自己欺瞞、ことに自己欺瞞の典型としての自己の過大評価は、人間に生まれつき備わる機制であり、淘汰を有利に導くために進化、遺伝してきた可能性があります。自己過信は、基本的には、動物的な生存のために有利だと思われるからです（同じような能力をもつ人間が複数いた場合、一般的には、自己過信、自信がより強いほうが成功する確率、生き延びる確率がより高いといえるでしょう（瀬木））。

結局、「クオリア」と「自己」は同じ硬貨の両面であり、不即不離のものです。クオリアがあって自己が成立するし、自己なくしてクオリアを感じることもできません。そして、これらを併せて成り立つ僕たちの「自己感」が、生存力を高めるために淘汰を通して進化してきたものであることに間違いはないと思われます。

以上により、実体としての「魂」の存在は否定されます（僕たちの意識は進化の産物にすぎず、魂の反映などではないことが明らかだからです（瀬木））。結局、人間は宇宙で特権的な位置を占める存在などではありません。しかし、そのことによって、かえって、解放され、謙虚にもなれるのです。自己認識をもち、疑問を提起できることこそ人間存在の最も重要な側面でしょう（ラマチャンドランのこのメッセージは、自然科学の分野で僕が掲げるすべての科学者たちのメッセージの要約といえます）。

最後に、彼の講演から補充的な指摘を一つだけ拾っておくと、僕たちがある行為を行おう（たとえば、指を動かそう）と決意する〇・五秒近く前に脳波にはそれに対応した電位変化が現れるという実験の引用があります。「ベンジャミン・リベットの実験」として知られています。ラマチャンドランは、これについて、淘汰が、「意志」という主観的感覚をあえて遅延させ、脳の指令の「発生」と同時ではなく、指による指令の「実行」と同時にするように働いたためではないかとし、脳内事象に伴う主観的な感覚のあり方（たとえばこの実験における「意志」の感覚の遅延）は進化的な意味をもっているはずだという自己の考えの傍証《ぼうしょう》としています。

僕たちが意識の主観性の究極のものと考えている「自由意思」、つまり、他からの束縛や支配を受けずにみずからの責任において決定しているはずの

「意思」さえも、実は、進化の枠組みの外にあるものではないのです。

エーデルマン——機械的な正確さではなくファジーで豊かな想像力のほうを選択したのが脳の進化の道筋である

クリックと同様にこの分野の先駆者であり、同様にノーベル賞学者でもあるジェラルド・M・エーデルマン（一九二九―二〇一四）の**『脳は空より広いか——「私」という現象を考える』**（二〇〇四年、草思社）は、「意識」の解明に焦点を絞っています。

エーデルマンは、脳の働きをコンピューターとのアナロジーで考える方法を徹底的に批判します。脳の働きには、書かれたプログラムに当たるものも司令官もありません。その回路網は、自然選択の結果として形成された非常に柔軟かつ複雑なものであり、ノイズやあいまいさと深く関わっています。機械的な正確さではなくファジーで豊かな想像力のほうを選択したのが脳の進化の道筋であるといえます。

脳の中心的原理は再入力（相互入力）です。意識に参与する多数のニュー

ジェラルド・M・エーデルマン（Gerald Maurice Edelman）1929-2014

『脳は空より広いか——「私」という現象を考える』ジェラルド・M・エーデルマン著、冬樹純子訳、豊嶋良一監修、草思社

ロン発火が再入力関係による発火の同期化によって一つにまとまることで、その莫大な数の発火から構成された一つの時空間構造体（エーデルマンは、これを「ダイナミック・コア」と呼びます）が時々刻々と立ち現れ、推移してゆきます。

ダイナミック・コア自体は因果的物理過程、つまり物理的な出来事であり、それに必然的に伴うのがその現象変換、主観的反映としての「意識」です。僕たちは、ダイナミック・コアそれ自体を知ることはできません。知ることができるのは意識だけです。

物理的世界は因果関係において閉じており、因果的効力をもつ、つまり因果関係を作り出すのは物理的現象のほうであって、意識ではありません。意識は神経系の活動プロセスに伴う「特性」であり、特性それ自体が因果作用をもつことはありえないからです（この部分はエーデルマンの考え方のかなめであり、今のところ独自性の高い仮説ですが、「心」という「実体」の存在を否定しながら「心」の「実感」を肯定するための説明として合理性の高いものと感じられます〈瀬木〉）。

意識は、記憶と現在進行中の知覚とのダイナミックな相互作用によって生じます。動物の意識（心中にシーンを構成する能力）に言語能力を加えた新しいループが加わることで、人間の高次の意識が生じ、それによって、過去、現在、未来の概念と、自己意識とが可能になりました。また、それによって、脳は、与えられた入力（情報）の範囲を超えるようにもなりました。つまり、勝手に意識シーンを構成すること、すなわち考えることが可能になったのです。

記憶は、神経回路内のシナプス（神経情報を出力する細胞と入力される細胞の間に発達した、情報伝達のための接触構造）強度の変化によって生じます。そのような変化が起きると、同じ回路が再び呼び出されやすくなり、ひいては同じ活動が再現されます。このような形成過程をもつ記憶は、非表象的なものであり、連想という要素が加わっていますから、決して同一ではありえないでしょう。つまり、記憶は、石や紙に刻まれた情報とは異なり、そのつど再現される、その意味では不確かな情報だということです。

クオリアは、自己の一人称的体験に根拠を置く完全に個別的なものですが、自己のクオリアによって他者のそれを類推することはもちろん可能です。このことを含め、意識は、他者とのコミュニケーションを可能にする機制でもあります。

意識の記述をするとすれば、全般的な意識、情報としての意識（志向性のある意識）、主観としての意識、の三つのレヴェルに分けて行うことが適切でしょう。

以上、エーデルマンの書物は最も教科書的であり、本書で取り上げたほかの自然科学者たちのような文章力はありませんが、情報量は非常に大きいといえます。

最後に、彼の書物からも、補充的な指摘をいくつか拾い、その意味について解説しておきたいと思います。

脳の営みの興味深い特質の一つとして、それが、「何がなんでも統一された一貫性のある絵を描きたい」というこだわりをもっていることが挙げられます。僕たちが網膜上の盲点の存在に気付かないこと（脳が盲点に相当する部分の映像を補充してしまうからです）、各種の錯覚現象、ラマチャンドランの書物に掲げられているような各種の否認症例は、それを裏付けます。

整合性のある閉じた回路を形成しようとする傾向は、脳の生理学的な構造自体に基づく特質なのではないでしょうか（脳の作話能力の本質性。このような脳の本性は、証人や訴訟当事者が、裁判における尋問で、故意に嘘をつくよりも、自分に都合のよいように構成された「作話」をする例のほうがはるかに多いと思われることと深く関連しているでしょう（瀬木）。

正義、善悪といった社会的価値も、適応性を備えた個体に対する選択圧から生じたものであり、生物学的基盤をもち、また、個々の意識のあり方とも深く関わっています。つまり、社会的価値には生物学的基盤があり、また、それには個体ごとに相対的な部分もあるということです。

思考には二つのモードがあります。論理的思考と選択主義的思考（パターン認識）です。より創造性が高いのは後者であり、それは、言語獲得以前から存在する脳の本質的な構造（異なる複数の構造が同じ出力を生み出すという能力）に基づいた基本的な機能が、パターン認識や隠喩《メタファ》形成能力に関連しているからです。

論理的思考は、こうした選択主義的思考のゆきすぎをいさめるという副次的な役割をになうものと考えられます（創造的思考は直感に深く関わっており、論理的思考は主として検証のためのものである。たとえば、裁判官が抱く最初の心証や事実認定は直感としてやってくることが多いが、判決を書くときの脳の働きは検証的であると思います（瀬木）。

サックス――脳に障害や逸脱のある人々は、「健康人マイナス何かの存在」ではなく、健康人にはない「何か」をもっている

オリヴァー・サックス（一九三三―）の『**妻を帽子とまちがえた男**』（一九九二年、ハヤカワ文庫等）と『**火星の人類学者**』（一九九五年、ハヤカワ文庫等）は、臨床医の立場から、脳にさまざまな障害や逸脱《いつだつ》をもつ人々の「存在のあり方」を描いた書物であり、科学的な情報という意味ではラマチャンドランのそれとおおむね重複していますが、サックスの記述の重点は、ラマチャンドランとは異なり、もっぱら対象となる個々の患者の個別性、個別的な特質にあります。サックスは、脳に障害や逸脱をもった人々を、「健康人マイナス何かの存在」としてはみません。

たとえば、通常の知能に障害がある人々の中には、言語的な表象抜きで世界とダイレクトに関わることができるために情緒的な側面に非常に深いものをもっている人、数学者が関わるような数の世界を現実のリアルな世界のように感じることができる人など、通常の健康人にはない「何か」をもってい

オリヴァー・サックス(Oliver Sacks)
1933-

る人がいるし、色覚の喪失が画家に新たな絵画の地平を開眼させたり、微細な記憶への特別な固着傾向がプルースト（唯一の長編で自己の小宇宙を細密に表現した作家。第3章「1　文学」の項目参照）的なミクロコスモス、小宇宙の世界を絵画に持ち込んだりするなど、脳の機能の喪失や逸脱が新たな意味や価値の獲得につながる場合もあります。

さまざまな患者の記述を通してサックスが読者に伝えようとするのは、脳の複雑な潜在的能力に裏打ちされた人間性の不思議さであり、尊厳です。

そして、通常のヒューマニストとサックスの違いは、サックスが、そうした個別的なケースの描写、分析において対象との間に保っている科学者としての距離と客観性にあると思います。そのために、サックスの書物は、控え目な愛情に満ちていても情緒におぼれず、結果として、より高い説得力をもつに至っているのです。

意識の限界と無意識領域の重要性、自由意思への疑問

最後に、いくつかの書物を補足的に挙げておきます。

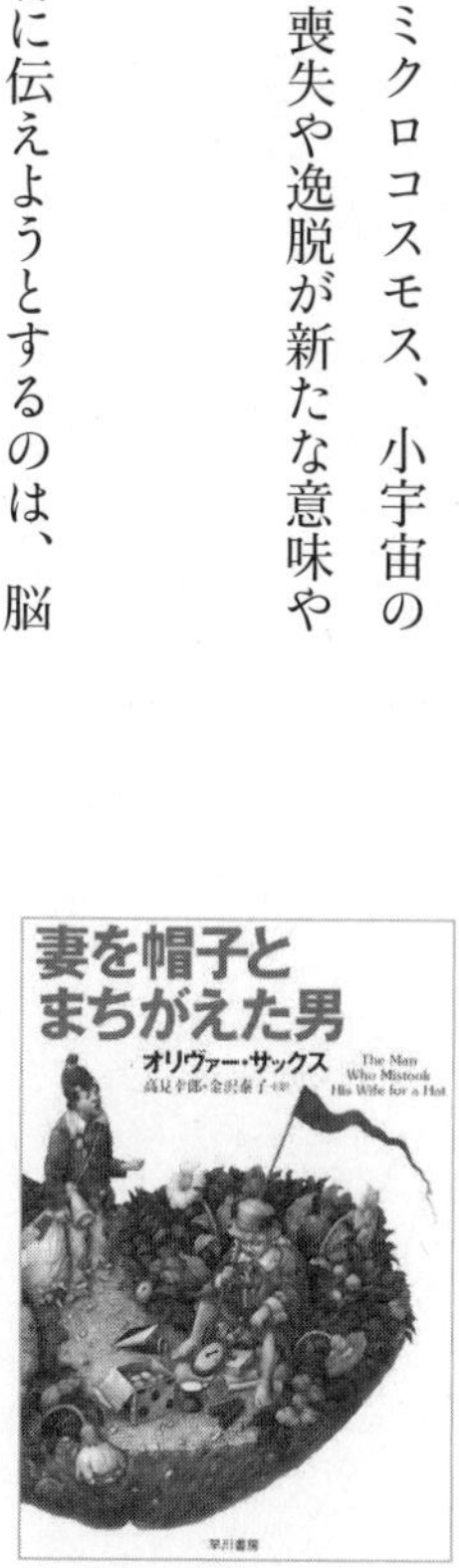

『妻を帽子とまちがえた男』オリヴァー・サックス著、高見幸郎／金沢泰子訳、早川書房

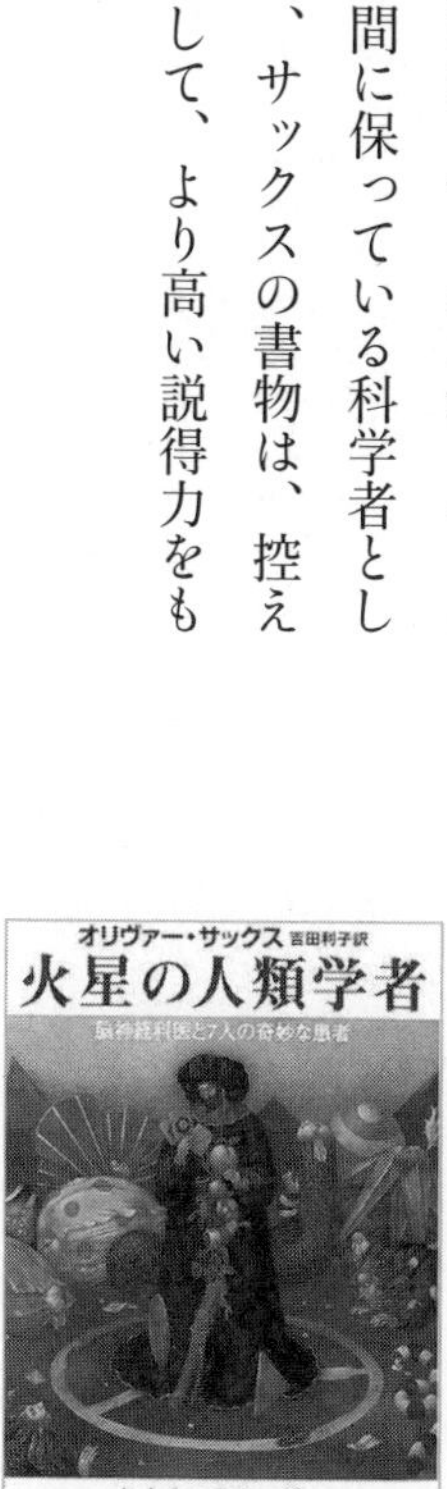

『火星の人類学者』オリヴァー・サックス著、吉田利子訳、早川書房

科学ジャーナリストであるトール・ノーレットランダーシュの『**ユーザーイリュージョン——意識という幻想**』（一九九一年、紀伊國屋書店）は、書かれた時期はやや古いのですが、意識の性格について多方面から周到な考察を行ったすぐれた書物です。人間の意識の帯域幅はきわめて狭く、その創造的活動の大部分は無意識レヴェルで行われるとし、先のベンジャミン・リベットの実験等についてもふれながら、自由意思の問題や、コミュニケーション、情報の伝達の問題等について幅広く論じています。たとえば、彼は、メッセージ、情報の外側、背後には膨大な量の「外情報」が秘められており、その「外情報」の深さや広がりこそがメッセージの質や影響力を決定するといいます。

この指摘は全くそのとおりだと思います。書物にしても芸術にしても、その背後にある大きな情報の広がりや作り手の思索の深さを感じさせるものほど、すぐれているといえるからです。「めくり読み」で読めてしまうような本はその逆であるということですね。

同じような体裁、同じ頁数の本でも、そこに含まれている情報、その背後にある外情報、それらの量、深さ、広がりは、全く異なります。そして、簡単に読めてしまう本は、やはり、内容に乏しく、浅いことが多いものです。リベラルアーツの蓄積という観点からは、本を選ぶときに、お手軽に読める

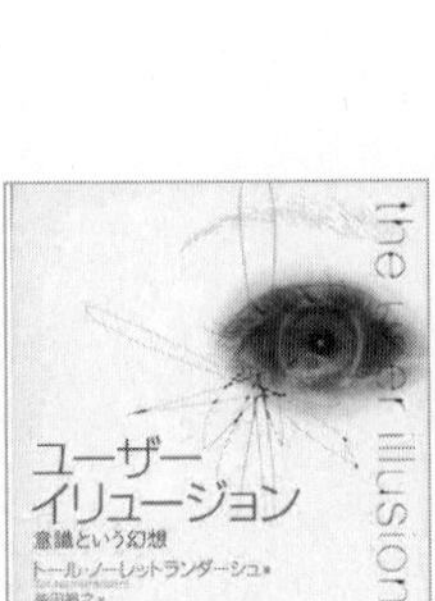

『**ユーザーイリュージョン——意識という幻想**』トール・ノーレットランダーシュ著、柴田裕之訳、紀伊國屋書店

ことを第一条件とするような選択の仕方は避けたほうがよいと思います。質の高いものを選んで、じっくり読みましょう。

マルコ・イアコボーニの『**ミラーニューロンの発見――「物まね細胞」が明かす驚きの脳科学**』（二〇〇八年、ハヤカワ文庫等）は、僕たちが他者を「理解」するのは、ミラーニューロンと名付けられた脳細胞の働きによって、常に自分の脳内で他人の行動をシミュレートしていることによるという、かなり可能性の高い仮説について解説しています。著者によれば、この脳細胞は、他者の意図や行動の察知、模倣、共感、特定の人物に関する記憶等、脳の機能の広範な部分に深く関係しているということです。

サンドラ・アーモット＝サム・ワンの『**最新脳科学で読み解く脳のしくみ**』（二〇〇八年、東洋経済新報社）は、執筆時点における脳神経科学の最先端の研究をオールラウンドにかつ大変わかりやすく解説した楽しい啓蒙書です。ことに、脳のどの部分がどのような機能をになっているかについての最新の正確な記述は非常に参考になります。

『**ミラーニューロンの発見――「物まね細胞」が明かす驚きの脳科学**』マルコ・イアコボーニ著、塩原通緒訳、早川書房

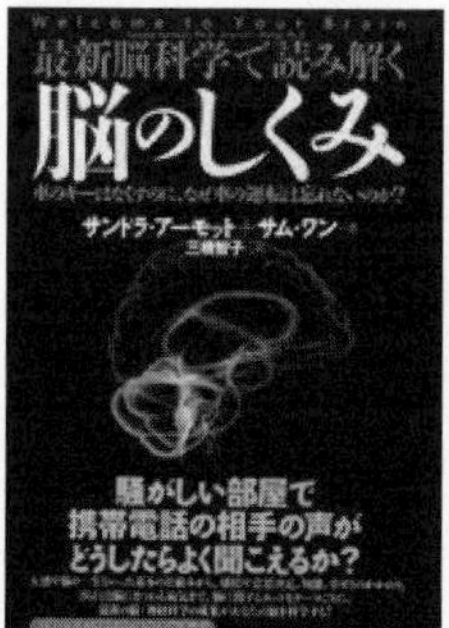

『**最新脳科学で読み解く脳のしくみ**』サンドラ・アーモット／サム・ワン著、三橋智子訳、東洋経済新報社

デイヴィッド・イーグルマンの**『意識は傍観者である――脳の知られざる営み』**（二〇一一年、早川書房）は、これまでの脳神経科学の成果を引きながら、人間の行動の多くは意識のアクセスできないレヴェルで決定されており、意識は調整者的な役割しか果たしていないこと、脳のあらゆる部分はほかの部分とつながったネットワークであり「すべてに先立つ自由意思」は幻想にすぎないこと、人間の行動に影響を及ぼす遺伝的・環境的要因、あるいは脳の器質的要因、つまり、個々の脳の物理的特性が個人によってはおよそ左右できないものであることなどを明らかにし、自由意思と責任主義に基づく刑事法学と裁判のシステムを批判します。

最後の部分は刑事法学・実務の拒否反応にあいそうな主張であること請け合いですが、自由意思と責任の根拠が脳神経科学によって掘り崩されつつあることは間違いがなく、僕は、未来の刑事司法システムがこの観点から何らかの修正、再編成を迫られることは避けられないだろうと思います。

イーグルマンの主張は、かつては責任を問われていた行為（たとえば精神病に基づく不可避的な犯罪的行為）が科学の進歩に伴い責任を問えない行為のほうへ繰り込まれてきたという刑事法学の歴史に傍証を置くものだからです。

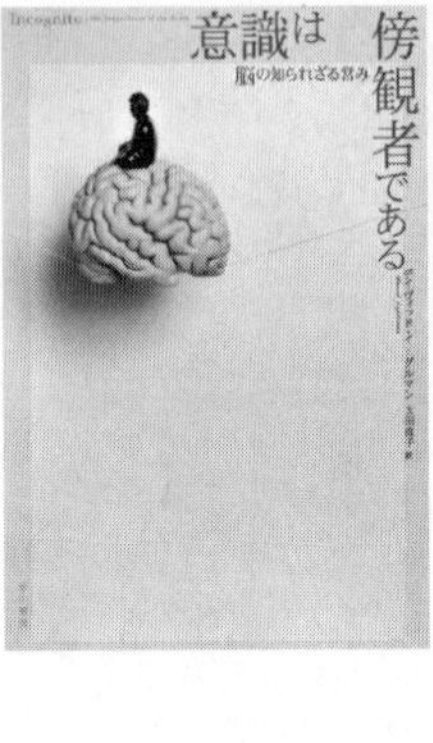

『意識は傍観者である――脳の知られざる営み』デイヴィッド・イーグルマン著、大田直子訳、早川書房

3 精神医学関連——仮説に基づき治療を行い人間精神を解明する

脳神経科学者の多くは、科学的な検証可能性に乏しいとの理由から、精神分析学について純粋な自然科学とは認めていません。それはやがては脳神経科学に包摂《ほうせつ》されてゆく過渡的な分野ではないかというのが彼らの意見です。

もっとも、そのことによって仮説としての精神分析学の意味自体が全面的に否定されるわけではありません。ラマチャンドランの指摘するとおり、フロイトの考え方の一部は脳の働き方のスタイルによって裏付けられるところがありますし、集合的無意識に基礎を置くユングの考え方は、たとえばウィルソンの考え方（人間の感覚や行動、衝動の生物学的・遺伝的基盤と普遍性）につながっているでしょう。

精神分析の確立者たち——フロイト、ユング

僕自身も、フロイトやユングの著作は、今日ではもはや人文科学あるいは思想の古典に近いものになっていると思います。もっとも、ブラックボックスの説明原理ではあっても治療のためには一定程度機能するのが、患者に密着しながら歩んできた精神分析学、精神医学の特質であり、それが、現在では、手探りにではあっても相当程度に科学化されてきていることは間違いないでしょう。

フロイトの学説の要点は、①人間が自己コントロール、自己認識を行いうる領域は限られており、無意識の領域については原則として難しい、②精神疾患や症状、あるいはこれに類する心の問題については、患者をその無意識の領域にある記憶、体験（しばしば抑圧されている）にさらし（暴露）これを意識の領域に取り込ませるのが有効である、というものだと思いますが、この考え方は、その後の心理療法・精神療法全般の基礎になっています。彼もまた、「無意識」の重要性を提唱して「発想のコペルニクス的転回」を行っ

『**精神分析学入門**』ジグムント・フロイト著、懸田克躬訳、中央公論新社

た天才の一人でした。

フロイトの著作としては、『**精神分析学入門**』〈中公文庫等〉が最も重要だと思います。今では常識の一部になってしまっている事柄が多いので、あまりスリルは味わえませんが、逆にいえば、それだけ影響力の大きかった本だということです。

ある程度の知識がある人には、フロイトの論文を編集した『**自我論集**』、『**エロス論集**』〈ともにちくま学芸文庫〉がお薦《すす》めです。

ユングの考え方については、彼自身が書いた入門書である『**自我と無意識**』〈第三文明社等〉があります。ユングの大著は読みやすいものではないので、これは便利な本です。

フロイト的な決定論に実践家の立場から異を唱えたアドラー

近年人気のあるアドラー心理学にもふれておきましょう。評価すべき部分とやや疑問な部分があると思います。

彼は、人間の行動を、原因ないしは過去によって決定されるものではなく、その目的によって決定されるものとみます。これは、フロイトに対するアン

『自我論集』ジークムント・フロイト著、竹田青嗣編、中山元訳、筑摩書房

『エロス論集』ジークムント・フロイト著、中山元訳、筑摩書房

チテーゼともいえ、意表をつく興味深い発想ですが、安直に用いると、「要するにすべては自己責任」という議論にもつながってゆきかねません。

また、脳神経科学や精神医学のこれまでの成果によれば、人間の性格や行動の型は幼児期を中心とする生育歴で相当程度に決定されてしまうことに間違いはないと思われるので（このことはアドラーも認めています）、目的論ですべてを説明することには無理があると思います。彼が、「共同体感覚」や「優越性の追求」といった概念を強調することにも、誤解されやすい面があります。

しかし、同じようなつらい環境にあり、そのような経験をしても、それに対する個々の人間の受け止め方は種々さまざまであり、それにあまり影響されない人間もいるし、それを克服することで成長してゆく人間もいることは事実です。そうした側面に光を当てて、フロイト的な決定論に反省を促した点は、彼の大きな功績だと思います。

ことに、人間は生まれながらにして生き方を知っているわけではなく、かえって誤った生き方を意識しないまま惰性でそれを続けてゆきやすいものだから、よりよく生きるためには、自己省察を重ね、生き方の技術を学ぶ必要がある、との指摘については、全くそのとおりだと思います。また、彼が、人間どうしのコミュニケーションは難しいものなのだから、自分の意思を相

アルフレッド・アドラー（Alfred Adler）
1870-1937

手に伝えるには注意深さと努力が必要であるとしている点にも、共感できます。

アドラーの考え方を知るには、彼自身による**『個人心理学講義——生きることの科学』**〈アルテ〉と、弟子による本で、アドラー自身が序文を付けている**『アドラー心理学の基礎』**〈R・ドライカース、一光社〉を併せて読むとよいと思います。

また、僕がアドラーを評価する先のような側面がよく現れている本としては、アドラーの系統に属する精神分析医バーナード・ベルコビッツを著者に含む**『ベスト・フレンド——新しい自分との出会い』**〈M・ニューマン／B・ベルコビッツ／J・オーエン、実業之日本社〉が挙げられます。アメリカで長く読まれている平易で小さな本ですが、内容にはなかなか深いものがあります。

全体として、アドラーの立ち位置は、理論志向の強いフロイトやユングに対し、人間存在をリアルに、かつ、ありのままにとらえる実践家の視点を対置するものとみることができ、そのような理解の下にフロイトやユングと併せて読んでみると、得られるものがより大きくなるのではないかと思います。

関連して、近年非常に増えている心の病であるうつ病について、現代の書

『個人心理学講義——生きることの科学』アルフレッド・アドラー著、岸見一郎訳、アルテ

『ベスト・フレンド——新しい自分との出会い』M・ニューマン／B・ベルコビッツ／J・オーエン著、本明寛／織田正美／野口京子訳、実業之日本社

物を一つ紹介しておきます。『いやな気分よ、さようなら――自分で学ぶ「抑うつ」克服法〔増補改訂 第2版〕』〔デビッド・D・バーンズ、星和書店〕です。アメリカで確立したうつ病の認知療法に基づく書物なのですが、本格的な認知療法を本だけで実践することは難しいでしょう。しかし、この本のよいところは、それに関連して、うつにおちいりやすい人々の心のメカニズム、認知のゆがみのあり方を、詳細に、かつわかりやすく明らかにしている点です。うつにおちいってから読む本ではなく、予防のため、また、部下等の他人をうつにおちいらせないために読む本だと思いますが、そうした意味で価値が大きいものだと思います。

精神分析から臨床心理学への発展

精神分析は臨床心理学の一部門に含められることもありますが、その境界はあいまいです。すでに述べたとおり精神分析の理論は検証可能性に乏しいので、臨床心理学のアカデミズムの枠組みから外れる部分があるということでしょう。先の項目に挙げた人々についてもニュアンスの違いがありますが、そこでも記したとおり、アドラーの考え方のほうがフロイトやユングのそれ

『いやな気分よ、さようなら――自分で学ぶ「抑うつ」克服法〔増補改訂 第2版〕』デビッド・D・バーンズ著、野村総一郎／夏苅郁子／山岡功一／小池梨花／佐藤美奈子／林建郎訳、星和書店

よりは実際的で、臨床心理学に近いでしょう。

さて、僕は、臨床心理学ないしはカウンセリング（なお、「カウンセリング」はあいまいな言葉で、かなり広い意味で使われています）関連の本についても、若いころにそこそこ読んだのですが、基本的には、その客観性はそれほど高くないといわざるをえないと感じています。臨床心理士やカウンセラーの考え方には、時として宗教家に近いような部分さえあります。しかし、それでもなお、僕は、これらの分野に関する一定の知識と感覚をもっていたことが「人間」の理解に役立ち、裁判官、教授、ライターの仕事にも役立った側面はあると感じています。

たとえば、やはり精神分析との境目にある本ですが、生きることの意味を患者に自覚させることを中核とするロゴテラピー、実存分析を説いたV・E・フランクルの**『死と愛――実存分析入門』**（みすず書房）などは、印象に残っています。なお、フランクルは、ナチスの強制収容所体験をつづった**『夜と霧 新版』**（みすず書房）の著者としても有名です。

おそらく、以上のような学問ないし治療実務の成果は、生物学や脳神経科学の成果と結び付くことによって、今後、より客観化され、精緻になってゆ

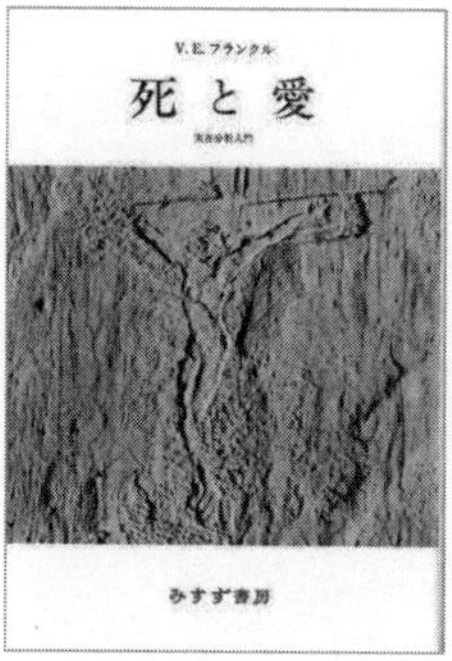

『死と愛――実存分析入門』V・E・フランクル著、霜山徳爾訳、みすず書房

『夜と霧 新版』V・E・フランクル著、池田香代子訳、みすず書房

くのではないでしょうか。

暴力の生物学的解明と犯罪学的解明

そうした観点から興味深い書物として、たとえば、生物学と医学の接点で働いているという著者デブラ・ニーホフの『**平気で暴力をふるう脳**』（草思社）が挙げられます（なお、原題の直訳は、『暴力の生物学』です）。

ニーホフは、暴力犯罪や逸脱行動、あるいは精神疾患に関して生物学的な知見を導入することの重要性を強調し、次のように主張します。

「遺伝子と環境は相互に作用し、その過程は脳の発達過程に刻み込まれてゆくし、大きなダメージが与えられた場合には、神経細胞のレヴェルでの変化も起こる。脳のスキャンを行うと、暴力犯のみならず、その被害者についても、一部の萎縮や機能の低下がみられる。

生物学的影響から切り離された社会的要因だけが、あるいはもっぱらそれが暴力の原因であるとする考え方（臨床心理士やカウンセラーに多い）は、暴力的行動の遺伝子が存在するという考え方（誤った生物学的決定論）と同じく

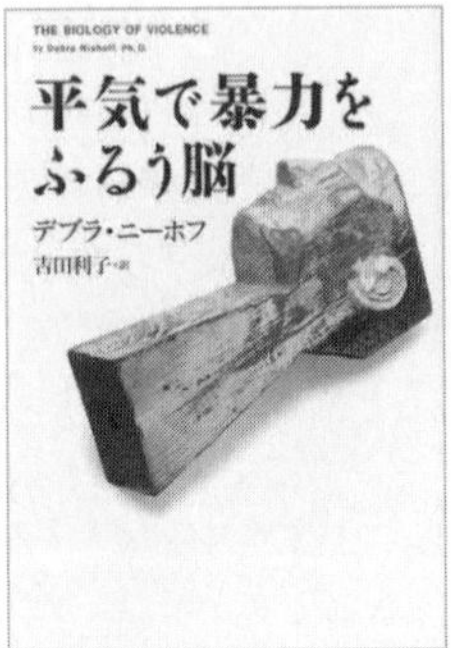

『平気で暴力をふるう脳』デブラ・ニーホフ著、吉田利子訳、草思社

らいかたよっている。
生物学の真の教えは謙虚なものだ。人間には、動物と同様に、攻撃の本能とともに、和解や仲間作りの本能もある。生物学的知見の適切な活用によって、暴力と報復を減少させ、問題の解決に努めるべきなのだ」

僕は、ニーホフの見解は基本的に正しいと考えます。また、暴力犯罪が蔓《まん》延《えん》するアメリカ社会の状況に少しずつ近付きつつあるにもかかわらず、暴力犯（少年のそれを含む）の処罰、応報ばかりを強調する考え方と、情緒的な感情移入に基づいて改善の可能性をいうばかりで暴力的行動の危険性やその了解不可能な部分をみようとしない考え方との間に立って揺れている、そして、いつしかなしくずしに前者の方向へ歩みつつある日本の現状に対して、一つの示唆を与えるものではないかとも思います。

右の書物が扱っている内容、すなわち人間の暴力的行動への異質のアプローチとしては、FBI行動科学課の捜査官でプロファイリング（心理学的分析による犯人像割出し法）の専門家であったロバート・K・レスラー（トム・シャットマン共著）による『FBI心理分析官』、『FBI心理分析官2』（と

『FBI心理分析官』ロバート・K・レスラー著、相原真理子訳、早川書房

『FBI心理分析官2』ロバート・K・レスラー著、田中一江訳、早川書房

もにハヤカワ文庫）も、興味深いものであり、また、読み物としても一級です。

レスラーのプロファイリングの方法は、きわめて綿密な実証主義的推認です。犯罪に関わるあらゆる情報を総合的に分析し、犯罪現場の状況等非常に多数の項目にわたる過去の膨大なデータと照らし合わせながら、一方ではつちかわれた勘と心理学的な知識に基づいて、犯人像を絞り込んでゆく、そうした彼の手並みは実に鮮やかです。

彼の方法のポイントは、専門的な経験から得た法則によりながら、犯人像を徹底的に「外側から」想像してゆくことにあります。人間行動や心理の内在的理解よりは、証拠と照らし合わせて整合性があるかどうかをみる、視点を広くとった、外側からの客観的理解ということです。これは、おそらく、裁判官の事実認定の技術に非常に近いものです。

レスラーは、連続殺人犯の多くが、子ども時代に、性的な虐待を含む虐待を受けているといい、こうした殺人の根底には性的なサディズムがあるので、改善は容易ではなく、また、死刑は、こうした犯罪抑止のためには役立たないといいます。なぜなら、死刑は、こうした殺人犯の衝動を思いとどまらせる動機にはなりえないからです。むしろ、彼らの生育環境や心理を継続的に調査することによって得た知見を今後の犯罪の予防のために役立てるべきではないかというのが、彼の意見です。

アプローチの方法は異なりますが、その考え方には、ニーホフの書物との間にかなりの共通性、つまり、暴力を情緒的にではなく客観的、構造的にとらえようとする視点があると思います。

4

自然科学のそのほかの分野——世界の成り立ちを明らかにする

紙数が限られるので、そのほかの分野の科学書については、物理学、天文学をはじめとして、世界の成り立ちとそれに関わる問題を取り扱っている分野の書物、また、思考の枠組みを広げたり新たな発想の糸口になったりすると思われる書物を選んで、駆け足で紹介してゆきます。

科学史、科学哲学等——「科学」の構造的理解

科学史、科学哲学関係の書物としては、『科学革命の構造』〈トーマス・クーン、みすず書房〉がよく古典として挙げられます。

クーンは自然科学における基礎理論の決定的な重要性を強調し、基礎理

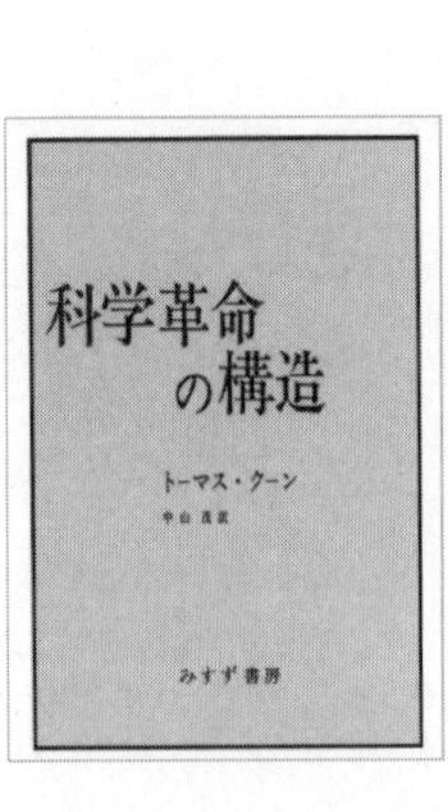

『科学革命の構造』トーマス・クーン著、中山茂訳、みすず書房

論が新たなパラダイムを開き、「通常科学」はその枠組みの中で精緻化されてゆくといいます。古い基礎理論では解けない問題が増えてきてその枠組みが限界に達すると、新たな基礎理論が現れて科学的認識の基本的枠組みを一変させる、そして、その新たな枠組みの中で、再び、「通常科学」が積み重なり、精緻化してゆく。つまり、科学の発展は一様なものではなく、革命的な進化、「パラダイムシフト」と、その間における「通常科学」のゆっくりした堆積との繰り返しであると説いたのです。

これも目からウロコを落とす新しい発想で、「パラダイム」という言葉は、クーンの意図を超えて、自然科学にとどまらない広い影響を学問の世界全般に与えたのみならず、今では日常用語になってしまいました。僕が用いてきた「発想のコペルニクス的転回」という言葉も、「パラダイムシフトをもたらした発想」と言い換えることができます。

確かに、物事や考え方の進化、変化全般についても、こうしたパラダイムシフト的な動きがみられるように思います。どの時代においても、学者やライターの夢は、パラダイムシフト的な認識の変化を引き起こす仕事をすることですが、これは、容易なことではありません。

理化学研究所所属の小保方《おぼかた》晴子研究員による論文不正疑惑で日本でも科学者のミスコンダクト、不正行為問題が大きな注目を集めましたが、科学におけるこうした倫理の問題を扱った本としては、**『背信の科学者たち——論文捏造《ねつぞう》はなぜ繰り返されるのか？』**〈ウイリアム・ブロード／ニコラス・ウェイド、講談社〉が、ミスコンダクトは、なぜ、どのようにして生じるのかを構造的に明らかにし、科学と科学者のダークサイドに光を当てています。書き方も翻訳もややぎこちないところはありますが、内容はある本です。

社会に関わる科学書を、ほかにもいくつか挙げておきたいと思います。

エコロジーの古典であり、農薬の安易な使用の危険性を明らかにした**『沈黙の春』**〈レイチェル・カーソン、新潮文庫〉、内分泌系を攪乱《かくらん》し生殖機能等に障害を及ぼす環境ホルモンについてのショッキングなドキュメント**『奪われし未来』**〈シーア・コルボーン／ダイアン・ダマノスキ／ジョン・ピーターソン・マイヤーズ、翔泳社〉、そして、科学者の立場からオカルティズムや超常現象の嘘と危険性を告発した**『人はなぜエセ科学に騙《だま》されるのか』**〈カール・セーガン、新潮文庫〉です。なお、セーガンは、NASAの惑星探査計画等で有名な天文学者で、SF作家でもあります。

『背信の科学者たち——論文捏造はなぜ繰り返されるのか？』ウイリアム・ブロード／ニコラス・ウェイド著、牧野賢治訳、講談社

『沈黙の春』レイチェル・カーソン著、青樹簗一訳、新潮社

科学史的な読み物としては、ギリシア時代から現代に至るまでの宇宙論の展開を追った**『宇宙創成』**〈サイモン・シン、新潮文庫〉が、学者たち相互の感情的な確執までまじえ、難しいことをやさしく面白く書いていて、その技術に感心しました。しかし、根っからの文科系が多い法科大学院の学生たちに薦めたところ、「やはりムズイです」との感想もあって、ちょっとがっかりです。確かにそうかもしれませんが、文科系でも慣れればこれくらいは読めるはずであり、読めるようになることが望ましいと思います。

物理学、天文学等——世界の成り立ちの厳密な解明

相対性理論、量子力学、天文学に関する書物はどれもとても面白いのですが、かなり難しいものが多いのが難点です。

それらの中で、佐藤勝彦教授の著書あるいはその監修にかかる**『「相対性理論」を楽しむ本——よくわかるアインシュタインの不思議な世界』**、**『「量子論」を楽しむ本——ミクロの世界から宇宙まで最先端物理学が図解でわかる！』**、**『宇宙はわれわれの宇宙だけではなかった』**〈いずれもＰＨＰ文庫〉、**『宇**

『宇宙創成』サイモン・シン著、青木薫訳、新潮社

『「相対性理論」を楽しむ本―よくわかるアインシュタインの不思議な世界』佐藤勝彦監修、ＰＨＰ研究所

宙は無数にあるのか』（集英社新書）は、ともかく徹底的にわかりやすく書いてあり、文科系の人間にとってはよい入門書ではないかと思います。最後の本は、宇宙の成り立ちと人間存在を関係付けて考えるいわゆる「人間原理」（かなり広い含みをもった概念です）についても、解説しています。

僕たちは、普通、自然科学の教える真理は絶対的なものだと考えがちですが、実は、そうではありません。それまで絶対的なものと考えられていたニュートン力学はアインシュタインによって補正され、時間は相対的なものであること、時間と空間は時空としてまとめて考えられること、時空は物質の存在によってゆがみ、重力とはこのゆがみがもたらす現象であることなどが明らかにされました。

さらに、量子論は、ミクロの物質は複数の状態が混合したものであり、その物質がどの状態にあるかは観測するまで確定できないといいます。このことが、有名な「シュレーディンガーの猫」（生きており、かつ同時に死んでもいる、正確にいえば二つの状態が重ね合わせになっている不思議な猫）問題に関係しています。

『宇宙はわれわれの宇宙だけではなかった』佐藤勝彦著、PHP研究所

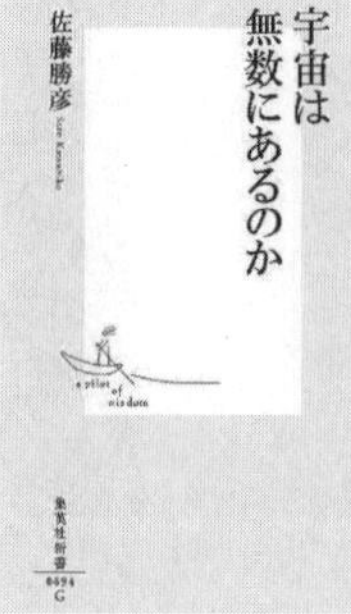

『宇宙は無数にあるのか』佐藤勝彦著、集英社

要するに、これらの理論は、宇宙論まで含め、僕たちの世界の成り立ちや起源というかつては哲学の領域にあった難問に対して、歴史上初めて、かなりの程度に確実な解答を出しつつあるわけで、その重要性は計り知れないと思います。文科系の人間も、食わず嫌いをやめて、こうした現代科学の成果にはふれておくべきです。それは、必ず、認識や発想の枠組みを大きく広げてくれることでしょう。

さて、以上のすべてを統合すると、ほとんどSF的な世界が出現します。超弦理論〈超ひも理論〉、四つの力の統一理論、マルチバース等の言葉が、そのキーワードになります。世界の成り立ちの最も小さな要素を明らかにし、世界を構成する各種の力を統一的に説明できる数式を発見し、この宇宙という時空の相対性を認識してほかの宇宙の存在との関係を明らかにしたいという、先端物理学の壮大な企てです。

日系ロマンスグレイ、ミチオ・カク教授の**『新版 アインシュタインを超える――宇宙の統一理論を求めて』**〈ジェニファー・トンプソンとの共著、講談社ブルーバックス〉、**『超空間――平行宇宙、タイムワープ、10次元の探究』**〈翔泳社〉**『パラレルワールド――11次元の宇宙から超空間へ』**〈NHK出版〉は、

『新版 アインシュタインを超える――宇宙の統一理論を求めて』ミチオ・カク／ジェニファー・トンプソン著、久志本克己訳、広瀬立成監修、講談社

『超空間――平行宇宙、タイムワープ、10次元の探究』ミチオ・カク著、稲垣省五訳、翔泳社

いずれも、見事に書かれていて、大きな知的興奮を与えてくれますし、SF的な面白さも十分です。また、同じテーマを扱った書物群の中では、かなり読みやすいほうだと思います。

自然人類学、カオス理論——新しい自然認識の方法

人類学は、大きく理科系の自然人類学と文科系の文化人類学に分かれますが、本来こうしたタコツボ型分離よりも一つにまとまって研究を行うほうが望ましく、アメリカではそうなっています。こうした事柄についても、ボーダーレス、ジャンルレスの発想が大切ですね。

女性自然人類学者による**『愛はなぜ終わるのか——結婚・不倫・離婚の自然史』**（ヘレン・E・フィッシャー、草思社）は、適者生存のための繁殖戦略としては継続的な一夫一妻制よりも逐次的な一夫一妻制（つまり、離婚、再婚や不貞をも視野に入れた一夫一婦制）がすぐれているとし、離婚、不貞は結婚と同じく種の必然であるとする挑発的な書物です。意表をついた見方ですが、近年は支持者も増えており、離婚訴訟を数多くみてきた元裁判官の目からみ

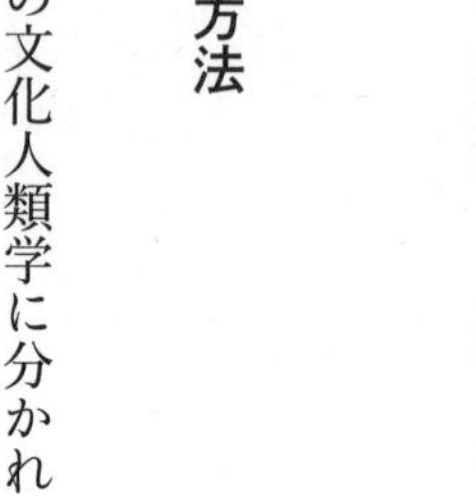

『パラレルワールド——11次元の宇宙から超空間へ』ミチオ・カク著、斉藤隆央訳、NHK出版

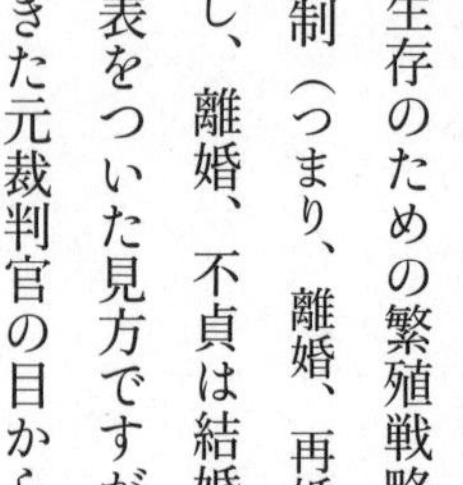

『愛はなぜ終わるのか——結婚・不倫・離婚の自然史』ヘレン・E・フィッシャー著、吉田利子訳、草思社

ても、説得力があります。

生物学的には父親の子ではない子ども、つまり不倫で生まれた子どもの割合は、各種の統計によると、低い場合でも大体一〇%近くはあります。近年の大規模な調査では各国平均で四%ということですが、これは、僕がこれまでにみてきた中では一番低い数字です。

避妊が可能な現代においてさえこれだけの数字ですから、この割合は、昔はもっと大きかったことでしょう。こうした数字をみると、「不倫は繁殖戦略上有利だから本能に組み込まれている」というフィッシャーの考え方は、生物学の説くところにもつながるリアルな真実なのではないかと思わざるをえないのです。

「初期値に対する鋭敏な依存性」や「バタフライ効果」、すなわち、道ばたの小さなつむじ風がやがて竜巻にまで拡大してゆく、一匹の蝶の羽ばたきがやがてそこから離れた地域の天候に大きな影響を及ぼす、といった現象で有名な新しい科学論、カオス理論は、非常に応用範囲の広いものであり、現在では、複雑系科学として、そのカヴァーする範囲は、人間行動にまで及んでいます。

これもまた、意表をつく、新しい自然認識のあり方です。**『カオス――新しい科学をつくる』**〈ジェイムズ・グリック、新潮文庫〉、**『複雑系――科学革命の震源地・サンタフェ研究所の天才たち』**〈M・ミッチェル・ワールドロップ、新潮文庫〉がよくまとまっています。

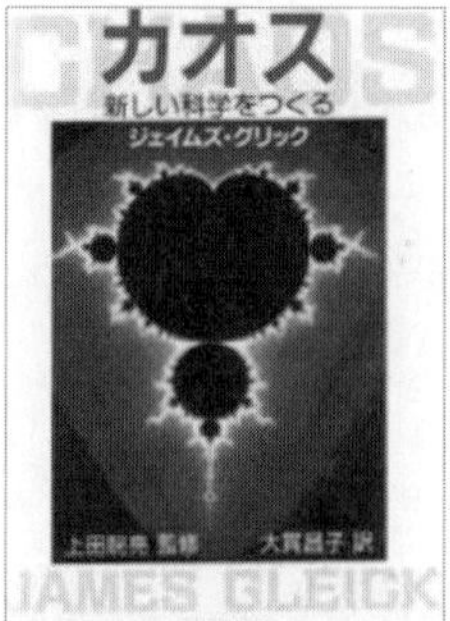

『カオス――新しい科学をつくる』ジェイムズ・グリック著、上田睆亮監修、大貫昌子訳、新潮社

『複雑系――科学革命の震源地・サンタフェ研究所の天才たち』M・ミッチェル・ワールドロップ著、田中三彦／遠山峻征訳、新潮社

5 まとめ

それでは、これまでに挙げてきた自然科学系の書物が明らかにしてくれた人間や世界認識の方法、あり方について、以上の記述を踏まえて、まとめておきましょう。

まず第一に、「人間の動物との連続性」、「動物としての部分」を自覚し、視野に入れておく必要があります。人間は、言葉をもち、認識と思考の力をもった動物にすぎません。しかし、人間が、そうした新たな能力によって、自己の有限性、存在被拘束性を知るのみならず、非常に短い期間に高度な文明をもつことさえ可能になった、不思議な動物であることもまた間違いありません。

生物学や脳神経科学は、そのような人間のあり方の生物学的基盤を、種々の側面から明らかにしています。フェミニズムやジェンダーの主張には社会的正当性があると思いますが、こうした考え方を含め、社会・人文科学の主張には、えてして、人間の生物学的基盤や動物としての限界をみない「存在」と「当為《とうい》」の混同、つまり、あるべき人間の姿、理想ばかりをみて現実の人間存在、その限界を考慮に入れない欠点がみられると思います。たとえば、法学や経済学が念頭に置いているのは、「常に物事を客観的にとらえて理性的、合理的にふるまう近代人」だと思いますが、現実の人間はそういうものではない。だから、理性的な人間なら起こすはずのないような種類の法的紛争や犯罪が起こり、経済予測はしばしば外れるわけです。文科系思考のイデオロギー的限界ということですね。

こうした問題については、もちろん社会学等の分析的社会科学も気付いてはいたのですが、現代の自然科学は、はるかに正確かつ緻密に、人間存在を規定する諸条件を明らかにしつつあると思います。僕たちがそこから学びうることは多いでしょう。

生物としての拘束のもう一つの側面は、僕たちの存在の個別性です。脳神

現代の自然科学は、社会・人文科学よりも
はるかに正確かつ緻密に、
人間存在を規定する諸条件を明らかにしつつあり、
僕たちがそこから学びうることは多い

経科学者たちが明らかにしたように、僕たちの他者理解、了解は、クオリアという最も基本的なレヴェルにおいてさえ、類推によるものでしかありません。「頭が痛い、おなかが痛い」と誰かが言うとき、その痛みが、僕たちが感じるそれと同じであるかどうか、本当のところはわからないのです。ましてや、人間の考えていること（再帰的な思考）が、そんなに簡単に他者に伝わるわけはありません。個人間にかなりの程度に高度なコミュニケーションが成立しているのは、本来であれば考えられない幸運な事態なのであり、言語を手に入れたことによって人間が偶然にも手に入れた恩寵《おんちょう》なのです。

実際、ビジネスの世界におけるそれをも含め、大半の社会的・経済的・政治的紛争は、コミュニケーションの成立を安易に想定することから生じます。僕たちは、「他者の存在の知りがたさ、測りがたさ」をもっと身にしみて認識する必要があるのではないでしょうか。

人間は、みずからを、生まれながらに「人間らしい存在」であると思っていますが、おそらく、それは誤りです。僕たちは、文化、文明に守られ、両親に保護され、長い教育を受けることによって、「人間らしい存在」に「なる」のです。その意味では、僕たちは、「自然の子」であると同程度に「文化、

僕たちは、「他者の存在の知りがたさ、
測りがたさ」をもっと身にしみて
認識する必要がある

文明の子」でもあります。

これを逆にいえば、僕たちは、みずからの存在がどれほど強く、文化、文明によって色付けされ、規定されているかをも認識しておくべきだということです。海外の人々と仕事をするときには、このことは非常に重要です。そして、こうした二つの側面を切り分け、それぞれの限界を知るには、生物学等から得られる知識、知見が必要です。

以上のような事柄を知ることによって、僕たちは、みずからの理性の限界を知り、他者に対する共感の能力を高め、むき出しのエゴイズムを抑えること、物事をより理性的、客観的にとらえる視点を身につけること、人間の作った制度にひそみうる自己正当化機能や悪の可能性を認識しながらそれを運営あるいは監視すること、などがよりうまくできるようになるはずです。

一方、物理学、天文学等の学問は、この世界、物理学の言葉でいえば「時空」の成り立ちと起源を明らかにしつつあります。複雑系科学のように世界認識の新たな方法を見出した学問もあります。

これはすばらしいことです。人間の特性は、イエス・キリストの言葉にも

僕たちは、みずからの存在がどれほど強く、
文化、文明によって色付けされ、
規定されているかをも認識しておくべき

あるとおり、「人は、パンのみにて生きるものにあらず」というところにあります。イエスの言葉の趣旨はもちろん宗教的なものですが、この言葉は、より一般的な広がりをももっています。物質的なものにのみ満足せず、世界の成り立ちを知りたい、自分が生まれ、生きてきたことに何らかの統一的な意味を見出したいと願うのが、昔からの人間の本性だからです。ギリシア時代以来の哲学は、長い間、その答えを探し求めてきました。

最新の宇宙論が教えるところによれば、僕たちの宇宙は、ほんのわずかな量子的揺らぎから生まれました。奇跡は無数にあるとしても、この宇宙が「ある」ということ以上の奇跡は、そこに住む僕たちにとってはありえないでしょう。

また、宇宙は無数に存在し、その中には僕たちの宇宙ときわめて近い宇宙も存在しうるということです。そうであれば、人間存在は、ある意味では、有限ではなく、孤立した存在でもないのです。人間と同様あるいはそれを上回る能力をもった知的生命体は無数に存在する、そういうことになるわけですから。

僕が、リベラルアーツの筆頭に自然科学をもってきたことの意味がおわかりいただけたでしょうか？　現代の自然科学は、僕たちの、「知」の最も大きくかつ基本的な枠組みを設定する学問なのです。

第2章
社会・人文科学、思想、批評、ノンフィクション——批評的・構造的に物事をとらえる方法を学ぶ

この項目には、自然科学と芸術の間に位置する領域の書物を広く収めました。その共通点は、批評的・構造的なものの見方、物事のとらえ方によって新たな発想・認識・思考方法の枠組みを開いたという点にあり、そうした力をもっている本を選択したということです。大学等における狭い意味での学問の垣根を無視して、狭義の社会・人文科学のみならず、思想、批評、ノンフィクションまでを広く含めた選択を行い、また、個々の書物を選ぶ場合にも、なるべく、経験主義的な観点からなされる世界観の組み立てや発想に有益なものを幅広く選んでいることは、すでに第3部の冒頭に記したとおりです。

社会・人文科学には、自然科学のような厳密さはなく、仮説という意味合いがより強く、また、その実験による検証にも限界があります。しかし、社会や人間集団という大きくかつ複雑な構造物を自然科学の厳密さで研究することは無理であり、それらについての一定の根拠ある枠組みを示し、批評的・構造的な把握、解明を行うことを目的とする社会・人文科学には、十分な固有の存在価値・意義があるのです。

社会・人文科学の領域でも、実は、広い範囲の人々に読まれ、古典として残るような書物は、狭い学問領域を超えた新しさ、斬新な発想をもっており、いわゆる「学際」的な傾向が強く、レトリックをはじめとした文章術にもすぐれています。また、世界、社会に対する「構造的な批評」、つまり、「相当の根拠や基盤をもつある視点によって切り取られた世界や社会の姿を示すもの」、そういう性格をもった、その意味で思想書としてもすぐれたものが多いのです。

また、ノンフィクションについても、やはり、後世に残るような書物は、ただ事実を報告するだけではなく、事実に関する新しい見方、批評的な視点をも同時にもたらしている場合が多いといえます。

したがって、「批評的・構造的なものの見方、物事のとらえ方」、「構造的な批評」という共通要素を軸に、社会・人文科学からノンフィクションに至る広い領域をボーダーレス、ジャンルレスの発想でくくることには、一定の正当性があると思います。

この総論で古典を一つだけ取り上げておきます。『新約聖書』です。

聖書は欧米のあらゆる思想や芸術の基盤、基準点になっていますが、『旧約聖書』は、日本人にとっては、読みやすいものではありません。それに対

『聖書 新共同訳』日本聖書協会

し、『新約聖書』のほうは、第2部でもふれたとおり、まさに時代を超えて色あせない古典であり、常に現代の視点で読むことのできる、知恵に満ちた深い書物だと思います。その中核である四福音書だけは、一度は通して読んでみることをお勧めします。

日本で今日よく使われているのは『聖書 新共同訳』〈日本聖書協会〉だと思いますが、岩波文庫等にも『新約聖書 福音書』等一部の翻訳がありますし、『新約聖書』については、学者の翻訳にかかる『新約聖書』〈新約聖書翻訳委員会訳、岩波書店〉も出ています。

1

哲学——考えるための技術、方法

哲学は、最も基本的な学問、学問の王などといわれてきましたが、すでに述べたとおり、今では、自然科学にその重要な領域の多くを侵食されています。たとえば、時間・空間論は、今ではもはや物理学の領域ですし、人間という対象も、生物学、脳神経科学、人類学等によって、より科学的、客観的に探究されるようになってきています。人間の認識のあり方について考える認識論についても、やがては脳神経科学等の領域と結び付き、そこに取り込まれてゆく可能性が高いでしょう。

それにもかかわらず哲学というジャンルが生き残っており、また、同時代の海外哲学書もかなり紹介され、読まれているのは、考えるための技術、思考の枠組み、すなわちパースペクティヴやヴィジョンを形成するための技術

哲学は、考えるための技術、思考の枠組み、すなわちパースペクティヴやヴィジョンを形成するための技術という側面において価値がある

という側面において価値があり、読み物としても一定程度興味深いからでしょう。

ラッセル『西洋哲学史』等――哲学・思想の全体像を知るための概説書

哲学書の選択は、ある意味では小説以上に好みの問題です。ある人にとって面白いものも、ほかの人にとっては少しも興味を引かないということがありえます。

たとえば、僕自身は、すでに述べたとおり、経験主義的な、自然科学に近い志向をもった哲学からはかなりの影響を受けましたが、ドイツ系の観念臭の強いそれからはほとんど影響を受けていません。

また、哲学というのは解説に大きなスペースを要するため、僕が読んできたものに限っても、ここで、哲学、あるいは哲学的要素の強い思想の総花的紹介や分析を行うことは、紙数の関係上も無理ですから、まずは、事典、辞典的書物とハイレヴェルの概説書を紹介し、その後、僕の考え方の基盤になっているプラグマティズムについてのみ、ある程度詳しくふれておきたいと思います。

『現代思想を読む事典』今村仁司編、講談社

まず、哲学・思想書（あるいは広く社会・人文科学書）を選び、あるいは読む上で便利な事典として、今村仁司《ひとし》編『**現代思想を読む事典**』〈講談社現代新書〉、思想の科学研究会編『**新版 哲学・論理用語辞典〔新装版〕**』〈三一書房〉がお薦めできます。実際にはどちらも読み物的な要素が強い事典、辞典ですが、哲学、思想の全体像を知るために通して読むなら、あるいは相当部分を拾い読みしてゆくなら、プラグマティズム的視点で一貫している後者のほうが全体の筋がつかみやすいかもしれません。

字だけの事典・辞典はしんどいという人には、対象はおおむね現代思想・哲学に限られますが、いしいひさいち『**現代思想の遭難者たち 増補版**』〈講談社〉もいいかもしれません。講談社の『現代思想の冒険者たち』シリーズの月報に掲載された漫画に書き下ろしを加え、解説的注釈を加えたものです。ただし、漫画中の記述は、著者自身も認めるとおりかなり「適当」です（だから解説的注釈が付けてある）。

本格的な哲学概説としては、入門書としてはいささか難しく、かつ分量も多いのですが、二〇世紀の大哲学者バートランド・ラッセルの『**西洋哲学史**』

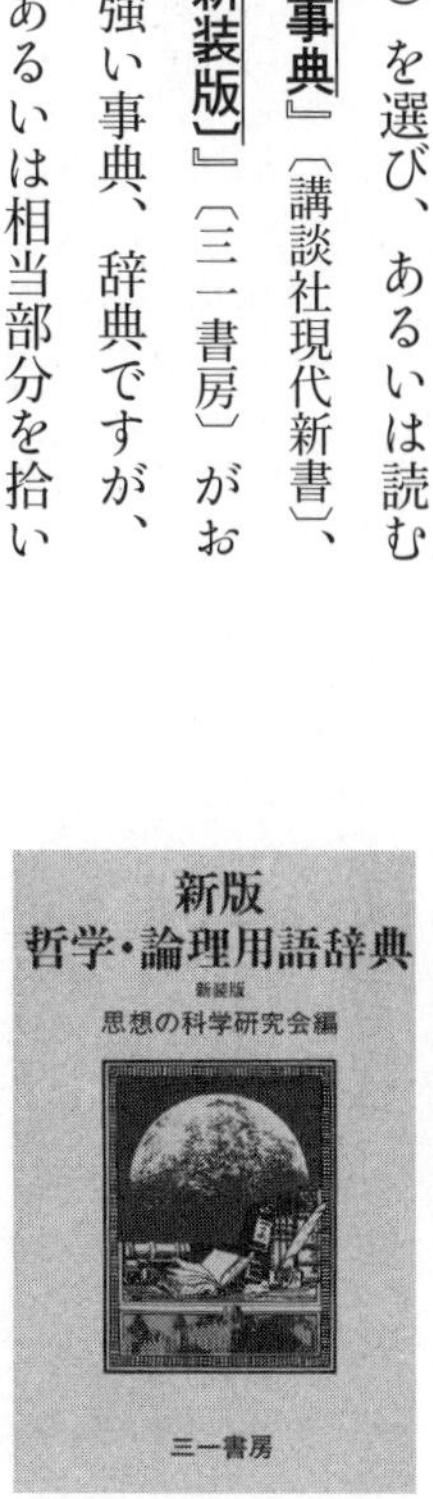

『**新版 哲学・論理用語辞典〔新装版〕**』思想の科学研究会編、三一書房

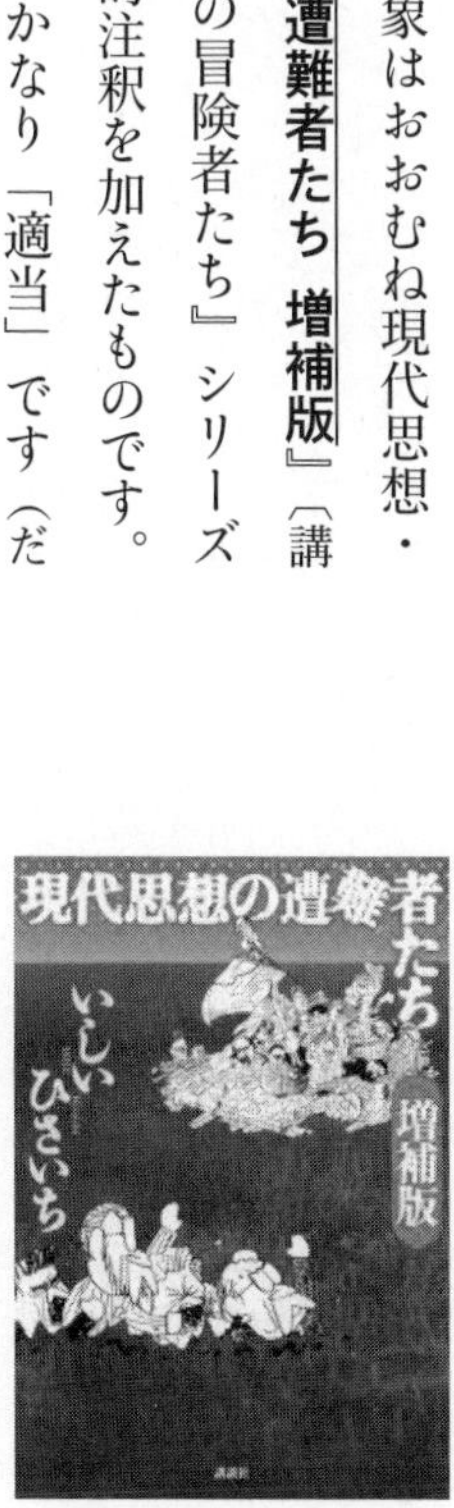

『**現代思想の遭難者たち 増補版**』いしいひさいち著、講談社

〈みすず書房〉が、哲学が世界認識のための重要な技術である（あった）ことを明快に説き明かす、よくできた書物です。三冊に分かれていますが、まずは、二冊目の終わりのほうで始まる「近代哲学」の部分から読み始めることをお勧めします。

どの分野にしても、その歴史を一つの「物語」として語るのは、相当の学識、造詣《ぞうけい》、筆力を要する難しい仕事であり、ことに、哲学の場合には、相手が相手だけに、どうしても無味乾燥なものになりがちです。その点、ラッセルの手際はさすがに鮮やかなもので、興味深く読め、かつ、哲学の歴史、体系、本質が自然に理解できる書物になっています。挑戦してみる価値はある本だと思います。

そのラッセルは、第1部でふれたマキャヴェリの『**君主論**』〈中公文庫BIBLIO等〉をも哲学のカテゴリーに含めています。ただの権謀術数《じゅっすう》の書ではなく、リアルで形而下的な人間知の見本として重要だということでしょう。『君主論』は、短いし、哲学・思想書としては大変読みやすい本です。

『**西洋哲学史**』バートランド・ラッセル著、市井三郎訳、みすず書房

『**新訳　君主論**』ニッコロ・マキアヴェリ著、池田廉訳、中央公論新社

プラグマティズム――自然科学的な志向をもった哲学の方法論

第2部でもふれた鶴見俊輔の哲学は、日本の従来の哲学の植民地的な性格に対する絶望と反省に根ざしたもので、アメリカのプラグマティズムを、日本土着の思想、庶民の思想との結び付きの中で生き直させようとしたものです。

このプラグマティズムは、僕自身の考え方や研究の基礎になっている方法でもあるので、その内容を少し紹介しておきましょう。

プラグマティズムは、日本では、説明不足のまま、「実用主義」、「功利主義」等のレッテルの下に分類されることがあり、そのために実用一辺倒の思想として受け取られがちですが、それは誤解です。

プラグマティズムは、一九世紀末のアメリカに始まった、「行為や現実に重きを置く、反形而上学的傾向の思想明確化運動」です。その創始者であるC・S・パースは、従来の哲学の言葉における意味の複雑さやあいまいさを避けるために、「ある対象が与えられた場合、私たちがそれに対していかなる行為を行うか、またその結果は何かということが、その対象を指示する言

チャールズ・サンダース・パース（Charles Sanders Peirce）1839-1914

葉の意味である」、よりわかりやすくいえば、「ある概念の意味をはっきりさせるには、その概念が真であるとすればどんな実際的な結果が生じるかを考えればよく、特定の思想の意味を明確にするには、その思想がどんな行動を生み出すかを考えればよい」という提言を行いました。

パースの考え方をさらにパラフレーズすると次のようになります。

「思考の過程は、疑問や迷いから始まり、信念を生み出し固めることで終わるが、こうして得られる信念は、ある状況における行為の仕方を教える『行為の規則』あるいは『心の習慣』にほかならない。そして、こうした『行為の規則』が新しい状況に適用されると再び疑念や迷いが生じ、新たな信念（行為の規則）が形成される。このような具体的な経験的過程によって形成される事柄の内容が対象の概念である」

右のような経験的過程のあり方は、一定の意図に導かれ対象にしかるべき操作を加えてそこに生じる結果を観察する自然科学の方法と本質的に共通していています。パースの意図は、実験室の思考を一般化することにあったといえ、その意味で、自然科学的な志向が強く、形而上学的な傾向の強かった従来の哲学の主流とは明確に方向性が異なります。

ある概念の意味をはっきりさせるには、
その概念が真であるとすれば
どんな実際的な結果が生じるかを考えればよい

プラグマティズムは、観念的な哲学というよりも哲学的な方法論であり、そのような特質のために、二〇世紀以降も、さまざまな思想潮流（論理実証主義、分析哲学、行動主義等）と結合し、思想、あるいは思想的方法としての豊富な生産性を保ってきました。記号論や記号論理学の先駆けともなっています（以上の記述については、主として、前記の二冊の事典、辞典によっています）。

プラグマティズムの方法は、機能性、実証性、科学性というその性格から、価値中立性、客観性、相対性を重視し、また、コミュニケーション、情報の伝達を大切にします。方法としてのプラグマティズムの重要な機能は、異なった立場、異なった考え方の間に橋を架けてそれらをつなぐ方法や視点を見出すことにあります。

また、「思想とは行動である」というプラグマティズムの基本的発想は、アメリカの良心である草の根民主主義の思想や伝統にも通じるものだと思います。たとえば、次のような草の根民主主義者の言葉は、プラグマティズムの基本的思想と深く響き合うものでしょう。

――信念と希望のあいだには大いに関係があると私は思うんです。基

自分自身の考え方や思考方法を構築し確立するためには、
まさに自分が考えていたことが
より明確に、体系的に記されていると
感じられる書物や著者を見付け出すのが一番

> 本的に信念というのは、確信がもてなくても先へ進んで行動を起こすということだと思いますが、その原動力になっているのは希望なんです。希望があるから、人は行動を起こすんです。そして行動を起こすということじたいに大きな意味があるんです。うまくいってもいかなくても、私は諦めません。希望も死にはしません。

高名なインタヴュアーであるスタッズ・タークルの著書**『希望――行動する人々』**〈井上一馬訳、文春文庫〉からの引用です。

なお、付け加えておくと、僕がプラグマティズム、ことに鶴見俊輔のそれに引き付けられたのは、もともと僕の思考様式や方法にプラグマティズム的な部分が強くあったからだと思います。このように、自分の考え方の基盤になるような方法については、自分との相性を考えることも非常に重要です。自分自身の考え方や思考方法を構築し確立するためには、まさに自分が考えていたことがより明確に、体系的に記されている、そのように感じられる書物や著者を見付け出すことが一番なのです。

『希望――行動する人々』スタッズ・タークル著、井上一馬訳、文藝春秋

鶴見俊輔（つるみ・しゅんすけ）1922-

鶴見俊輔の思想については、正と続の二つの『**鶴見俊輔集**』〔筑摩書房〕が出ていますが、僕は、最初の選集の一部である『**鶴見俊輔集1　アメリカ哲学**』、『**同4　転向研究**』、『**同6　限界芸術論**』が最も重要なものではないかと思います。

1は、プラグマティズムを始めとするアメリカの哲学について論じたものです。

4は、人間の思想や生き方の変化、ことに左派の思想の放棄としての「転向」という日本思想史上の大きな問題に関する研究です。日本が太平洋戦争に突入していった時代、知識人の多くは、ごく短い時間で、国粋主義、天皇中心思想に返ってゆきました。左翼の多くも同様に転向し、思想的には反対の極であるはずのウルトラ国粋思想に染まった人たちも多かったのです。これが、日本の戦後思想史における重要なテーマの一つとなった「転向」問題です。

人の思想や生き方は変わってゆくものですが、思想や哲学が単なる「飾り、ファッション、権威付け」でしかない場合には、何らかの圧迫を受けると、それこそフケのように頭からぽろぽろ落ちてしまって、反対の極に突っ走ったり、土着の思想、たとえば戦前の日本における「イエ」や「ムラ」の思想

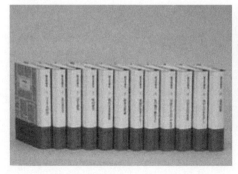

『**鶴見俊輔集**』鶴見俊輔著、筑摩書房

に返ってゆくことになります。これでは、生き方として一貫性を欠くのみならず、思想としての生産性がありません。

今ではやや忘れられた感のあるテーマですが、「転向」は、人間と思想の関係に関する重要なテーマであり、時代を超えた普遍性をもっています。たとえば、医師、弁護士等多数のインテリ（であるはずの人々）がオウム真理教に入信していたことも、こうした問題と関連があるのではないでしょうか。思想というものが人間に対してもちうる強力な力に対する理解や耐性がないと、学校で学んできた事柄をころっと忘れて安直な教条やスローガンに簡単に取り込まれる、そのような事態は、誰にでも起こりうるのです。

6は、大衆芸術のもちうる思想的意味について論じたものですが、論じている対象が相当に古くなってしまったので、その意味では、同じ問題意識による**『同7 漫画の読者として』**を先に読むほうがベターかもしれません。

彼の文章は、言葉はやさしくみえますが、思考が屈折して深い。また、あまり説明をする人ではないので、よく考え、論理の流れを確かめながら読んでゆくことが大切です。

2

社会・人文科学、思想——物事を構造的に大きく把握する視点

この章の冒頭でもふれたとおり、社会・人文科学については、その内容が自然科学の場合のように正確な実験によって論証されているわけではなく、その意味では、正当性に限界がつきまといます。第1章でふれた科学史学者であるトーマス・クーンが、社会科学の分野では厳密なパラダイムというものができているかどうかさえまだ疑問であるといい、生物学者であるE・O・ウィルソンが、社会科学にはタームの共通性がなく、基盤としている知見の根拠も薄弱であるというのも、一理あると思います。

ただ、それでは社会・人文科学に何の意味もないかといえば、そうはいえない。ことに国家、社会とか総体としての人間のあり方などというものは、非常に複雑ですから、自然科学の厳密さをもってそれを研究することは不可

能なのであり、自然科学とはやや異なった、個々の対象を離れて物事の全体を大きく、かつ構造的に明らかにする視点が必要になるのです。

社会・人文科学の分析には、あくまで仮説という意味合いが強いのですが、しかし、仮説であるからといってそれが機能しないわけではありません。たとえば法や経済は明らかに社会を動かしてゆく大きなモメント、動因なのであり、そうした事柄を体系的、構造的に把握し、あるいはそれを適切に操作するための学問が必要とされることも間違いありません。たとえば第1章でふれた精神医学関連の書物の場合と同様、大まかな枠組みであってもそれなりに機能するものだということです。

自然科学者がこうした対象について論じると、しばしば底の浅い一般論や理想論になりがちなことからも、社会・人文科学が、自然科学の方法から多くを学び取りながらも、独自の方向と必然性をもって発展してきたことは明らかです。

なお、「社会・人文科学書」と、科学とは言葉の上では区別される「思想書」の境界はきわめてあいまいです。「思想」については「哲学」のほうにくっつけるやり方もありますが、この章で、より広くいえば本書で取り上げる書物の多くが「思想」の要素を含んでいることから、本書では、狭義の「哲学」

ではなく、より広い「社会・人文科学」と「思想」とを一つにくることにしました。

社会・人文科学の根幹を成す物事の「構造的把握」とは

さて、これまでに何度も書いてきた「物事の構造的把握、構造的なとらえ方」ということの意味はあまりわかりやすいものではないので、ここで、僕自身がそのような方法を意識しつつ書いた書物を例に、説明しておきたいと思います。

僕が日本の裁判所・裁判官制度、裁判全般の批判的分析を行った**『絶望の裁判所』**、**『ニッポンの裁判』**〈ともに講談社現代新書。はしがきでふれた本です〉は、全体として、社会科学から学んだ方法を用い、あるいは参考にしています。一般書ですから、興味深く読めるようにレトリックや表現については種々工夫し、また、文学等から学んだレトリックや考察も交えていますが、基本的には学者の分析なのです。

これらの書物について弁護士、裁判官等の法律実務家からよく出ることのある感想の一つが、「自分の知っている、あるいは自分の周囲の裁判官は、

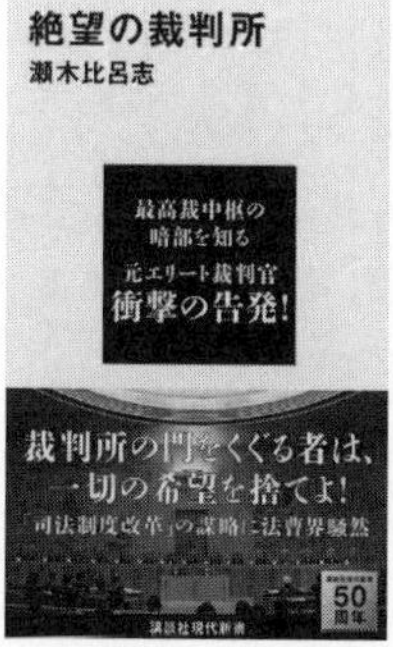

『絶望の裁判所』瀬木比呂志著、講談社

『ニッポンの裁判』瀬木比呂志著、講談社

もっとましである」、あるいは、「裁判官にもいい人はいる」というものです。しかし、こうした感想は、これらの書物に対する有効な反論にはなっていないと思います。僕自身が、「現在の裁判官にもなお良識派は存在する。しかし、彼らが組織の抜本的改革を行えるほどに上のほうまでピラミッド型のヒエラルキーを昇ることはありえない」と分析しているからです。

また、先のような感想では、弁護士数激増にもかかわらず民事事件各分野の新受件数が激減していること、司法制度改革前後に行われた民事訴訟利用者アンケートの結果によれば訴訟制度に対する満足度が二割前後と非常に低いこと、日本の裁判全般に冤罪の多発等、欧米の常識では考えられないような各種の問題があること、二〇〇〇年代以降裁判官の性的不祥事が一〇件近くも連続して起こっていること、などの事実に対する説得力のある回答、反《はん》駁《ばく》にはおよそなりえないでしょう。

先のような言い方をするなら、旧ソ連はもちろん、ナチス時代のドイツにだって、「良心的な人間」や「いい人」はいたと思います。そういう人間が全く存在しない国家や大きな組織などあまりないでしょう。しかし、彼らは、みずからの良心に従って行動することができなかった。あるいは困難であった。なぜか？　そこには「構造的な問題」があったからです。

このように、個々の構成員を離れて、一つのシステムとして組織や制度をとらえるのは、社会科学の典型的な方法です。それを批判する場合には、記述の根拠となっているデータや事実を争う、それらから組み立てられた推論、議論の妥当性、合理性を争う、の二つの方法が基本であり、後者の場合には、より説得力のある別の議論を立てることが望ましいと思います。

けれども、前記の書物に対する批判に、それをきちんと行っているものは、ほとんどありませんでした。専門家である法律実務家や法学者のものでさえ、ほとんどが感覚的、感情的、断片的なものにすぎなかったのです。たとえばこうした事態にも、日本における批評的・構造的なものの見方、物事のとらえ方の不足、社会科学的なものの見方の不足という事態の一端が現れていると思います（なお、先の書物を積極的に評価する見解には、構造的分析という点に言及し、それを踏まえているものもかなりありました）。

内容とともに方法、発想法も学ぶ

以上のような意味で、社会・人文科学については、リベラルアーツとしてそれらを学ぶ際に、内容もさることながら、個々の著者や書物が示している「方法」、「発想法」にも注目すべきではないかと思います。新たな考え方を提示した書物、その分野の議論にパラダイムシフトを引き起こした書物は、必ず、新しい「方法」、「発想法」を提示している、それを学ぶべきだということです。

いいかえれば、この分野の書物については、リベラルアーツ的な教養の核として残るのは、内容とともに、あるいはそれ以上に、それらから抽出された「方法、発想法、ものの見方、考え方」ではないかということです。

この分野については、名著リストのような本も数多く出ており、特定の分野について詳しく学びたい人にはそれらも参考になると思いますが、一般の読者にとっては、総花的な学術書リスト、古典のリストは、あまり意味がないと思います。昔は、たとえば、岩波文庫の青や白、すなわち社会・人文科学系のラインアップを片っ端からつぶしてゆくといった読み方をしている学生もいましたが、そうした学生たちがその後知的に伸びていったかというと、必ずしもそうでもないのです。

一般的にいえば、哲学の項目において最初の部分で挙げたような書物を一

社会・人文科学については、リベラルアーツとしてそれらを学ぶ際に、内容もさることながら、個々の著者や書物が示している「方法」、「発想法」にも注目すべき

つの手がかりとしながら、特定の分野、学派やその代表的人物について概説した新書の中からよいものを選んで読み、鳥瞰《ちょうかん》的な視点をもった上で、興味がもてそうな個々の原典を読み、引っかかってくる書物、思考の方法が自分に似ていると感じられる書物があったら、その著者のほかの書物も読んでみるというやり方が勧められます。こうした著者の数がある程度増えてゆくと、彼らに学んだ自分の思考の枠組みも、おのずから形ができてゆくものです。

そのように自分にフィットすると感じられる書物については、重要な部分に傍線やアンダーラインを引いたり、カードやノートに要旨をまとめたり、英語の書物なら原書の一部を読んでみたりすると、レトリックや文章術まで含めた思考のスタイルをより深く学ぶことができると思います。

学問分野としては、社会学、心理学、人類学等の言葉や方法は応用範囲が広いので、こうした分野の概説書（新書等に質の高いものがかなりあります）は読んでおくといいでしょう。

以下においては、一つのサンプルとして日本論、日本人論という横断的なジャンルからいくつかの書物を取り上げた後、新たな発想、思考方法の提示という観点からお薦めできるこの分野の書物をやはりいくつかピックアップして、示しておきたいと思います。

日本論、日本人論と学問の力

日本論、日本人論は、学問ジャンルではなく、書物のジャンルです。共通の方法をくくり出すことができるようなジャンルではない、あるいはそれが難しいので、学問としてまとまってはいません。

しかし、このジャンルの本は、昔から、よく売れ、読まれるものが多く、また、後世に残るものも多い。名著もかなりありますが、それらについても、ほかのジャンルに比べると、部数が大きくかつ長く読まれてゆく点に特徴があります。

ここで社会・人文科学系の書物について日本論、日本人論というサンプル、切り口を選んでみたのは、このジャンルが、僕たち日本人が世界の中で置かれてきた位置を象徴的に示すものであり、その意味で、学問ジャンルではないにもかかわらず非常に重要だからです。

日本という国家、社会、国民性の特殊性をいう議論は昔から多く、また、外国人のみならず、日本人自身もこの点を強調しがちです。これは面白い現象です。

外国人、ことに欧米の人々の日本人論は、後記エドワード・W・サイードのいう「オリエンタリズム」的な偏見の延長で書かれているものが多い。エキゾティックな神秘の国という位置付けですが、その背景には、暗黙の内に、西欧文明の優位性が仮定されており、それとの対比で日本の特殊性が強調されます。学者による著作、たとえば後記『菊と刀』にもその傾向はあります。

日本人による日本論、日本人論も、日本文化の普遍性をいうよりもその特殊性を強調する傾向はやはり強いのですが、そこには屈折があり、その「近代になり切っていない後進性、あるいは、なり切れない特異性」と、「そうした特異性に裏付けられた日本文化の独自性、優越意識」との間で激しく揺れ動いている印象があります。その背景には、日本、日本人の近代国家、近代人としてのアイデンティティーの不確かさという大きな問題があります。

僕自身は、欧米標準の自由主義者、法学者・元裁判官であるライターの視点から、日本と日本人はそれほど特異ではなく、また、その特異性をいう議論を安易に喜ぶべきでもなく、日本文化のよい面は残しつつも、全体としては、欧米標準の自由主義に基づいた、より風通しのよく個性や人権の尊重される国家や社会をつくってゆくべきだという考え方です。しかし、日本論、日本人論に分類される書物を読んでいると、それはそんなに簡単なことではないかもしれない、日本人は本当に特異なのかもしれない、そう感じられることが多いのもまた事実です。

そのような意味では、本当をいえば、こうした事柄を本格的に研究する学際的な学問分野があってよいのかもしれません。僕が教えている明治大学には国際日本学部があります。カリキュラムをみると、そうした要請にある程度応えているのかもしれないと思います。

それでは、個々の書物を紹介してゆきましょう。

系列としては、古典には、文化人類学者によるものが目立ちます（梅棹《うめさお》忠夫については比較文明学者と呼ぶのが正しいかもしれません）。

『菊と刀――日本文化の型』（ルース・ベネディクト、講談社学術文庫等）は、戦争中にアメリカ戦時情報局の委託に基づいて行われた日本研究の成果であり、したがって、実地調査に基づかず、背後に国家的優越意識が一定程度ひそんでおり、資料にも制約があるにもかかわらず、欧米の文化が「罪の文化」

『菊と刀――日本文化の型』ルース・ベネディクト著、長谷川松治訳、講談社

であるのに対し日本の文化が「恥の文化」であるという指摘を含め、かなり深みのある突っ込んだ分析に成功しています。

その『菊と刀』を、統治者による分析、国家が後押しするイデオロギーに基づいた分析であるとして批判的に解剖した**『内なる外国──「菊と刀」再考』**（C・ダグラス・ラミス、時事通信社等）、そして、同じ著者による**『イデオロギーとしての英会話』**（晶文社）も、左派政治学者による内在的な日本人論として高水準の書物です。

『タテ社会の人間関係』（中根千枝、講談社現代新書）は人間関係が「ヨコ」で規律される（同位者間のヨコのつながりが重視される）インドなどとの比較において、日本を「タテ社会」と定義しています。「タテ社会」とは、人間関係の作り方において、役職・階級など上下「タテ」の序列が重視される社会のことです。著者の研究の簡潔な概説というべき内容で、文章や論理の綾といったものはそれほど感じられませんが、タイトルを含め大変わかりやすく、イメージがもちやすいこともあってか、大部数のロングセラーとなっています。

『文明の生態史観』（梅棹忠夫、中公文庫等）は、生態学とのアナロジーで文明を比較し、日本を、西ヨーロッパと並行進化した成熟度の高い文明の地域

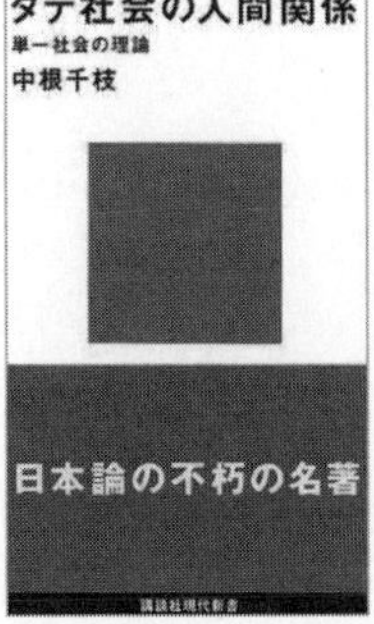

『タテ社会の人間関係』中根千枝著、講談社

『文明の生態史観』梅棹忠夫著、中央公論新社

であるとしたもので、「日本」は潜在的な主題になっているだけですが、明治時代以来日本人が感じてきた欧米コンプレックスをくつがえす発想が注目されて、やはりロングセラーとなっています。

ほかの学問分野のものでは、広い意味での日本論、日本思想論として、プラグマティズム学者による**『現代日本の思想――その五つの渦』**〔久野収／鶴見俊輔、岩波新書〕、同じ内容についてのより詳しい鼎談《ていだん》**『戦後日本の思想』**〔久野収／鶴見俊輔／藤田省三、岩波現代文庫等〕、第1部でふれた**『日本の思想』**〔丸山真男、岩波新書〕、法社会学の古典であり、海外の学者にも広く読まれている**『日本人の法意識』**〔川島武宜《たけよし》、岩波新書〕が、いずれも第一級の分析を行っています。

なお、以上の学者たちについては、ほかにもすぐれた著作があり、取り上げた本はいわばそのサンプルです。

読み物的なものとしては、山本七平〔出版社経営者、ライター〕の日本人論**『「空気」の研究』**〔文春文庫等〕が、卓抜な発想、くせと毒のある文体や書きぶりで非常に面白い。彼の立論の根底には、戦争中の日本人の集団主義的、

『「空気」の研究』山本七平著、文藝春秋

非合理的な行動様式に対する恐怖と反省があります。彼自身の軍隊経験を批評的に分析した**『一下級将校の見た帝国陸軍』**〔文春文庫等〕も力作です。

『日本／権力構造の謎』〔ハヤカワ文庫等〕等で知られるカレル・ヴァン・ウォルフレン（ジャーナリスト、政治学者）の批判的、共感的な現代日本分析も、論理展開が緻密で、説得力に富んでいます。

ここで、関連して、「学問の力」ということにふれておきましょう。

先の選択を行ってみて、自分でも「えっ」と思ったのは、山本氏の本以外はすべて学者（執筆時点で大学に勤めているか否かは別として）の書物だったということです。日本論、日本人論には学者ではないライターによる本もかなりあるのですが、新たな発想を示したもの、リベラルアーツとしてすぐれたものというと、やはり学者に強みがあるようなのです。

これは、おそらく、何度もふれてきた「批評的分析」、「構造的把握」ということと関係があります。実際には、先に挙げた本にしても、たとえば文化人類学者のものなどはかなり極端な類型化があって、「日本人の行動は本当に恥だけで規定されているのか？」（『菊と刀』）とか、「人間関係をタテ、ヨコの区別で分類するのはあまりに概念的かつ単純な見方ではないか？」（『タ

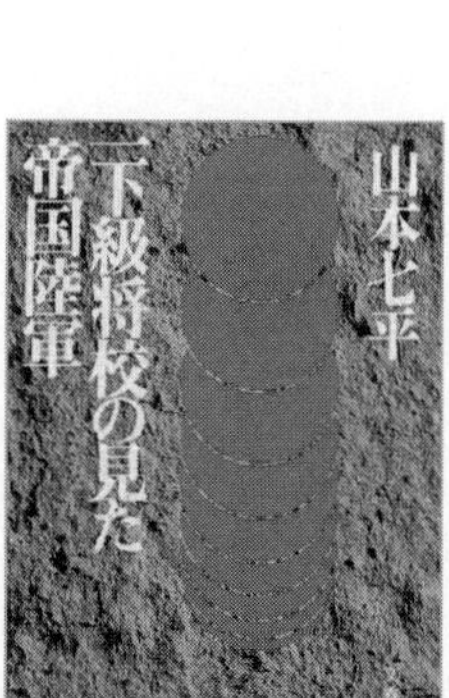

『一下級将校の見た帝国陸軍』山本七平著、文藝春秋

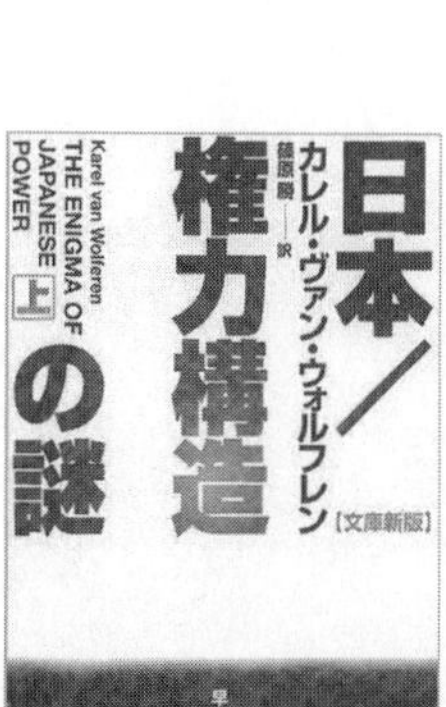

『日本／権力構造の謎』カレル・ヴァン・ウォルフレン著、篠原勝訳、早川書房

テ社会の人間関係』）とか、「権利に当たる言葉すらなかった日本における明治維新を市民革命（ブルジョワ革命）とのアナロジーでとらえることははたして適切なのか？」（『文明の生態史観』）とか、相当に根本的な疑問は立てられます。

しかし、彼らの分析は、基礎になる事実をかなり確実に押さえていますし、推論やその過程も客観的で、少なくとも、「相当の根拠のある一つの新しい見方」を提示していることには間違いがありません。だからこそ、新たな発想、新たな考え方の枠組みとして一定の正当性をもち、歴史に残ったのであり、これは、学問の強みといえるでしょう。

さて、唯一学者の分析ではない山本氏の本のうち『「空気」の研究』は、言いたい放題の書きたい放題、八方破れの論述で、いくらでも突っ込みは入れられます。差別的な記述、偏見を含んだ記述もかなりみられます。イザヤ・ベンダサン名義で出した『日本人とユダヤ人』〈角川文庫等〉については、専門家から、記述の内容がおかしいとの批判も行われました。しかし、山本氏の筆力とアクの強さはそうした批判をかなりの程度に押し返してしまう力をもっています。逆にいえば、こうしたテーマの本で影響力の強いものを書くためには、社会・人文科学的な方法を用いるのでない限り、特別な個性や筆

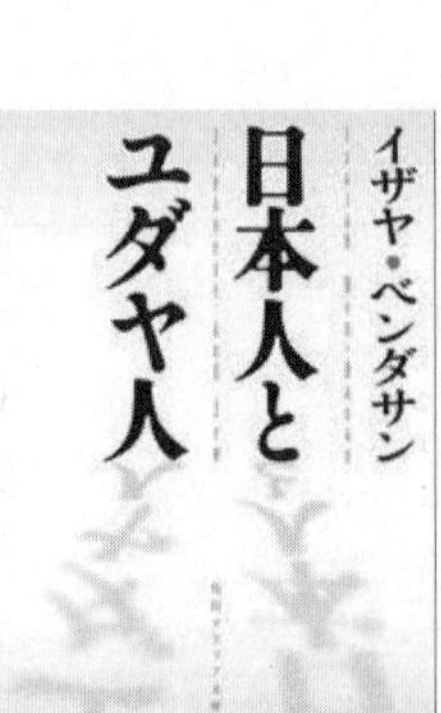

『日本人とユダヤ人』イザヤ・ベンダサン著、KADOKAWA

力が必要になるということです。

なお、山本氏の名誉のために付け加えておくと、山本氏も、後の著作になるほど学問的な方法に近付いており、ことに、『**一下級将校の見た帝国陸軍**』はその意味ですぐれていると思います。

新たな発想、思考方法を提示した社会・人文科学書、思想書

この項目では、新たな発想、また、思考の方法、枠組みを提示した社会・人文科学書から、アトランダムに選択して紹介しておきたいと思います。

マックス・ヴェーバーの『**プロテスタンティズムの倫理と資本主義の精神**』〈岩波文庫等〉は、ピューリタニズム、清教徒主義の禁欲的な宗教精神、経済倫理こそが実は近代資本主義発展の原動力となったことを説いたもので、社会的生活、社会現象の機能やメカニズムを説き明かす学問である社会学の古典です。見事な構造的分析といえるでしょう。

第2部でふれたカール・マンハイムの『**イデオロギーとユートピア**』〈未來

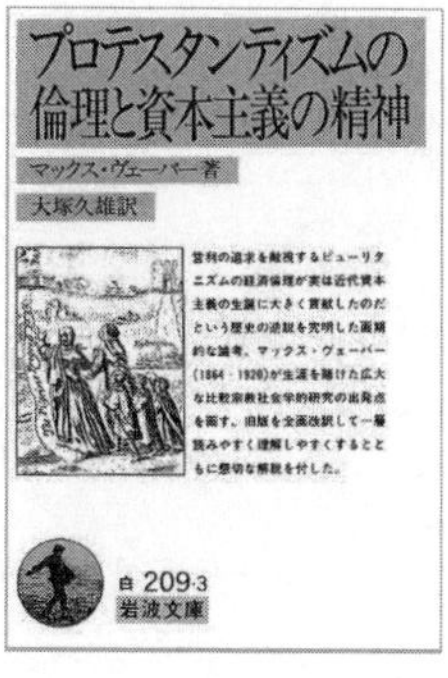

『プロテスタンティズムの倫理と資本主義の精神』マックス・ヴェーバー著、大塚久雄訳、岩波書店

『イデオロギーとユートピア』カール・マンハイム著、鈴木二郎訳、未來社

社等）も、社会学の古典です。彼は、人間の思想を歴史的、社会的枠組みの中で把握し、あらゆる思想はそれをになう者の存立基盤によって規定され、その意味で自己正当化のための「虚偽意識」（自己正当化という隠された目的を含むという意味での虚偽意識）という側面をもつことを認識しておかなければならないとして「知識、思想の存在被拘束性」を説きました。プラグマティズムの思想とも響き合う、射程の広い考え方だと思います。

フェルディナン・ド・ソシュールの『**一般言語学講義**』（岩波書店）は、言語学に新たな地平を開いた言語学者の講義録です。彼は、主として言語の歴史を研究していた従来の言語学とは異なり、その共時的側面、つまり、同一の時点における横のつながりを重視し、言語を、「差異の体系」としてとらえました。

そして、言語とそれが表す対象の結び付きは恣意的なものであり、また、言語はその音韻において分節され、言語の表す対象は言語によって分節されるとしました。「言語の表す対象は言語によって分節される」とは、同じ対象でも言語によって分節の仕方が違う、たとえば、北方の民族は雪についてその特徴によって切り分ける多数の言葉をもつが、南方ではそのような区別

『一般言語学講義』フェルディナン・ド・ソシュール著、小林英夫訳、岩波書店

はない、といったことを意味します。

彼の思想は、記号論の草分けとなったばかりでなく、現代思想の主要な潮流の一つである構造主義にも、基本的な考え方の枠組み、概念を提供しました。講義の不完全な再現のみによってこれだけの影響を残したソシュールは、まさに社会科学のパラダイムを転換した天才であったといえるでしょう。

先の書物の原典を探究した上で、ソシュールの思想は恣意的にゆがめられて伝えられたと主張した丸山圭三郎の**『ソシュールの思想』**〈岩波書店〉、**『ソシュールを読む』**〈講談社学術文庫等〉と併せて読むと、よりわかりやすいかもしれません。

以上は文字通りの古典です。その方法の新しさについてまとめておきましょう。

ヴェーバーの書物は、禁欲的な宗教精神が残酷にして強欲な初期資本主義を生んだという皮肉なパラドックスを明らかにしており、その意味でまるで文学のような面白さがあります。また、近代ヨーロッパの小説によく出てくる、敬虔《けいけん》なクリスチャンでありながら、同時に、金の亡者で、想像力を欠いた支配的、搾取的なブルジョワたち、そうした人々がなぜ生まれてきたのか

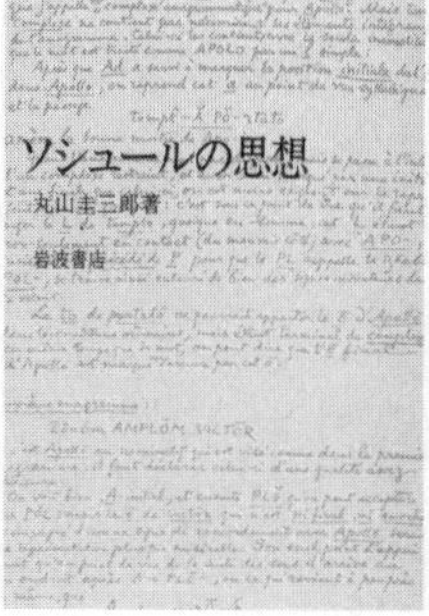

『ソシュールの思想』丸山圭三郎著、岩波書店

『ソシュールを読む』丸山圭三郎著、講談社

をも明らかにしています。

マンハイムの書物は、啓蒙主義者たちが無限の信頼を寄せた知識の体系やそれに基づく思想にも自己正当化という虚偽がひそみうる、それも容易にひそみうることを明らかにしましたが、今日では、思想や社会科学のみならず、自然科学者の研究や発言にもこうした虚偽意識が同様にみられることが明らかになり、科学における倫理の問題が強調されるようになってきています。そのことは本書でもすでに述べました。きわめて生産的な懐疑派の思想といえるでしょう。彼の思想の射程は、たとえば、社会科学における観察者バイアスの問題、すなわち、観察者が、自己が見出すことを期待する行動を意識しすぎるあまり、それ以外の行動に気付かない、あるいは否定してしまうといった問題にも及んでいると思います。

ソシュールは、それまでの社会・人文科学が、個物という「実体」にもっぱら注目していたのに対し、本当に重要であり本質的なのは、それらの「関係」であり、「差異」であり、差異の体系としての「構造」なのではないかという、あっと驚かされる卓抜な指摘を行いました。現代思想、現代的な認識の枠組みに与えたその影響には、計り知れないものがあります。

「社会・人文科学、思想」の項目の最初に、「社会・人文科学の分析には、あくまで仮説という意味合いが強いが、しかし、仮説であるからといってそれが機能しないわけではない。社会を動かしてゆく大きなモメント、動因を体系的、構造的に把握し、あるいはそれを適切に操作するための学問としての社会・人文科学には独自の存在意義がある」と記しましたが、これらの書物が、その記述の典型的な、またすぐれた例証であることが、おわかりいただけたと思います。

ほかにもいくつか印象に残っているものを挙げておきましょう。

まず、面白く読めるものの多い構造主義、ポスト構造主義（これらの言葉の定義はかなりあいまいで、感覚的な部分を含みますが）の書物から、僕が個人的に影響を受けたものを二つ拾っておきます。

一つは、「語られている内容よりも、語り方のスタイル、言葉の調子や話しぶりの一般的な選択（エクリチュール）においてこそ、言説《げんせつ》のイデオロギー性は明らかになる」と説いたロラン・バルトの**『零度のエクリチュール 新版』**〔みすず書房等〕です。

一見進歩的なことを言っている政治家や学者のエクリチュールが実は非常に権威主義的、権力的だということは日本ではよくありますが、確かに、彼

『零度のエクリチュール 新版』ロラン・バルト著、石川美子訳、みすず書房

らの本当の思想はその「語り方のスタイル」にこそ現れているわけで、着眼点が実に鮮やか、シャープです。

もう一つは、カフカの文学を、少数民族が大言語を逆手にとって行う一つの戦略（マイナー文学）としてとらえ、その開かれた新しい可能性を示唆したジル・ドゥルーズ／フェリックス・ガタリの**『カフカ――マイナー文学のために』**（法政大学出版局）です。彼らの著作の中ではあまり知られていないものですが、『アンチ・オイディプス』等で知られる彼らの思想の一つの適用例、サンプルとしても、カフカ論としてもすぐれており、物事をみる新しい「視点」を教えてくれる本だと思います。

なお、『アンチ・オイディプス』や『千のプラトー』（ともに河出文庫等。いずれも、副タイトルは「資本主義と分裂症」です）は、比喩に次ぐ比喩で語られた哲学であり、普通の意味で「わかる」、「正確に伝わる」ことをあえて拒否している本という印象がありますが、先のカフカ論は、それらよりはずっと理解しやすい（コミュニケーションが取りやすい）ものです。少なくとも、僕にとってはそうでした。

歴史学からは、大学にとどまらずに、独自の視点から、子ども、教育、死

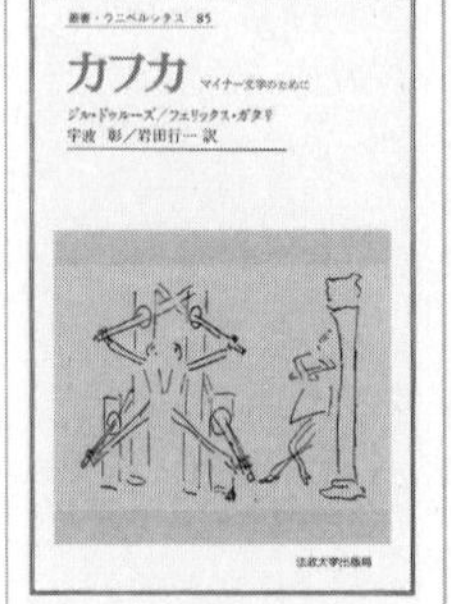

『カフカ――マイナー文学のために』ジル・ドゥルーズ／フェリックス・ガタリ著、宇波彰／岩田行一訳、法政大学出版局

など、従来の歴史学が取り落としてきたテーマに関する研究を続けたフランスの歴史学者フィリップ・アリエスの代表作**『〈子供〉の誕生――アンシァン・レジーム期の子供と家族生活』**（みすず書房）を挙げたいと思います。中世のヨーロッパには、子どもという概念も、教育という概念もなく、子どもは「小さな大人」にすぎなかったし、幼児に至っては人間並みの扱いを受けていなかったと主張し、大きなセンセーションを巻き起こした書物です。

かなりの誇張を含み、本当にそうだったのかなという疑問を抱く人も多いと思います（実は、僕も半分疑っています）が、僕たちがあたりまえのものとしている「近代」というシステムや概念が実は「歴史的な産物」にすぎないことをわからせてくれるという意味では、非常に興味深い本です。

宗教学からは、**『聖と俗――宗教的なるものの本質について』**（法政大学出版局）等で知られ、幻想文学の著作もある東欧出身の宗教学者ミルチア・エリアーデの**『オカルティズム・魔術・文化流行』**（未來社）を挙げたいと思います。一九六〇年代半ばから七〇年代半ばにかけて行った講義録に基づく論文等をまとめたものであり、彼の思想の入門書としても読めます。

エリアーデは、当時の文化的現象ないしは流行についても独自の視点から

『〈子供〉の誕生――アンシァン・レジーム期の子供と家族生活』フィリップ・アリエス著、杉山光信／杉山恵美子訳、みすず書房

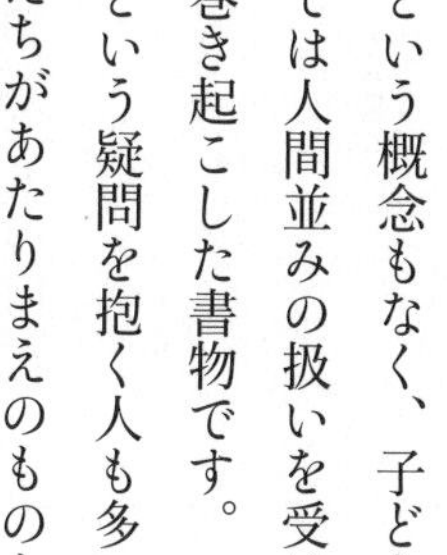

『オカルティズム・魔術・文化流行』ミルチア・エリアーデ著、楠正弘／池上良正訳、未來社

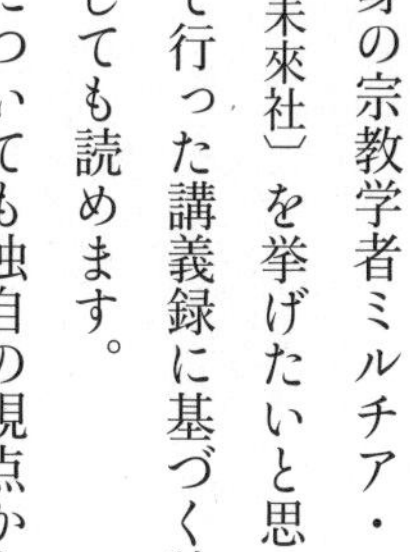

批評、分析し、そのころ盛んであった各種のカウンターカルチャー、対抗文化や思想の背後にも、宗教的な古層、絶対的なものへの憧れがあると説いています。アリエスとは逆に、現代の下層に「古いもの」の重なりをみているわけです。なお、第3章「4　漫画」の項目で取り上げる諸星大二郎は、エリアーデの影響を受けていると思われます。

最後に、これはノンジャンルですが、大著**『オリエンタリズム』**（平凡社ライブラリー）で欧米人の「東洋」、すなわち「非西洋世界」をみる眼がいかにゆがめられたものであるかを詳細に批判、分析したパレスチナ系アメリカ人英文学者、批評家エドワード・W・サイードの**『知識人とは何か』**（同）を挙げておきたいと思います。

サイードは、現代における知識人のあり方について、常に、「異邦人、亡命者、周辺的存在」としての立場から、システムとしての権力を批判し続けるべきであり、また、専門主義や専門分化を避けてアマチュアリズムに徹するべきであると主張します。プラグマティズムやマンハイムの思想とも通じ合う考え方であり、僕にとっては、どの頁を開いても自分の考えてきたことがずばりと書かれていると感じることのできる書物の一つです。

『オリエンタリズム』エドワード・W・サイード著、板垣雄三／杉田英明監修、今沢紀子訳、平凡社

『知識人とは何か』エドワード・W・サイード著、大橋洋一訳、平凡社

3

批評——定点としてとった視点からの対象の客観的理解・分析

「2　社会・人文科学、思想」の後半で挙げた書物の何冊かは、社会・人文科学、思想と批評の接点にあります。このように、本当の意味での批評は、学問、思想とボーダーレスのジャンルであり、芸術の趣味的な品定めではありません。

ここでは、芸術批評に限定して、各分野についていくつかの書物を紹介します。芸術批評は批評の基本であり、批評的、構造的に物事を把握する方法や技術を学ぶという意味できわめて有益なジャンルだからです。専門性の高いものは適切ではないと思うので、それらは避け、かつ、個々の芸術作品を鑑賞する際の参考になるという観点をも加味して、選んでゆきたいと思います。

芸術批評は批評の基本であり、
批評的、構造的に物事を把握する方法や
技術を学ぶという意味できわめて有益

文学については、まず、イギリスの作家E・M・フォースターの『**小説の諸相**』がすばらしい（邦訳はみすず書房等いくつかありますが、比較的多く出回っていたと思われるダヴィッド社のものは『新訳 小説とは何か』というタイトルになっています）。フォースターは批評家的インテリ作家といえますが、この本（講義録）では、小説の基本的要素をいくつかに分解し、それぞれについて、高踏的であってもわかりやすく、辛辣《しんらつ》であっても品位は失わずに、質の高い実証的、機能的考察を行っています。

その考察は、対象とする「小説の諸要素」に従って視点をさまざまにずらしながらも、常に、小説の本質を見据えた一つのパースペクティヴ（フォースターの小説観）に貫かれ、読者とのコミュニケーションを大切にしていて、楽しく読めるし、強い説得力があります。小説を読む上で参考になる視点を提供してくれることはもちろんですが、それにとどまらず、実際に創作を行ってみたいと思う人、また、創作ではなくとも喚起力のある文章や書物を書きたいと思う人も、一度読んでおくと、必ず参考になる部分があると思います。

日本のインテリ作家を代表する存在、伊藤整の『**小説の方法**』、『**小説の認

『小説の諸相』E・M・フォースター著、中野康司訳、みすず書房

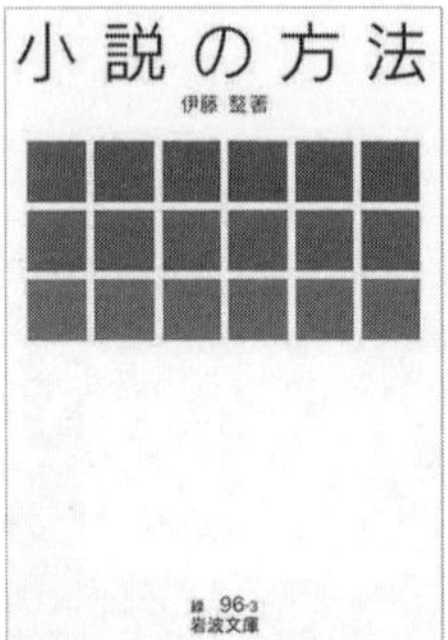

『小説の方法』伊藤整著、岩波書店

識』〈ともに岩波文庫等〉も名著です。ヨーロッパの小説との対比において日本近代文学の特異性を語ったもので、前者に付録として付いている「逃亡奴隷と仮面紳士」、後者の一番長い章「近代日本人の発想の諸形式」は、独立した文章としても有名です。伊藤整の小説はやや古くなりましたが、批評のほうは今後も読み継がれてゆくのではないかと思います。

左派の英文学者、批評家テリー・イーグルトンの『**文学とは何か――現代批評理論への招待**』〈岩波文庫等〉はマルクス主義批評の立場から現代批評理論のさまざまな潮流を批判的に分析したものです。イーグルトンの立論は、全体にやや公式主義的なきらいがありますが、この本は興味深く読めます。筒井康隆が『文学部唯野教授』〈岩波現代文庫等〉を書くに当たって、この本の記述を参考にしたといわれています。

日本の現代作家によるものも、批評というよりも実作の方法という側面に傾いたものですが、二つ挙げておきましょう。

今名前を挙げた筒井康隆の『**創作の極意と掟**』〈講談社〉は、著者の純文学作家としての技術の総決算、著者自身が「作家としての遺言」であるといっ

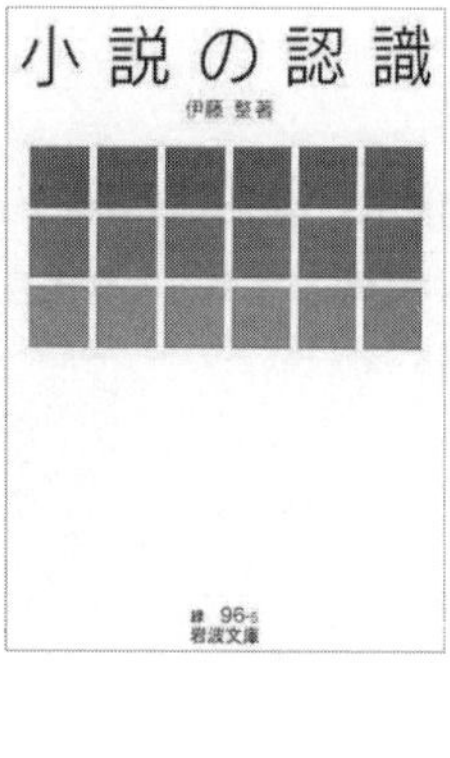

『小説の認識』伊藤整著、岩波書店

『文学とは何か――現代批評理論への招待』テリー・イーグルトン著、大橋洋一訳、岩波書店

ています。内容は、本書では取り上げていない海外の小説論・批評や現代の純文学を踏まえたもので、そこに実作者としての著者の考え方のエッセンスを付け加えています。したがって、イーグルトンの本くらいは先に読んでおいたほうがいいかもしれません。僕にはほとんどが既知の事柄でしたが、先の「エッセンス」の部分はなかなか面白く読めました。

大沢在昌《ありまさ》**『小説講座　売れる作家の全技術──デビューだけで満足してはいけない』**（KADOKAWA）は、いささか身も蓋《ふた》もないタイトルですが、僕にとっては未知の分野であるエンタテインメント小説の書き方、ことにその「構造」を、著者なりのイメージと方法で突き詰め、詳細に分析しており、興味深いものでした。「こりゃあリベラルアーツだよ」と思ったのは、職人的なくさみがあまりなく（全くないわけではないです）、非常にクールで醒《さ》めた、知的な分析が行われている点です。ビジネスパーソンがプレゼンテーション用の書面を書く場合にも、参考になる部分があるかもしれません。

内容からすると、前者のタイトルを『実験作家転向者の遺言』、後者のそれを『わがエンタメの極意と掟』とするほうが、中身によりぴったり一致するのではないかと思いました。

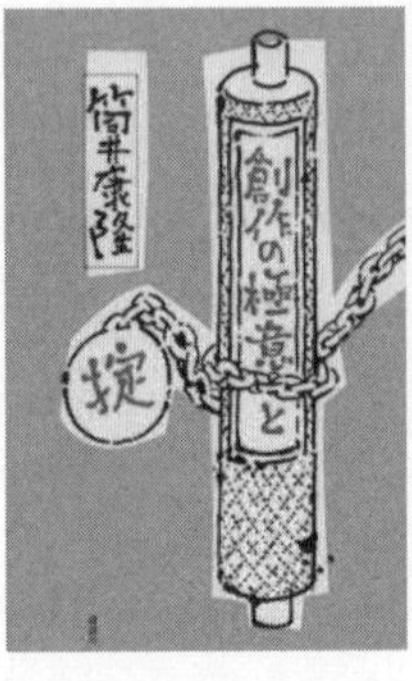

『創作の極意と掟』筒井康隆著、講談社

『小説講座　売れる作家の全技術　──デビューだけで満足してはいけない』大沢在昌著、KADOKAWA

映画については、鶴見俊輔の弟子といってもよい位置にある佐藤忠男のものが、全体としてすぐれています。**『完本 小津安二郎の芸術』**〈朝日文庫等〉等の日本の映画監督についてのまとまった分析もいいのですが、この人の批評で最も鋭いのは、実は、個々の作品評、作品分析ではないかと思います。プラグマティズム批評のお手本のようなもので、日本の芸術批評によくある紋切り型の分析の対極にあり、映画を見た後でこの人の批評を読むと、必ず何らかの新しい見方、常識にとらわれない見方を示唆されます。

それらの個別批評は、たとえば、**『現代日本映画』**、**『現代世界映画』**、**『現代アメリカ映画』**〈いずれも評論社〉、**『日本映画』**、**『ヨーロッパ映画』**、**『アメリカ映画』**、**『アジア映画』**〈いずれも第三文明社〉、**『日本映画の巨匠たち』**〈学陽書房 全三冊〉等にまとめられています。最初のシリーズは初期の著作で大半が作品評、あとの二つのシリーズは比較的新しいもので、作品評をつないだ監督論の形をとっています。

ただ、近年は、日本映画学校校長、日本映画大学学長を歴任するなど、すっかりえらくなってしまって、日本映画の擁護者的な立場から、つまり、システムの側からものをいうようになってしまったのが、ちょっと残念です。ライターは、システムの側に入ってしまうと、どうしても書くものが弱くなる

『現代日本映画』佐藤忠男著、評論社

『小津安二郎の美学――映画のなかの日本』ドナルド・リチー著、山本喜久男訳、社会思想社

と思います。
なお、日本の映画監督の作品研究としては、映画批評家で日本映画の海外への紹介者でもあったドナルド・リチーの**『小津安二郎の美学——映画のなかの日本』**、**『増補 黒澤明の映画』**〔ともに現代教養文庫等〕もすぐれたものでした。

ロック音楽については、グリール・マーカスのロック音楽論**『ミステリー・トレイン——ロック音楽にみるアメリカ像』**〔第三文明社等〕が一時代を画した名著で、二つの出版社から翻訳が出ていたのですが、今では原書以外入手困難のようです。ロックという音楽の本質を語った批評としても、それを通してみたアメリカ文化論としてもすぐれたものなので、ぜひ復刊を望みたいところです。なお、僕は、マーカスの批評については、翻訳が出たものは全部読んでおり、一時はかなり影響を受けました。

『サウンドの力——若者・余暇・ロックの政治学』〔サイモン・フリス、晶文社〕は、社会学者、批評家によるロック音楽の構造的・社会的・政治的分析です。ロック研究家だけあって、学者っぽいくさみがなく、また、いずれかといえば左派の視点に立ちながらも、柔軟な論理をわかりやすく展開しています。

『ミステリー・トレイン——ロック音楽にみるアメリカ像』グリール・マーカス著、三井徹訳、第三文明社

『サウンドの力——若者・余暇・ロックの政治学』サイモン・フリス著、細川周平／竹田賢一訳、晶文社

クラシック音楽については、ドイツの作家ヴォルフガング・ヒルデスハイマーが従来のアポロン（太陽神）的で明朗なモーツァルトのイメージを完全にひっくり返して戯曲および映画『アマデウス』のディオニュソス（酒神）的、哄笑的モーツァルト像の下地を作った『**モーツァルトは誰だったのか**』（白水社）が、圧倒的な面白さです。なお、これの完全版ともいうべき後の著作が『**モーツァルト**』（白水社）で、熱心なクラシックファンにはこちらもお薦めできます。

また、伝説的名指揮者ヴィルヘルム・フルトヴェングラーの文章を集めた『**フルトヴェングラー　音と言葉（新装版）**』（白水社等）、彼の談話をまとめた『**音楽を語る**』（河出文庫）も、クラシック音楽解釈に関する深い洞察を示しています。

『**モーツァルトは誰だったのか**』ヴォルフガング・ヒルデスハイマー著、丸山匠訳、白水社

『**フルトヴェングラー　音と言葉（新装版）**』ヴィルヘルム・フルトヴェングラー著、芦津丈夫訳、白水社

4

ノンフィクション——世界、人間の多様性と共通性

ここでは、ノンフィクションを書物のジャンルとしてのノンフィクションよりは広く、社会・人文科学、思想、批評と芸術の領域の間に位置する領域としてとらえます。事実、データを記しかつそれに関する分析を行っている書物ということであり、その分析が批評的、構造的にすぐれているほどリベラルアーツとしての価値、学ぶ価値や利用価値が高いというのが僕の考えです。

アメリカのさまざまな側面を明らかにする各種の探究

ノンフィクションについては、その方法が最もよく機能していると思われ

ノンフィクションは、事実、データを記しかつ
それに関する分析を行っている書物であり、
その分析が批評的、構造的にすぐれているほど
リベラルアーツとしての価値、学ぶ価値や利用価値が高い

る二つのジャンルから拾ってみたいと思います。

一つは「アメリカ」です。「アメリカ」のほかの国家との大きな違いは、その多様性でしょう。さまざまな領域において、しばしば、相反《あいはん》する二つのアメリカ像があり、しかも、そのいずれもが誤っているとはいいにくい。そういう国は、僕が知っている限りではほかにあまりないという気がします。契約により成り立った人工的な国家であり、国としての力が強大で、しかも途方もなく広い。そうしたアメリカを「知る」には、いわゆる厳密な学問的分析だけでは到底不十分です。

学問的、専門家的アプローチは、アメリカのある特定の限られた側面、それもしばしば非常に限られた側面しか扱えないし、また、これはある国のあり方について書く場合には常にいえることですが、国といった、大きくかつあいまいな対象について論じる場合には、顕微鏡で覗くような学問の方法では、対象の正確なイメージがなかなかとらえられないのです。多数の人がゴジラやマンモスのわずかな一部ずつを詳細に検討して作成した報告書を合わせても、それらの正確なイメージが形成されるかは疑問であり、それと同じことがいえると思います。

これは、社会・人文科学におけるいわゆる「厳密な専門家的アプローチ」で起こりやすい問題です。ここで取り上げる本には学者によって書かれたものもありますが、それらも、そうした狭いアプローチ、研究室的なアプローチは取っていません。

ことに、アメリカのように多様性の大きい国家については、ノンフィクションによって写し取られたさまざまなイメージや考察を重ねてゆくほうが、より正確な理解を得やすいと思います。

なお、アメリカと日本の関係については、戦後の長い歴史がありますが、日本が、目にみえにくい形でアメリカに実質的に従属してきた、させられてきたことは、残念ながら客観的な事実だと思います。一方、そのようなアメリカは要するにアメリカの支配層なのであり、アメリカには、草の根民主主義というもう一つの顔があって、それは、支配層のアメリカに対して常に批判的であることも、押さえておく必要があります。

こうした二重性もアメリカの特徴であり、僕自身、精神形成についていえば、半ばは欧米、四分の一はアメリカで育ったようなものだったと思います（これは、まさにリベラルアーツ的な側面のことです。英語のほうはたいしたことはありません）し、アメリカの大学で一年間研究にも携わりましたが、なお、アメリカが十分に理解できたとまではいえません。機会があれば、もう一度長期間アメリカに滞在し、その多様な側面についてさらに掘り下げて知りたい、考えてみたいと思っています。

以上のような観点から、最初に、いわゆるノンフィクションの枠ははみ出しますが、学者の書物を何冊か取り上げたいと思います。

『帝国以後――アメリカ・システムの崩壊』〔エマニュエル・トッド、藤原書店〕は、人類学的な手法を用いて、日米関係を含めた現代世界の鳥瞰図を提供し、アメリカの覇権《はけん》の崩壊を予見しています。才気煥発の発想が満載の、非常に面白い本です。正直にいって、僕は、彼の主著と目される『世界の多様性――家族構造と近代性』〔藤原書店〕よりもずっと面白いと思いました。なお、トッドは、学生運動時代によく読まれていた作家ポール・ニザンの孫です。

日本を含めたアジア諸国についての戦後アメリカの政策を緻密に分析批判した政治学者の書物**『アメリカ帝国への報復』**〔チャルマーズ・ジョンソン、集英社〕、クリントン政権の顧問であったノーベル賞経済学者によるグローバリズム批判**『世界を不幸にしたグローバリズムの正体』**〔ジョセフ・E・スティ

『帝国以後――アメリカ・システムの崩壊』エマニュエル・トッド著、石崎晴己訳、藤原書店

『アメリカ帝国への報復』チャルマーズ・ジョンソン著、鈴木主税訳、集英社

グリッツ、徳間書店〉は、いずれも、アメリカ人自身、アメリカの良識派による客観的批判で、彼らの著作の中心になるものではないかと思います。

言語学者でアメリカの対外政策に対する最も痛烈な批判者であるノーム・チョムスキーについては、**『メディア・コントロール――正義なき民主主義と国際社会』**〈集英社新書〉が重要であり、また、読みやすいでしょう。

このように、アメリカには、非常に痛烈に自国のあり方、そのダークサイドを指摘、批判する知識人の伝統も、昔からあるのです。

なお、日本論、日本人論のところで取り上げた前記カレル・ヴァン・ウォルフレンも、日米関係やグローバリズムに関してよい本をいくつか書いています。

次に、本来のノンフィクションの領域に移ります。

まず、広い意味での日米関係について論じた本を挙げます。

『容赦なき戦争――太平洋戦争における人種差別』〈ジョン・W・ダワー、平凡社ライブラリー〉は、太平洋戦争の心理的基盤となった米日双方の人種差別観を仮借《かしゃく》なくえぐっています。人々の潜在意識にある差別観の醜さとその無意識的な影響力の大きさを痛感させられます。

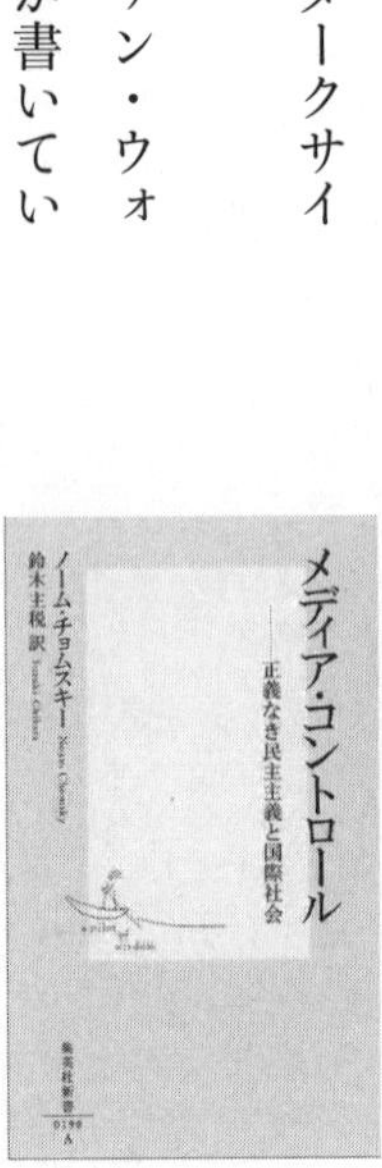

『メディア・コントロール――正義なき民主主義と国際社会』ノーム・チョムスキー著、鈴木主税訳、集英社

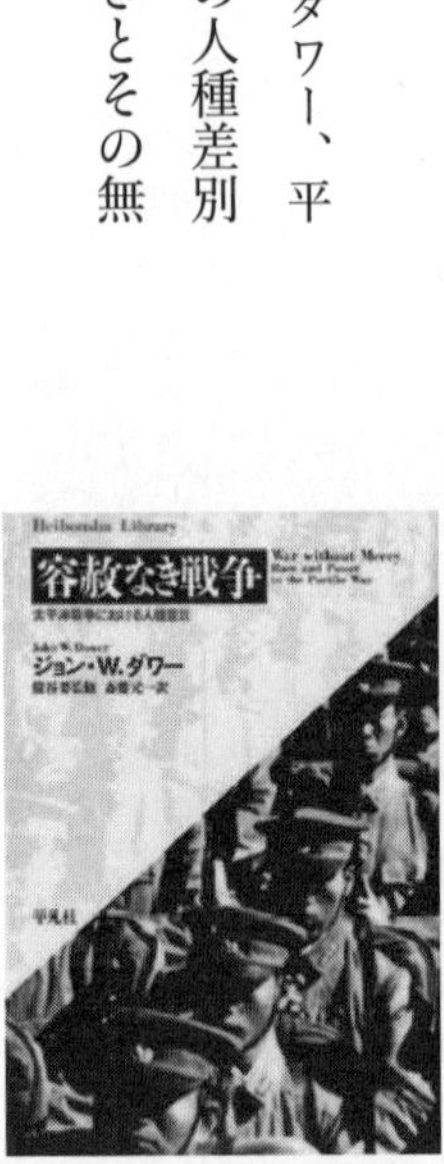

『容赦なき戦争――太平洋戦争における人種差別』ジョン・W・ダワー著、猿谷要監修、斎藤元一訳、平凡社

『黙殺――ポツダム宣言の真実と日本の運命』〈仲晃《あきら》、ＮＨＫブックス〉は、ポツダム宣言と原爆投下にまつわる真実を調べ上げた労作です。当時の世界、ことにアメリカの日本に対する激しい偏見と差別意識、そして政治の非情さが伝わってきます。

『日米同盟半世紀――安保と密約』〈外岡秀俊／本田優／三浦俊章、朝日新聞社〉は、機密指定を解かれた米公文書を軸にして日米安保条約の歴史を追いつつ、日本の政治家が、国際情勢に関する明確な展望を欠いていたために、本来であればする必要のない妥協を重ねてきた事実を明らかにしています。

アメリカ（その支配層）による戦後の日本支配は、連合国軍による占領時代が終わった後にも、きわめてみえにくい、洗練された形で継続してきていると思います。しかし、今日では、平均的なアメリカ人のみならず、日本の若者さえ、このことをあまり認識していない面があります。これらの書物は、そのような日米関係とその背景を、先に挙げた学者の書物よりもさらに直接的に明らかにしています。

以下は、アメリカ社会の影の部分をえぐった書物です。

アメリカの左派ジャーナリストによるアメリカ批判、アメリカニズム批判

『黙殺――ポツダム宣言の真実と日本の運命』仲晃著、ＮＨＫ出版

『日米同盟半世紀――安保と密約』外岡秀俊／本田優／三浦俊章著、朝日新聞社

としては、**『金で買えるアメリカ民主主義』**〈グレッグ・パラスト、角川文庫等〉が最も痛烈、辛辣《しんらつ》な一冊で、アメリカのダークサイドを鳥瞰的に描いています。二〇〇〇年のブッシュ大統領選出の際のフロリダ州における選挙の不正〈この不正によりブッシュは大統領選に勝ったといわれる〉を最初にスクープしたのはこの人であるといわれており、書物の冒頭はその記述にあてられています。

日本のジャーナリスト堤未果の本では、**『ルポ 貧困大国アメリカ』**〈岩波新書〉に始まる三部作のほか、**『アメリカから〈自由〉が消える』**〈扶桑社新書〉も、目にみえない社会的統制が広がってゆく様をリアルに映し出していて、日本社会の今後に対する警鐘ともなっていると思います。

『大統領たちが恐れた男――FBI長官フーヴァーの秘密の生涯』〈アンソニー・サマーズ、新潮文庫〉は、FBI長官が盗聴により得た個人情報で政界を恫喝《どうかつ》しあやつり続けた事実を克明に暴露、分析した書物ですが、アメリカ政治の影、闇の部分についても非常にリアルに理解できます。こうした事柄についても、日本も、他人事ではなくなってきていると思います。

『FBIフーバー長官の呪い』〈マルク・デュガン、文春文庫〉は、フランス人作家が同じ内容を扱ったもの。もはやノンフィクションというよりフィクショ

『金で買えるアメリカ民主主義』グレッグ・パラスト著、貝塚泉／永峯涼訳、KADOKAWA

『FBIフーバー長官の呪い』マルク・デュガン著、中平信也訳、文藝春秋

ンですが、痛烈な皮肉でアメリカ人とアメリカ社会を散々コケにしています。実に苦い面白さをもった、知的なエンタテインメントです。

経済関連からも二冊挙げておきましょう。

『ウォルマート――世界最強流通業の光と影』〔ボブ・オルテガ、日経BP社〕は、小規模自営業者を根絶やしにし、地域社会を荒廃させるアメリカンビジネスのあり方を活写したもので、やはり、これからの日本社会とそこにおけるビジネスのあり方に対する警鐘ともなっていると思います。

『超・格差社会アメリカの真実』〔小林由美、文春文庫等〕は、アメリカ在住の経済アナリストが、アメリカの夢の裏側を克明に分析し、実際にはアメリカは超格差社会であってその構造も基本的には固定していることを明らかにしたものです。著者はアメリカで成功したという意味ではそのシステムを肯定している人間でもあり、そのような人物によって書かれた批判であるために、より説得力が増しています。

最後に、司法関連のものとしては、取り扱っている時代はやや古くなりますが、リベラル全盛期から中道路線に転換した時代のアメリカ最高裁を取り

『ウォルマート――世界最強流通業の光と影』ボブ・オルテガ著、長谷川真実訳、日経BP社

『超・格差社会アメリカの真実』小林由美著、文藝春秋

上げた克明なドキュメント『ブレザレン――アメリカ最高裁の男たち』〈ボブ・ウッドワード／スコット・アームストロング、TBSブリタニカ〉が、内容も文章も抜きん出ています。アメリカにおける最高裁判所の存在感は、日本のそれとは比べものにならないほど大きく、アメリカの進む方向に対して多大な影響を与える組織ですが、そのことが実感として理解できる本です。

なお、ウッドワードは、ニクソン大統領を失脚させたウォーターゲート事件報道の顚末《てんまつ》をつづった『大統領の陰謀――ニクソンを追いつめた300日』〈ボブ・ウッドワード／カール・バーンスタイン、文春文庫等〉の共著者でもあります。

戦中、戦後の時代を映した自伝、伝記、評伝

ノンフィクションの二つ目のジャンルとして、自伝、伝記、評伝も、他人の生き方からその方法や発想を学ぶという意味で、リベラルアーツの重要な一領域といえます。

ことに、本書がとっている経験主義の立場からは、ある特定の人間の生き方やあり方はどのようなものであり、そこから、積極的な意味でも、消極的

『ブレザレン――アメリカ最高裁の男たち』ボブ・ウッドワード／スコット・アームストロング著、中村保男訳、TBSブリタニカ

『大統領の陰謀――ニクソンを追いつめた300日』ボブ・ウッドワード／カール・バーンスタイン著、常盤新平訳、文藝春秋

な意味でも（つまり、反面教師としても）僕たちが学ぶことができるものを汲み取るという意味、そのようなケーススタディーという意味で、自伝、伝記、評伝は、非常に重要です。

また、ここでも、批評的、構造的に書かれているものほどリベラルアーツとしての価値が高いといえます。平板に事実を記しただけのもの、ほめるだけのサクセスストーリー、最初から読者に特定の「感動」を与えることを意図して書かれたものには、そのような価値はありません。

なお、こうした違いは、どの分野の書物や作品に接する場合でも、押さえておくとよいと思います。大体において、自己満足的なもの、読者や鑑賞者に自己満足を与えることを意図している（読者や鑑賞者に媚《こ》びる）もの、型通りのエンタテインメントだけを目的としているものには、リベラルアーツとしての価値はほとんどありません。

以上のような意味では、自伝でも伝記でも、「評伝」的な要素が強いもの、つまり、その人の生き方に対する批評的な視点が入っているものは、リベラルアーツとしての価値が高いといえるでしょう。そうした評伝を多数読んでゆくと、その積み重なりの中から、人間、またその生きた時代がありありと浮かび上がってくるはずです。

ここでは、僕たち現代日本人のあり方、生き方についても側面から大きな示唆を与えるものとして、戦中、戦後の時代をとらえたすぐれた作品を、海外のものを中心に、選んでおきたいと思います。

まず、時代の流れに抗して生きた人たちの自伝、伝記を取り上げます。

ナチスドイツの強制収容所については、数多くのすぐれた記録が残されていますが、それらの中で僕にとって最も印象が強かったのは、アウシュヴィッツ強制収容所から生還したイタリアのユダヤ人で、化学者、作家であるプリーモ・レーヴィによる一連の作品、**『アウシュヴィッツは終わらない――あるイタリア人生存者の考察』**〈朝日選書〉、**『休戦』**〈岩波文庫〉、**『溺《おぼ》れるものと救われるもの』**〈朝日選書等〉です。順に、収容所時代の体験、そこから解放されて日常の世界に戻ってゆくまでの体験、晩年に行った回想とそれに基づく考察を内容としており、一つ目のものには解放の明るさが背景にありますが、まとめとしての最後の本は、苦渋と絶望が最も色濃く出ています。

彼を苦しめたのは、収容所の権力機構の中にも「灰色の領域」があり、収容者の間にも権力側に協力する人々がいたこと、彼自身もまたそうした階層

『アウシュヴィッツは終わらない――あるイタリア人生存者の考察』プリーモ・レーヴィ著、竹山博英訳、朝日新聞社

『休戦』プリーモ・レーヴィ著、竹山博英訳、岩波書店

構造の中にいやおうなく組み込まれていたことでした。これは、程度の差はあれ普遍的な事柄であり、僕自身、日本の裁判所という「権力機構」の中で長い間生きたので、彼のメッセージは、痛切に理解できます。僕が、『ニッポンの裁判』の中に彼の言葉を引いたのは、そうした理由があってのことです。

『アンネの日記 増補新訂版』〈アンネ・フランク、文春文庫等〉は、歴史的な日記の完全版で、非凡な少女の内面が赤裸々につづられています。完全版には、少女のエゴ、憎しみや葛藤、性への関心などを示す、かつての版では彼女の父親によって削除されていた記述が復活されているのです。

この日記が失われずに残ったのは偶然の結果ですが、しかし、それはまたひとつの必然にもよると思います。アンネの一家連行の後に床に散乱していた日記を拾い集め保存していた女性ミープ・ヒースは、「もしも自分がその中身を読んでいたら、そのあまりの危険性〈日記がナチスに発見された場合、そこに記された情報から多数のユダヤ人支援者に害が及ぶ〉ゆえに廃棄せざるをえなかっただろう」と語っています。しかし、ヒースがそれをあえて読まなかったことについては、おそらく一つの必然の力が働いているのではないか

『アンネの日記 増補新訂版』アンネ・フランク著、深町眞理子訳、文藝春秋

『ショスタコーヴィチの証言』S・ヴォルコフ編、水野忠夫訳、中央公論新社

と思います。この日記は、やはり、後世に残るべくして残ったのです。

『ショスタコーヴィチの証言』〈S・ヴォルコフ編、中公文庫等〉は、二〇世紀を代表する作曲家の一人ショスタコーヴィチによる、旧ソ連のスターリン時代についての証言です。体制との確執と妥協に関する自由主義的芸術家の苦渋に満ちた告白、その苦く深みのあるニュアンス豊かな語り口は、彼の音楽の与える複雑な印象に非常に近く、芸術は「人」であることを実感させられます。この書物に描かれたスターリン時代のソ連の雰囲気も、支配、統制が厳しさを増した二〇〇〇年代以降の日本の裁判所の雰囲気に通じるところがあるように思われます。

『眠れない時代』〈リリアン・ヘルマン、ちくま文庫等〉は、戦後のアメリカで反共ヒステリーから起こったレッドパージ、赤狩り〈実際には多数の自由主義者、リベラルまでがターゲットにされました〉の時代についての、マッカーシズム被害当事者の一人であった女性劇作家による証言です。短い書物ですが、屈辱と疎外の時代を生き抜いた自由主義知識人の体験の重みがひしひしと感じられます。

『眠れない時代』リリアン・ヘルマン著、小池美佐子訳、筑摩書房

『絶望の精神史』金子光晴著、講談社

『絶望の精神史』〈講談社文芸文庫等〉は異色、孤高の詩人であった金子光晴が、明治百年を控えた時期に、「絶望する日本人」の視点から、日本という国の明治以降の、閉ざされた、欧米コンプレックスと日本の独自性についての屈折した優越意識がないまぜになった精神的風土について語ったものです。

僕が最もよく読んだ戦前の詩人といえば中原中也《ちゅうや》と金子光晴ですが、金子については、少年時代に一時傾倒して、『定本　金子光晴全詩集』〈筑摩書房〉まで買ったことを覚えています。これは、当時僕が買った最も高価な本でした。

ほかにも、近年読んで、あるいは読み返して印象に残っているものの中から、いくつかアトランダムに選んでみたいと思います。

『冷血』〈トルーマン・カポーティ、新潮文庫〉は、アメリカの才気ある作家カポーティが、ある一家殺人事件の加害者たちの性格と行動を克明に調査してつづった作品で、ノンフィクション・ノヴェルという新しい領域を開きました。その後のノンフィクション全般にも大きな影響を与えています。伝記の

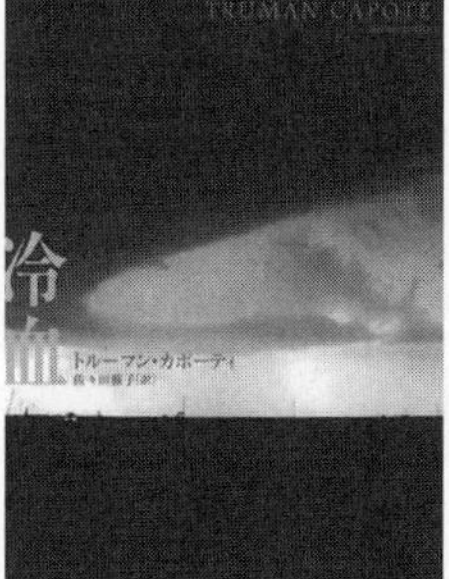

『冷血』トルーマン・カポーティ著、佐々田雅子訳、新潮社

『カポーティ』ベネット・ミラー監督、2005

範囲からはやや外れますが、方法がすぐれているので、関連して挙げておきます。

『カポーティ』〈ベネット・ミラー監督〉は、カポーティがこの作品を書いてゆく過程、著者であるカポーティが書物の対象である加害者たちに避けようもなく影響されてゆく過程を映画化したもの。この映画もよくできているので、こちらを先に見る手もあります。

『心臓を貫かれて』〈マイケル・ギルモア、文春文庫等〉は、殺人者を兄にもつロック批評家の内面的自伝です。いたましい内容と記述ですが、村上春樹の訳もよく、深みと翳《かげ》りのある魅力的な書物となっています。この自伝は、著者が自分自身のアイデンティティーを極限まで掘り下げた書物という意味で、最良の評伝的自伝の一つといえると思います。

『くたばれ！　ハリウッド』〈ロバート・エヴァンズ、文春文庫〉は、『ゴッドファーザー』〈フランシス・フォード・コッポラ監督〉等を手がけた辣腕《らつわん》プロデューサーによるハリウッドの内幕暴露です。自分自身のあり方をじっと見据える醒《さ》めた客観性があるため、ただの暴露ではなく、高度の読み物になっ

『心臓を貫かれて』マイケル・ギルモア著、村上春樹訳、文藝春秋

『くたばれ！　ハリウッド』ロバート・エヴァンズ著、柴田京子訳、文藝春秋

ています。なお、原題は、「ザ・キッド・ステイズ・イン・ザ・ピクチャー」で、そのまま訳すれば、「俺は映画からおりねえぜ！」といったところでしょうか。

最後に、**『ベトナムの少女――世界で最も有名な戦争写真が導いた運命』**（デニス・チョン、文春文庫）は、ベトナム戦争の残酷を世界に知らしめた一枚の写真（ナパーム弾を浴びて衣服が燃えてしまったために裸で逃げまどう少女の写真）の被写体となった少女の、カナダへの亡命に至るまでの数奇な運命、半生を追ったすぐれたドキュメントで、彼女を巻き込んでゆく政治の世界の非情さが強い印象を残します。

以上の自伝、伝記、評伝の共通のテーマは、与えられた状況の中でその流れに抗して生きるとはどういうことであり、そこにはどのような意味と価値があるのか、という問いかけであると思います。これらの書物には、大勢《たいせい》順応の生き方とは全く異なった個としての生き方の尊厳が、深く、鋭く、刻み込まれています。その意味で、これらの書物は、戦中戦後の、また現代の日本人の生き方について直接的な示唆を与え、それを間接的に批判するものと

『ベトナムの少女――世界で最も有名な戦争写真が導いた運命』デニス・チョン著、押田由起訳、文藝春秋

もなっていると思います。

なお、戦中戦後の日本人の生き方、その抵抗や転向の記録については、「1哲学」の項目でふれた鶴見俊輔の著作の中から、多くのものを拾うことができます。まとまった書物ではなく、個々の章や文章で取り上げられている場合が多いのですが、最初の選集の中の**『鶴見俊輔集5 現代日本思想史』**に収められた二冊の書物がその典型的な例になると思います。

5

まとめ

第2章では、哲学をはじめとする社会・人文科学から思想、批評、ノンフィクションにまで至る非常に広い分野を、ボーダーレスかつ鳥瞰的に取り上げました。

うち哲学については、方法論として応用範囲の広いプラグマティズムを主に論じました。なお、僕の研究やこの本の記述も、基本的にはプラグマティズムの方法論によっています。

第2章で取り上げた領域はきわめて広く、個々の書物の内容やその価値観、世界観も千差万別なので、そこからまとまった一つの見解をくり出すことはできませんが、社会・人文科学の領域でも、学者たちの狭いテリトリーを超えた書物、その意味で思想、批評やノンフィクションの領域ともつながってゆく本が、古典としても残るし、そこから発想や方法を学ぶという意味でも重要であることを、理解していただけたのではないかと思います。

また、ノンフィクションについても、単なる事実の報告にとどまらず、「世界をとらえる一つの視点、見方」を示したものからは得られるものがより大きいことが、おわかりになったのではないでしょうか。

これらの幅広い分野の書物を横断的なつながりの中で読んでゆくことを通じて、「批評的・構造的なものの見方、物事のとらえ方」を養っていただければと思います。

第3章
芸術——物事や美に関する深い洞察力を身につける

対話と学びの姿勢で横断的に接する

この項目では、芸術全般、すなわち、文学、映画、音楽、漫画、そして、広い意味での美術を取り上げます。

芸術についても、ボーダーレス、ジャンルレスの発想で個々の作品を楽しむとともに、「対話と学びの姿勢」で接してゆくことが大切です。その時楽しめればそれでよいという「消費の発想」では、個々の作品は、受け手に心を開いてはくれません。友人関係を消費の発想で考える人はいないと思いますが、芸術は人の創作物であり、作者の思考や感情の精髄が結晶したものなのですから、人間に接するのと同じような注意深い姿勢で接することが大切であり、必要でもあります。

また、個々の作者の位置付け、そして、その作品歴中での個々の作品の位置付けを考えるのが有用なことも、第2章までの場合と同様です。

芸術に関してよくみられる受容の仕方は、ある特定のジャンルだけマニアックに追求するというもので、凝り性の日本人やイギリス人にはこの傾向が強

芸術は人の創作物であり、作者の思考や感情の精髄が結晶したものだから、人間に接するのと同じような注意深い姿勢で接することが大切であり、必要でもある

い。しかし、特定の狭いジャンルだけ追っていると、全体がみえなくなり、趣味的な収集の方向に走りがちです。

こうしたやり方にも、骨董品《こっとうひん》を集めるのと同じような独特の楽しみはあるのですが、「リベラルアーツとしての芸術から学ぶ」という観点からは、視野を広く取って横断的に受容してゆくほうがベターです。ジャンルを相互に比較し、その類似点と異なる点とに注目することによって新たな発見をすることも多く、方法や発想を学ぶにはこれが非常に有益です。

芸術の、リベラルアーツとしての深さ、強度、広がり

芸術は、個々の作者や作品の個性が強いので、第2章の領域で取り上げた書物以上に千差万別です。

しかし、それらに共通する芸術のリベラルアーツとしての強みというものはあって、それは、その深さと強度、そして広がりだと思います。

深さと強度というのは、与える情報や感覚、また、それがもたらす印象が深い、強いということです。鮮烈なヴィジョンをもっているといってもいいでしょう。一つの書物や作品がある人の人生観や価値観を変えてしまうといっ

芸術のリベラルアーツとしての強みは、
その深さと強度、そして広がりにある

たことは、ほかの分野の書物でもありえますが、やはり、最も多いのは芸術の場合ではないでしょうか。そのような作品は、その人にとっては、計り知れない影響を及ぼし、価値をもたらすことになります。

広がりというのは、パースペクティヴのスケールが大きいということです。ドストエフスキーやトルストイの長編が典型的ですが、作品それ自体が一つの小宇宙を構成しています。そうした作品は、作家、文章家としての天分だけでは絶対に書けないわけで、思想家や批評家としての才能、場合によっては学者としての才能も必要です。

ただ、彼らは、思想書、批評、学問的著作を書くスキルや機会がなく、そのルールも知らないというだけのことであって、才能は確実にもっていると思います。だから、彼らの作品は、それ自体、一級の思想書、時代と社会に対する批評・学問的分析という側面をもっているわけです。これは、リベラルアーツとしては非常に大きなメリットです（もちろん、思想や批評としては見当違いの部分もありますが、それが大きなキズにまではなっていません）。

すぐれた芸術には、ジャンルを問わず、以上のようなスケール感、パースペクティヴとヴィジョンがあります。もちろん、それらを汲み取るには受け手の側の受容の力、解釈の力も必要ですが、これは、個々の作品に真摯に向

すぐれた芸術には、ジャンルを問わず、大きなスケール感、パースペクティヴとヴィジョンがある

き合うことによってしか伸ばすことはできません。

芸術は世界標準の知的財産、常識

また、リベラルアーツとしての芸術の特質には、それが、日本でも、海外でも、共通の常識、共通の知的財産になっている度合いがほかの分野に比べてかなり大きいということもあります。

したがって、芸術に関する一定の知識や理解があることはコミュニケーションの前提になります。日本でも、「今の若い人はこんなことも知らない」と上司や取引先等の外部の先輩に嘆息されることが最も多いのはこの分野だと思いますし、海外の場合には、「こんなことも知らないようではほかの側面でも常識や良識を欠くのではないか？」、「エコノミックアニマルの仕事馬鹿なのではないか？」、「海外でも知られている日本文学や映画の最低限の知識すらない程度の人なのか？」、そして最後に、これが一番まずいことですが、「そういう人、また、そういう人が代表している企業、団体であるとするなら、交渉や付き合いにも注意しなければならない」あるいは「付き合いは今回限りにしよう」などといったことにもなりかねません。このことは、本当に注

リベラルアーツとしての芸術は、
それが、日本でも、海外でも、共通の常識、
共通の知的財産になっている度合いが
ほかの分野に比べてかなり大きい

意しておいたほうがよいと思います。

逆に、そうした知識や感覚があると、海外の人々とのコミュニケーションは非常に容易になります。僕の語学は、客員研究員としてはごく平均的なレヴェルだったと思いますが、それでも、アメリカでは、友人はかなりの数できましたし、パーティーでの会話につまったりすることもありませんでした。また、「おまえはたいていのアメリカ人よりアメリカ文化に詳しい。面白いやつだ。考え方も欧米標準で通じやすいし、一方では、日本人独特の謙虚なフレンドリーさもある」といったことは、時々言われました。そういうことで自然に友人関係が広がる、その意味では、留学期間はむしろ非常に解放感があったことを記憶しています。

なお、裁判官時代には、前半はそうでもなかったのですが、後半の十五年間は、リベラルアーツの蓄積など、煙たがられ、排斥される種になるだけという状況でした。先の戦争に突入していった時期の日本を考えるとよくわかることですが、大体において、自由主義者が排斥されるようになったら、その社会や組織は末期的症状にあるといってよく、残念ながら、日本の裁判所はまさにそういう状況に入りつつあるような気がします。

また、その意味では、現在の日本の政治、社会の状況も、黄信号が点滅し始めているように感じられることがあります。ことに、これからの日本の中核となってゆく若手・中堅世代の人々には、このことはよく考えていただきたいと思います。

先行のものをよく知っていないといい仕事はできない

芸術の話に戻ります。

一般的にいっても、古典的芸術は、学問以上に発想の根、発想の泉になっている部分があり、それについて知っているか、深く理解しているかが、その人の発想の強さやオリジナリティーを左右することも多いのです。

人間の発想、アイディア、より広くいえば考えなどというものは、根のところでは、第1章の自然科学の部分で論じたような人間の動物としてのあり方や認識、思考のあり方に規定されていますから、大体において似てきます。つまり、誰かがいったこと、表現したことの形を変えての語り直し、やり直し、まとめ直しという側面が強い。「あらゆる意見はすでに語られた事柄の語り直しである」ということです。

そうすると、いかにうまく語り直すか、つまり、いかにうまく新たな情報を加えるか、あるいは語りのフォームを変えるか、といったことが重要になってきます。その際に、過去の蓄積を知らないでやると、大変みっともないことになりやすい。「それは誰それが以前にずっとうまくやっていることではないか?」という厳しい指摘を浴びることになるからです。

第1部で「タコツボ型社会」について論じたところに記した「僕も、自分より一回り若い世代のライターが、僕の世代より上であれば当然の前提としてもっているような認識を、あたかも自分が発見したかのように得々と書き記しているのをみて驚かされたことが、何度かあります。ことに、海外生活が長かった人には、こうしたことがありがちです」という記述は、こうした事態の一つを表現したものです。

近年の日本の芸術や著作、ことに若い人々のそれについて、「過去の蓄積を知らないために、以前に行われたことをまた最初からやり直している」、「目の前のものを模倣するが、その目の前のものがどのような流れの中にあるかを理解しないままそれをやるので、大変弱いものになっている」などといった評価がされることが多いのも、その一例です。

たとえば、僕のよく知っているジャンルであるロックだと、「ザ・ヴェルヴェット・アンダーグラウンド（「3　音楽」のロックの項目参照）の流れを汲むAのフォロワーであるBのメンバーだったCのソロを模倣したDから影響を受けたらしいE」といった、たとえばそういったアーティストが出てくる時代になったわけですが、このEが、Dだけを聴いていてAからCは知らないなどといったことになると、一定の才能があっても、どんなにがんばっても、「実際はA、B、Cの模倣なのに、模倣であることすら意識していない」という最低の評価を受けることになりかねません。

知っていて意識的に先行のものを利用する広義のオマージュ、パロディー、引用は芸術の立派な一方法であり、ジェイムズ・ジョイスの『ユリシーズ』などは全編がこれですが、この方法は、対象を知り尽くしてそれを完全に自分のものにしていないと成功しません。知らないでただ模倣した結果になっているのは最悪です。

以上のような意味でも、過去の叡智《えいち》の結晶である芸術に最低限ふれておく、知っておくことは非常に重要なのです。

『ユリシーズ』ジェイムズ・ジョイス著、丸谷才一／永川玲二／高松雄一訳、集英社

楽しみながら内面を豊かにできるリベラルアーツ

最後に、リベラルアーツとしての芸術のもう一つのメリットは、これは受容、解釈という側面においてですが、楽しめる、それによって受容した側の内面もまた豊かになるという点でしょう。楽しみながら受け手の人間としての厚みも増すことができるという点は、芸術の、きわめて大きなメリットといえます。

僕自身は、芸術に、暇つぶし、消費という意味での「娯楽」は求めませんが、それが提供するある種のポップ感覚やレトリックについては、重視していますし、それを十分に楽しみながら受容しています。皮肉やからかいの名手であるドストエフスキー、映画『**アマデウス**』〔ミロス・フォアマン監督〕にみられるような反逆者的な一面をもっていたモーツァルトはもちろん、一見生真面目《きまじめ》にみえるトルストイ、ベートーヴェン、ミケランジェロらの芸術にだって、そういう要素はあります。

学者の書物の一般的な欠点は、文章におけるこうした要素の重要性を理解していないことから生じます。日本の学者に比較的多い欠点です。それに対

『アマデウス』ミロス・フォアマン監督、1984

し、たとえば、第1章の自然科学の部分で取り上げた海外の学者たちの多くは、芸術にも造詣《ぞうけい》が深く、文章も大変うまい。こうしたところにも、基盤となっているリベラルアーツの厚みの違いが反映しているのです。

このように、学者の書物でさえ、芸術面での教養や感覚があるか否かは、専門書でも学際的、先進的なものはそうですが、ことに一般書では、非常に大きな差になって出てきます。どこが、というと正確に指摘するのはなかなか難しいような差なのですが、文書の美しさ、リズム、比喩の適切さや効果、たとえばそうした部分に、歴然とした差が現れます。そして、社会に広い影響力を与えうるか、また、長く後世に残ってゆくものになるか、という側面では、この相違は意外に大きなポイントになりうるのです。

象牙の塔ともいわれる学問の世界においてさえそうなのですから、実社会でも、芸術から学んだ感覚や発想を仕事や交遊に生かすことのできる機会は、多いはずだと思います。

僕自身、各種の芸術からいろいろな発想の技術や方法を学び、それを、自分の三つの仕事、ことに学者とライターとしてのそれに生かしてきた経験をもつことから、また、リベラルアーツの一環に芸術までをも含めて解説、解読する書物は今後も少ないと思われることから、この本では、やや多めの頁を芸術にさくことにしました。

芸術については、人それぞれの好みもあると思いますので、限られた紙数の中で、なるべく、多様なジャンル、多様な方向性のものを幅広く選択するようにしています。本書の記述を手がかりにその中のいくつかにだけでも接していただければ、そこから、「リベラルアーツとしての芸術」という芸術の新たな側面が開けてゆくのではないかと思います。

1

文学――アクチュアルな状況や時代との切実な接触の感覚

リベラルアーツとしての文学

文学のリベラルアーツとしての価値については、すでに、芸術の項目の冒頭でふれましたし、それを否定する人もあまりいないと思いますが、反面、その「権威」に負けて、構えて読んでしまう人も多いようです。

第2部で、**『まことに残念ですが……――不朽の名作への「不採用通知」160選』**という書物に関連してふれたとおり、大作家たちも、最初は一人の無名の新人だったのであり、また、生前には、ごく一部の目が高い人々にだけ評価される「知る人ぞ知る作家」であった場合も多いのです。

文学というのは、基本的には、一人の無名の弱い人間である著者の、アクチュアルな（実際の、本当の）状況や時代とのひりひりとした接触によって生まれるものだと思います。そのことは、歴史上の大作家の場合でも、現代の新人作家の場合でも、何ら変わりありません。

そして、僕は、現代の文学、ことに現代の日本文学に欠けているのは、この、「アクチュアルな状況や時代とのひりひりとした接触の感覚」ではないかと思います。それに比べれば、文学的な技巧、仕掛けや細工などは、小さな事柄ではないでしょうか。

たとえば、タイの若手であるラッタウット・ラープチャルーンサップの短編集**『観光』**（ハヤカワepi文庫）を読むと、そんな「接触の感覚」が、痛いほどに切々と伝わってきます。タイの人々には、アメリカ人は、カンボジア難民は、あるいは僕たち日本人は、どのようにみえているか、たとえばそんなことが、本当によくわかります。

ことに、冒頭の作品である「ガイジン」のラストシーン、アメリカ人との混血児で今は母親と二人暮らしをしている主人公の少年が、自分の飼っているクリント・イーストウッドという名の豚、米軍の軍曹であった父からもらった豚を助けるために、友だちと一緒に、宵闇《よいやみ》の中、マンゴーの木の上から、海岸で豚を追っているアメリカ人たち、彼が好きになった女性をも含むアメ

『観光』ラッタウット・ラープチャルーンサップ著、古屋美登里訳、早川書房

リカ人たちにマンゴーの実を投げ付ける「ガイジン」のラストシーンには、感嘆しました。

「泳げ、クリント、泳げ」

という最後の一行も、見事にきいています。

物事と状況を深くかつ虚心に見詰める人間でなければ、こういう設定は、とても考え付けません。現在の日本にこういう作家が生まれてこないのは残念です。

「リベラルアーツとしての文学」とは、たとえばそういうものではないかと思うのです。

近代文学に新たなパラダイムを開いた巨匠たち

まず、近代文学に新たなパラダイムを開いた巨匠たちの作品から、現代的な視点で少し拾ってみたいと思います。

ドストエフスキー

近代文学の巨匠といえば、まずはドストエフスキーとトルストイということになるでしょう。ほかの作家たちであれば代表作になるレヴェルを超える作品が目白押しという、桁《けた》違いのスケールをもっているからです。

ドストエフスキーの代表作として挙げられるのは『**カラマーゾフの兄弟**』、よく読まれているのが『**罪と罰**』だと思いますが、僕は、彼の創造の秘密にふれる作品は『**悪霊**《あくりょう》』ではないかと思います。ドストエフスキーの作家的・文学的原体験は、おそらく、父親が持村の農奴《のうど》の少女といってもよい年頃の娘たちを犯した恨みを買って農奴に殺されたこと（彼が一八歳の時）と、すでに作家となった後に革命家のサークルに参加して逮捕され数年間の獄中生活を送ったこと（二六歳から三三歳の時）ではないかと思われ、ことに後者の体験の後、彼の文学は悪魔的な飛躍を遂げます。

この二つの体験は、先の三つの長編すべてに関係していますが、ことに、『悪霊』では、それらが真正面からテーマとして取り上げられています。革命的正義派の人々がとりつかれる妄執《もうしゅう》の深さ、並外れた知力と個性をもちながら自滅してゆく主人公スタヴローギンの超人的人間像、末尾に置かれた彼

フョードル・ミハイロヴィチ・ドストエフスキー
(Fyodor Mikhailovich Dostoyevsky)
1821-1881

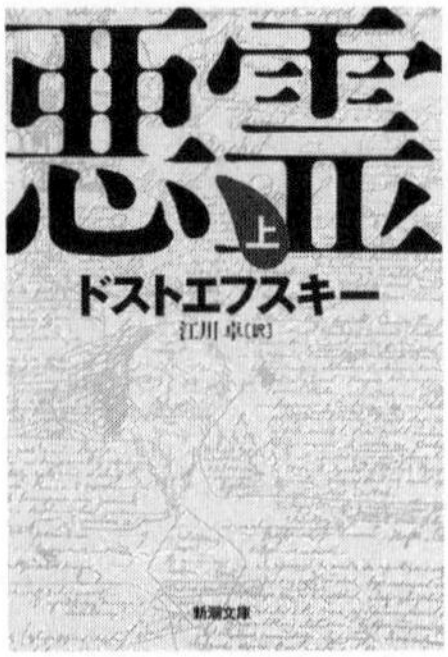

『悪霊』フョードル・ドストエフスキー著、江川卓訳、新潮社

の遺書の何ともいえない暗さ、発表時には削られていた「スタヴローギンの告白」におけるスタヴローギンとチホン僧正の論争の恐ろしいまでの迫力、いずれも力強い筆致《ひっち》で描き切られており、たとえば、日本の戦後の左翼運動や学生運動にあった内紛、内ゲバ等の問題も、その核心は、この作品ですでに予見されていたような気がします。

『カラマーゾフの兄弟』と並んで彼の文学の白眉《はくび》というべき傑作であり、思想的な深みにおいても突出していて、ドストエフスキーが実存主義〈抽象的概念による認識をしりぞけ、実存は本質に先立つとし、現実存在としての人間の解明を主眼とする哲学上の立場〉の先駆者といわれることがあるのもうなずけます。たたみかけるようなリズムをもった彼の饒舌《じょうぜつ》な文体は、時に空回りすることもありますが、いったんスパークすれば、絶大な推進力を発揮します。新潮文庫版〈江川卓訳〉をお薦めします。

なお、『カラマーゾフの兄弟』の次男イワン、『罪と罰』の敵役《かたきやく》スヴィドリガイロフは、いずれも、スタヴローギンのヴァリエーションといえます。

トルストイ

トルストイは、『**戦争と平和**』、『**アンナ・カレーニナ**』等の長編で知られ、

レフ・ニコラエヴィチ・トルストイ（Lev Nikolaevich Tolstoy）1828-1910

ことに後者は完璧な芸術作品ですが、中編、短編にもすぐれたものが多く、中でも、「**イヴァン・イリイチの死**」、「**悪魔**」、「**クロイツェル・ソナタ**」、「**神父セルギイ**」等の後期短編群はすばらしい。

トルストイの文章は、おそらく、まねることが非常に難しいものです。普通の作家の場合には、比喩や修飾語の使い方に一定の方法やくせがあって、それらは表面的に模倣することができないではないのですが、トルストイの文章は、冗長な比喩や目立ったレトリックの使用が少ないのです。

その代わり、一つ一つの言葉、文章、描写が、驚くほどの的確さでつづられ、組み立てられていて、ほんのわずかな行数だけで、特定の人物、事件等がありありと描写されます。天性の作家的感覚と研ぎ澄まされた知性の賜物《たまもの》でしょう。

これらの短編は、いずれも、前置きや説明なくしてずばりと核心に入る典型的なトルストイ的導入によって始められ、十分に長編や中編になりうるような豊かな内容をもったストーリーが、簡潔に、かつ求心的に語られてゆきます。

たとえば、「イヴァン・イリイチの死」では、優秀、有能ではあるが人間

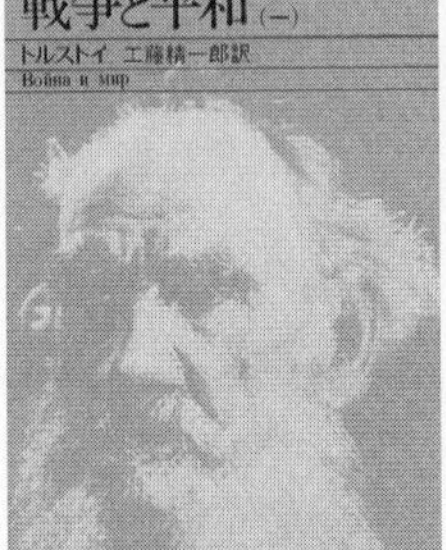

『**戦争と平和**』レフ・トルストイ著、工藤精一郎訳、新潮社

『**アンナ・カレーニナ**』レフ・トルストイ著、中村融訳、岩波書店

としての深みには乏しい人物、帝政ロシア時代の官僚裁判官イヴァン・イリイチの半生と不治の病によるその死とが、家族や周囲の人々の無理解、エゴイズム、非情さとともに、切り詰められた文体で、また、敏腕の外科医が複雑な手術を手際よく進めてゆくような鋭利な語り口で、描かれてゆきます。この平凡な人間に恩寵《おんちょう》が訪れる結末の描写は圧倒的であり、人生の厳粛な瞬間に本当に立ち会ったかのような読後感を残します。

そのイリイチの死後における友人たちや家族の描写から書き始める導入部も、これ以外には考えられない的確さで、たとえば、黒澤明監督の映画『生きる』は、この部分の描写をも含めたこの短編全体から、直接的な影響を受けています。二つの作品を比べると、作家がどのようにして別の作家からその方法を学ぶのかがよくわかって興味深いと思います。『生きる』の映像の最もすぐれた部分は、明らかに、「イヴァン・イリイチの死」の残照によって輝いているのです。

なお、この作品については、僕も、「恩寵はどこからくるか」というタイトルのトルストイ論（『対話としての読書』〈判例タイムズ社〉に収録）で論じたほか、『絶望の裁判所』における裁判官の性格類型別分析でも利用したことがあります。

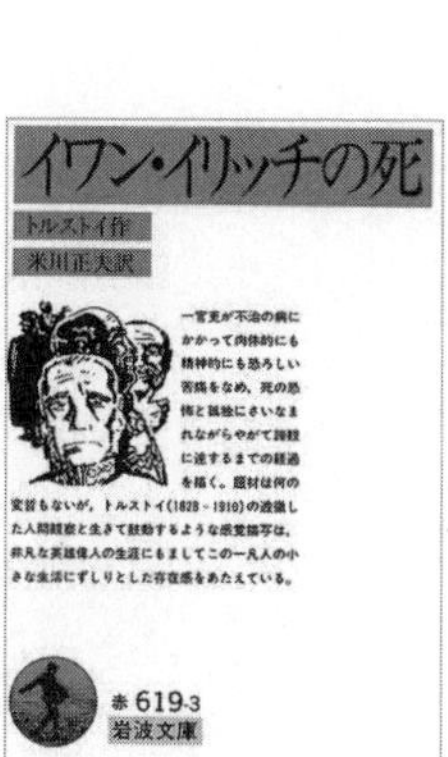

『イワン・イリッチの死』レフ・トルストイ著、米川正夫訳、岩波書店

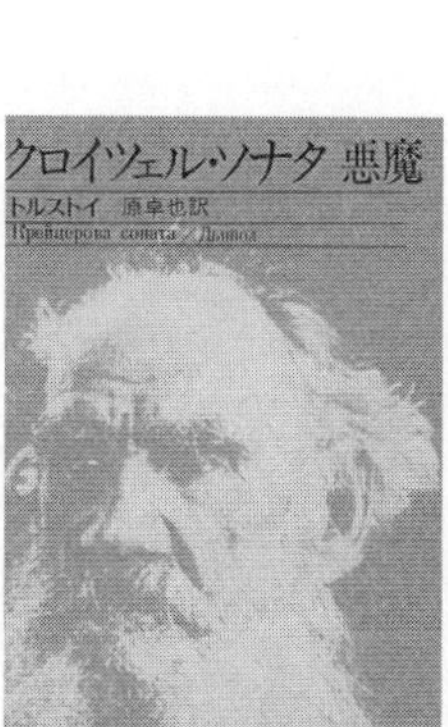

『クロイツェル・ソナタ 悪魔』レフ・トルストイ著、原卓也訳、新潮社

メルヴィル

メルヴィルは、先の二人よりも少し早く生まれているのですが、その作品から受ける印象は、むしろ、より現代文学に近いものです。

彼の名前は、**『白鯨《はくげい》』**によって知られていますが、この作品は、それほど読みやすくはありません。エイハブ船長を中心とする主筋《しゅすじ》をめぐって、鯨、捕鯨、航海にまつわるありとあらゆるエピソードが繰り広げられ、語り口もさまざまに変化してゆきます。このような斬新な手法は、当時にあっては全く型破りであり、長い間、正当に理解、評価されませんでした。しかし、現代文学には大きな影響を及ぼしています（第2部でふれたイギリスの出版社の断り状によると、当時『白鯨』が「児童文学」の一種として扱われていたらしいことがわかります）。

メルヴィルも短編の名手であり、ことに、**「バートルビー」**は先駆的な作品です。バートルビーは、語り手である弁護士が雇っていた法律書類の浄書人で、子どもか予言者のように無垢《むく》な人物であり、「そうしないですめば《アイ・ウッド・プリファー・》ありがたいのですが《ノット・トゥー・ドゥー》」というほとんど一つの言葉しか発しないにもかかわら

ハーマン・メルヴィル (Herman Melville)
1819-1891

『白鯨』ハーマン・メルヴィル著、田中西二郎訳、新潮社

ず、語り手を含めた法律事務所の人々に決定的な影響を及ぼし、彼らを巻き込んでゆきます。

描写は、リアリスティックであるにもかかわらず幻想的で、大都会のビジネス街、その谷間に広がる巨大な貯水槽のような空間のひやりとするような描写など、一八五三年（日本はまだ江戸時代です）に書かれたものとは到底思えません。メルヴィルは、時代をはるかに超えて、現代社会における人間、人間関係のあり方、その孤独を予見した最初のアメリカ作家でした。

僕は、この短編を中心に、「わが名はバートルビー」というタイトルのメルヴィル論を書いたことがあります（前記『対話としての読書』に収録）。カフカのいくつかの短編の主人公と並んで、最も深く身に迫ってくると感じられるキャラクターの一人です。

プルースト

プルーストの『**失われた時を求めて**』は、有名であるにもかかわらず全部を通して読んだ人が少ない長編の典型でしょう。これは、とにかく長い。一つ一つの描写がものすごく精緻で、正確です。

このプルースト唯一の長編で作者が意図したのは、「あるサークルに属す

『メルヴィル―代書人バートルビー』ハーマン・メルヴィル著、J・L・ボルヘス編纂／序文、酒本雅之訳、国書刊行会

マルセル・プルースト (Marcel Proust)
1871-1922

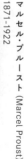

る人間、人生、彼らが生きた時代のすべてを描き切る」ことだったのではないかと思います。普通の小説と明らかに異なるのは、たとえば人物造形で、彼は、同じ人間の異なる側面、その暗い側面や卑しい側面をも、明るい側面と同様に、念入りかつ客観的に、また共感をもって、描写してゆきます。それらを読んでいると、あらためて、自分や自分のまわりの人間の誰もが、やはり同じように矛盾する側面をもった複雑な存在であることが、実感として感じられます。

また、プルーストは、雄大な時の流れの中における彼らの変化をも、同様に、微細、精緻にとらえてゆきます。

僕自身、読み通せたのは三〇代の後半であり、ある意味、人生のすべてを知った、あるいはすべてに飽いた、もう疲れ切ったと感じるような時にこそ読むべき作品かもしれません。しかし、一度も通して読まずに死ぬのは惜しい作品であることも間違いありません。

カフカ

カフカの芸術も、全く特異なものです。彼の文学は、一見したところ幻想的であり荒唐《こうとう》無稽《むけい》なものにみえますが、しかし、カフカの描く世界は、厳密

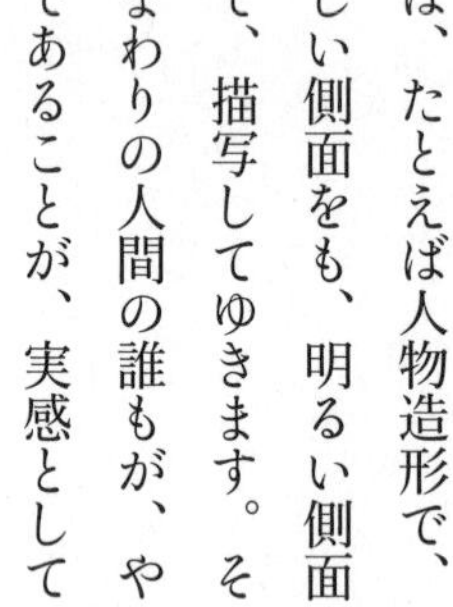

『失われた時を求めて』マルセル・プルースト著、井上究一郎訳、筑摩書房

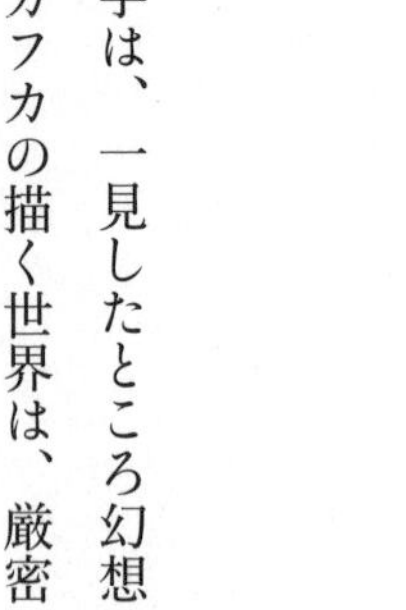

フランツ・カフカ（Franz Kafka）1883-1924

な内的リアリティーに基づいたものであって、決して、ほしいままな空想ではないのです。

たとえば、「**家長の心配**」という非常に短い作品では、「オドラデック」という「もの」のことが語られます。糸巻きのような形をしていて、そこから一本の棒が出ており、この棒に、それと直角をなしてさらに一本の棒が付いている。語り手は、時々、家の片隅で「それ」をみかける。それは、話しかけてもあまり答えず、たまった落ち葉がかさこそと音を立てるような声で笑う。それが、語り手よりも長く、おそらくは永遠に生き延びてゆくだろうことを考えると、語り手は、ほとんど切ないような気持ちになる。

この作品について、父と父には理解できない子（カフカ）の関係とか、不死という終わりのない懲罰とかいった解釈を行うことは、もちろん可能です。しかし、そのような解釈は、作品のまわりですべり落ちてしまいます。カフカが描く不条理の世界は、隠喩や象徴、つまり何かほかのものの「置き換え」ではなく、そこにあるがままの濃密なリアリティーをもった「現実」なのです。

このような生来の幻視的イメージをもった作家、数頁の短編で永遠の「形」をまざまざと描き切ることのできるような作家は、僕の知る限り、カフカの

『世界文学大系58　カフカ』フランツ・カフカ著、原田義人訳、筑摩書房（「家長の心配」収録）

ほかにはいません。彼の短編はすべてすばらしい。有名なのは『変身』ですが、グロテスク臭が強い点は、カフカ文学の一般的な特徴とは必ずしもいえません。長編では、未完の『**城**』、ついで『**審判**』がすぐれています。

カミュ

カミュは、一九六〇年まで生きた、僕にとってはぎりぎり同時代（といってもこちらは幼児でしたが）の作家であり、そのスケールからすれば前記のような作家たちには及びませんが、文学に新たな局面を開いた人であることは間違いありません。少年時代に一時期影響を受けたという意味で、僕にとっては印象の強い作家です。

「今日、ママンが死んだ。あるいは昨日だったのかもしれない、よくはわからない。老人ホームから電報をもらった……」と始まる『**異邦人**』の導入部（英訳を参照しながら訳してみました）は、同時代の多くの人々に衝撃を与えました。ヘミングウェイから影響を受けたかとも思われる極度に切り詰めた平易な文体なのですが、にもかかわらず、カミソリがひらめくような「殺気」が感じられます。

この書き出しを考え付いたとき、カミュは、間違いなく、この作品の圧倒

アルベール・カミュ
(Albert Camus) 1913-1960

『異邦人』アルベール・カミュ著、窪田啓作訳、新潮社

的な成功、その可能性を予見したことでしょう。先のいくつかのセンテンスだけで、読者は、その語り手が独特な人間、独自の人間であることを、瞬時のうちに理解します。文学のもつ大きな力を最大限に引き出した作品といえるでしょう。

彼のほかの作品では、中編『**転落**』、短編集『**追放と王国**』がすぐれています。『転落』は『異邦人』の裏側ともいうべき作品で、人間のエゴイズムについての苦渋に満ちた告発ですが、語り口が実に見事で、思わず引き込まれます。『追放と王国』には、いくつかの絶望と希望のイメージが、こもごもに明滅《めいめつ》しています。

SF――現実世界の隠喩《メタファ》としての仮想世界

SF（サイエンス・フィクション）は、文学のサブジャンルですが、秀作が多い。文学とともに、哲学、思想、あるいは、自然科学（的な発想）をも同時に読める部分があるので、よいものを選んで読めば、リベラルアーツという観点からみてコストパフォーマンスの高いジャンルだといえるでしょう。

また、SFは、作家たちのIQがきわめて高い分野なので、論理的な発想法や文章を学べるという利点もあります。もっとも、この点は、理に落ちやすいという意味で、文学としては欠点にもなりえますが。

たとえば、たぐいまれな知力と想像力を備えた女性ノーベル賞作家ドリス・レッシングのように、SF的な設定を好んで用いる現代文学の作家が増えていることからも、SFというジャンルは、世界の意味や成り立ちを問うには非常に適した文学的様式であることがわかります。レッシングのそうした傾向の作品としては、**『生存者の回想』**や**『破壊者ベンの誕生』**が読みやすく、お薦めです。

なお、当然もっと早くもらえてよかったはずの彼女のノーベル賞受賞時期が遅くなった（受賞時八七歳で、文学賞では最高齢の受賞者となった）ことについては、文学の本道から外れているとみられやすいSF的傾向の作品に手を染めたことが一つの理由ではないかと、僕は思っています。ノーベル文学賞の選択基準については、一般的にいっても微妙な部分があり、受賞している作家のレヴェルにもかなりのばらつきはあると感じます。

僕は、大学に移った夏に、インターネットで、めぼしい現代SF二〇〇冊

ドリス・レッシング (Doris May Lessing)
1919-2013

余りを、そのかなりの部分は品切れのためユーズドで、買いあさりました。それまでに読んでいたSF全部よりも、この間に買ったもののほうがずっと多くなります。僕は、こんなふうに、一つのジャンルを、その歴史、体系を含めて一通り押さえてしまってから個々の作品に接することがよくあります。

そのために、未読、未見、未聴のものが山積《さんせき》するという問題があるのですが、反面、買うためにいろいろ調べて選んでいるうちに個々の作品の位置付けが自分なりにできてゆくので、そのジャンル全体についての理解が深まり、より深く楽しめるようになるというメリットもあります。ちなみに、僕は、いわゆる純文学以外の文学はあまり読んでこなかったので、SFは、唯一、遊び心をもって接することのできる文学ジャンルでもあります。

かつてのSFは、科学の部分がまだまだで、文学としても、僕には「今一つのファンタジー」という印象が強かったのですが、一九六〇年代以降は急速に文学としての純度を高め、一九八〇年代以降には科学度をも高めて、現実世界の隠喩《メタファ》として読んでも面白いものが多くなりました。僕にとっては、良質の現代文学あるいは漫画のオルタナティヴ（代替物）として楽しめるようなSFが主流を占め、また再発見されているように感じます（なお、SFファ

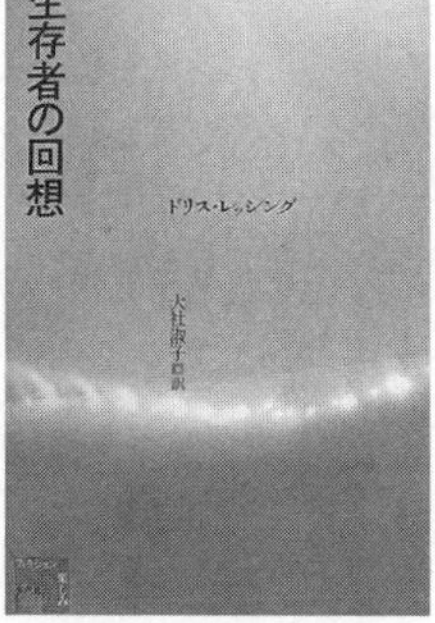

『生存者の回想』ドリス・レッシング著、大社淑子訳、水声社

『破壊者ベンの誕生』ドリス・レッシング著、上田和夫訳、新潮社

ンの中には古き良き時代のSFを愛する人々も多く、僕は、もちろん、そのことについてどうこういうつもりはありません）。

以下に、古典と戦後の作品からいくらか選んでみたいと思います。文学度、科学度、思索の深さ、面白さなどを総合して選んでゆきます。

古典から

古典では、まずH・G・ウェルズを第一に挙げるべきでしょう。文学者としても重要であり、啓蒙的な文明批評家としても一級の、非常に賢い人でした。**「タイム・マシン」**、**『モロー博士の島』**のような思索的で翳りのある作品が特にすぐれていると思います。今でもちゃんと読めるのは、彼の文学者としての力量と思想家としての力量の相乗作用のゆえでしょう。「タイム・マシン」の結末、生物たちが滅亡してゆく未来の地球の光景には、薄ら寒いリアリティーと鮮やかな既視感があります。なお、ウェルズには、幻想文学にも、「白壁の緑の扉」のような同傾向の秀作があります。

オルダス・ハックスリーの**『すばらしい新世界』**、第2部でもふれたジョー

H・G・ウェルズ (Herbert George Wells)
1866-1946

『すばらしい新世界』オルダス・ハックスリー著、松村達雄訳、講談社

ジ・オーウェルの『**一九八四年**』は、いずれも近未来ディストピア（ユートピア、すなわち理想郷、の反対世界）小説の古典です。

ハックスリーの作品は、彼の純文学作品同様やや理に落ちる感があり、読んでいるときは面白いのですが、あまり印象に残りません。これに対し、『1984年』のほうは、むしろ発表当時よりも評価が高まってきているのではないかと思います。現代における権力システムとその統制のあり方を予見した、苦く重みのある傑作です。ハックスリーが名家生《めいか》まれのディレッタント、趣味人であったのに対し、オーウェルは、中産下層階級出身で、苦労を重ね、辛酸をなめた誠実な知識人でした。その生き方の差が、前記二つの作品の迫力の差になって現れているように感じられます。

戦後派の作品から

戦後派の作品に移ります。

知的SFの先駆者であるスタニスワフ・レムの作品は、『**ソラリスの陽のもとに**』が圧倒的にいいと思います。それをおおう「海」自体が一つの知的生命体である惑星ソラリスに侵入した科学者が現実にそっくりの幻影を見せ

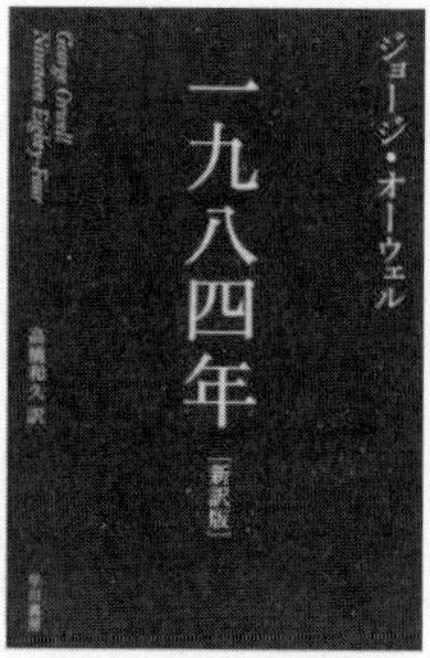

『**一九八四年**』ジョージ・オーウェル著、高橋和久訳、早川書房

『**ソラリスの陽のもとに**』スタニスワフ・レム著、飯田規和訳、早川書房

られるというストーリーですが、「絶対的存在とは何か」、「現実と幻想の関係とはどのようなものであるか、ありうるか」といった思弁的なテーマが、作品の内に見事に消化されています。アンドレイ・タルコフスキー監督による映画**『惑星ソラリス』**も、夢幻的な映像美に満ちた秀作でした。原作者とは解釈と重点の置き所が異なるため、大げんかになったという話は有名です。

フィリップ・K・ディックは現代SFの基盤を作った人だと思います。これしかないというタイトルの**『アンドロイドは電気羊の夢を見るか?』**は、『ソラリスの陽のもとに』のテーマを受け継ぎ、「人間と人間に似たもの〈アンドロイド〉とは本当に区別できるのか」、いいかえれば、「人間の条件とは何か」という重い文学的テーマを、SFならではの手法で追究しています。

次によいのは**『流れよわが涙、と警官は言った』**で、これもタイトルがすばらしいですね。三番目が同順位で**『高い城の男』**、**『ユービック』**、**『スキャナー・ダークリー』**でしょうか。

著者自身が最後に解説を付けている短編集**『パーキー・パットの日々』**、**『時間飛行士へのささやかな贈物』**〈ともにハヤカワ文庫。原著『ザ・ベスト・オブ・フィリップ・K・ディック』を二冊に分けている〉にも、強力な作品が収め

フィリップ・K・ディック
(Philip Kindred Dick) 1928-1982

『アンドロイドは電気羊の夢を見るか?』
フィリップ・K・ディック著、浅倉久志訳、早川書房

られています。ディックの短編集はたくさん出ていますが、僕が読んだ中ではこれらがベストです。

ディックについては、ＳＦに関するまとめの部分で再度ふれます。

スティーヴン・キングは、ありあまる筆力を濫用する傾向の強い人ですが、『**ファイアスターター**』は、例外的に抑制がきいています。父親を殺された超能力少女の復讐という設定は、ありがちなものですが、キングは、少女と父親を含む登場人物たちの掘り下げた性格描写によって、傷付けられた無垢《イノセンス》が発揮するすさまじい力に、迫力とリアリティーを与えています。悲劇の最後に希望をともした結末も実にうまくて、感心させられました。

ウィリアム・ギブスンの『**ニューロマンサー**』は、「千葉シティの空は、空きチャンネルに合わせたＴＶの色だった」という有名な一節で始まります。電脳空間という「別次元」を舞台とした新たなＳＦの領域、イメージを開き、ＳＦのパラダイムを組み替えた作品で、文学としても一級です。

なお、同じ時代に、映画の世界では、ディックの『アンドロイドは電気羊の夢を見るか？』を原作にしながらそれとは別物の異様な近未来イメージを

『**ファイアスターター**』スティーヴン・キング著、深町眞理子訳、新潮社

『**ニューロマンサー**』ウィリアム・ギブスン著、黒丸尚訳、早川書房

提示したリドリー・スコット監督の『**ブレードランナー**』が、やはりSFの新たな次元を開きました。

これら作品を始めとする八〇年代SFの多くが、「日本」をお気に入りのアイコンとして用いています。前近代から超近代までが雑然と同居する現代日本社会には、彼らの感覚にぴったりフィットするテイストがあるのでしょう。

ブルース・スターリングの『**スキズマトリックス**』は、SFを、現代世界とその行く末を読み解き占う「装置」として利用しています。頭脳先行型の作品ですが、構成が周到なので、十分に楽しめます。ギブスンとともにSFを刷新した作家といえるでしょう。

グレッグ・ベアの『**ブラッド・ミュージック**』は、極微生物の反乱から始まり、意表をつく展開が続きます。やはりやや理の勝った作品ですが、ナノテクノロジーと分子生物学に関する科学知識を大胆に作品中に採り入れ、科学者たちをもうならせました。

ルーディ・ラッカーの『**時空の支配者**』は、一見おバカSFですが、実は、以上のような作品同様、哲学もやっています。何せ作者は大哲学者ヘーゲル

『スキズマトリックス』ブルース・スターリング著、小川隆訳、早川書房

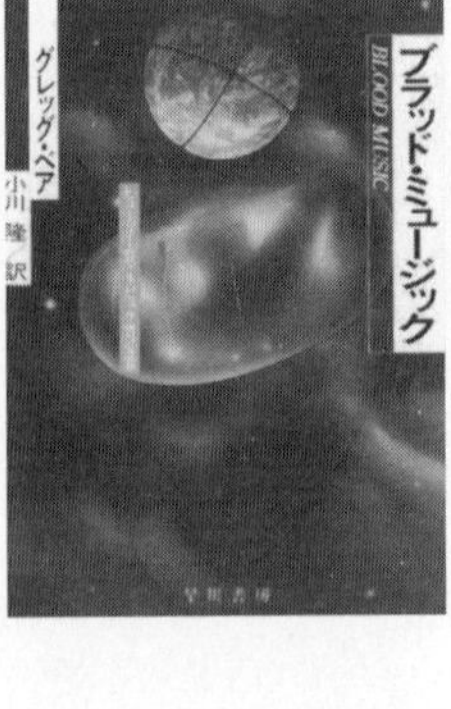

『ブラッド・ミュージック』グレッグ・ベア著、小川隆訳、早川書房

の子孫で数学者ですから。このころから、本職の科学者がSFに手を染めるようになりました。なお、第1章でふれた物理学者のミチオ・カク教授も、大のSFファンのようです。

ジョージ・アレック・エフィンジャーの『**重力が衰えるとき**』は、未来のアラブ世界を舞台にしたハードボイルドで、キング同様、科学度は低めながら筆力は高く、ミステリーとしてもよくできていて、僕には、作者がお手本にしたチャンドラーよりも面白く読めました。

グレッグ・イーガンの『**順列都市**』は、人間の思考や記憶、すなわち人間存在は要するに脳細胞の電位差なのだからすべてをコンピューター上にコピーできるはずだというギブスンや映画『マトリックス』シリーズ〈ウォシャウスキー姉弟監督。なお、出来映えは、二作目、一作目、三作目の順かと思いました〉同様の発想、仮想現実のアイディアを、とことん突き詰めており、現実と複数の仮想現実が複雑に交錯《こうさく》するスリルを味わえます。思考実験的考察と文学が緻密にからみ合って一体化しており、ギブスンに始まったパラダイムシフトを完成させた作品といえるのではないかと思います。

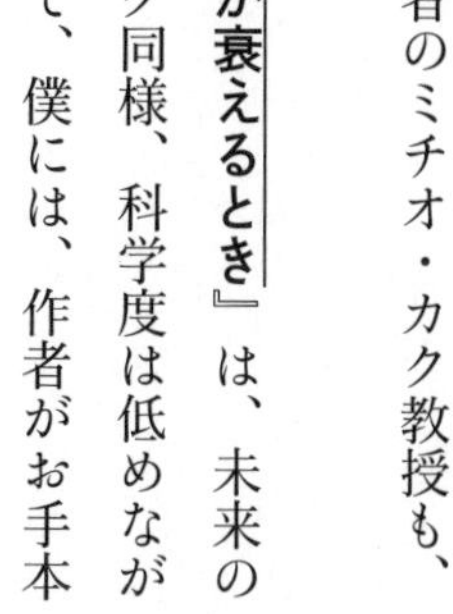

『**時空の支配者**』ルーディ・ラッカー著、黒丸尚訳、早川書房

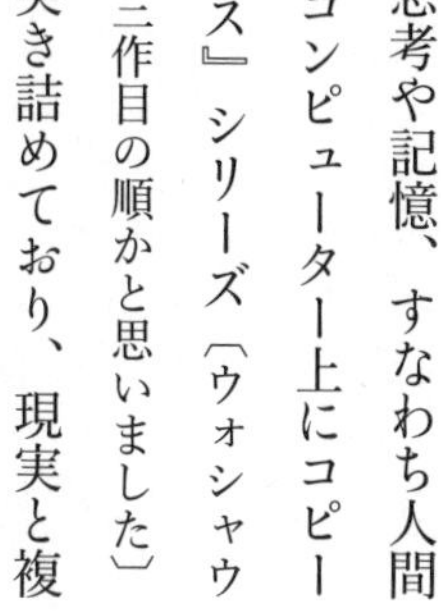

『**重力が衰えるとき**』ジョージ・アレック・エフィンジャー著、浅倉久志訳、早川書房

思索と文明批評の書としてのSF

さて、以上の選択をみて、SFのある程度のファンなら、トリックやガジェット（小道具、仕掛け）を中心的な要素とするものが全く選ばれていないことに気が付かれたのではないかと思います。そのとおりで、ジェイムズ・P・ホーガン『星を継ぐもの』といった人気作品も入っていません。理由は、僕自身が、トリックで引っ張る文学にはおよそ興味がない（したがってその傾向の強いミステリーは一切だめ）ということもありますが、トリックというのは一回限りのものであり、再利用や再有効活用が難しいという意味で、リベラルアーツとしての有用性が低いということもあります（ものすごくたくさん系統的に知っていればまた別です）。

また、全体としてみると、これはSFの項目の最初の部分でもふれましたが、思索的要素が強く、したがって、ペシミスティックなものが多いということもいえます。

ディックはその典型で、彼の作品は、SF的仕掛けにおいて科学性がほとんど無視されていたり、先に挙げた作品は別として文章が結構雑だったりし

『順列都市』グレッグ・イーガン著、山岸真訳、早川書房

ます。しかし、にもかかわらず、彼のSFは、そんな作品でも非常に面白い。

それはなぜかといえば、彼の思想家、文明批評家としての知性、知力、それらを支える教養が、ずば抜けて高いからだと思います。また、彼は、知的なSF作家に時々あるように、みずからの才気やレトリックにおぼれることがありません。読者に対する姿勢は、常に誠実そのものです。

ディックの文学の特質は、ウェルズ同様の強靭な知性、オーウェルにも似た管理社会への恐怖と不信、そして、彼独自のものである「現実の不確かさの感覚」だと思います。ことに、最後の特質は、彼の文学全体のトーンを決定している生来の感覚であって、彼の登場人物たちは、常に、自分の存在の確かさとその意味を求めてあがき続けます。そして、そのあがきは、まさに、現代に生きる僕たちの生の感覚、その不確かさにそのまま通じるものではないかと思います。

僕の、リベラルアーツとしてのSFに対する興味の主軸は、ウェルズ、オーウェル、ディックと連なる線にあります。

なお、タイトルだけなら、レイ・ブラッドベリが一番でしょう。『華氏451度』、『何かが道をやってくる』、『十月はたそがれの国』、『とうに夜半を

レイ・ブラッドベリ
(Ray Bradbury) 1920-2012

過ぎて』など、いずれも、思わず読んでみたくなります。パロディーにされることも多いですね。

2

映画——強靱な知性と洗練されたポップ感覚の融合

リベラルアーツとしての映画

僕がみるところの、映画のリベラルアーツとしての大きな特徴は、ロック、漫画と並んで、その洗練されたポップ感覚であるかもしれません。芸術の項目の最初に書いたとおり、僕は、芸術に、暇つぶし、消費という意味での「娯楽、エンタテインメント」は求めませんが、それが提供するある種のポップ感覚や鋭利なレトリック、技巧については、重視していますし、それを十分に楽しみながら受容しています。芸術性の高い監督、たとえば後記のロベール・ブレッソンのような監督にさえ、そういうものはあります。

映像というものは本質的に言語よりも官能的、エロティックです。また、そのつなぎ方、編集が生み出すリズムは音楽的であり、セリフで進行するという意味では戯曲を舞台から解放したものともいえます。多くの場合には音楽が流れ、美術的な要素も強いですね。

映画は、以上のような意味でまさに総合芸術であり、また、これは映画製作の実際を知るとよくわかるのですが、ありとあらゆる細かな約束事で構成された、徹底的な虚構の世界です。芸術というのは要するに虚構であり、虚構によって真実を描くものですから、映画は、最後に生まれてきたところの、最も手の込んだ、洗練された総合芸術とみることができるでしょう。

反面、第2部の終わりのほうの「コレクション」の部分でふれたとおり、製作、配給に莫大なお金がかかり、したがってどうしても多数の観客を集めなければならないという商業上の制約、そして、多数のスタッフのインスピレーションが一つの方向に結集しないとよいものはできないというチームワークの制約がありますから、すぐれた作品を作るのが非常に難しい芸術の領域でもあります。かなり質の高い映画でも、ほとんどは、「まずまず」というレヴェルで終わります。僕は、映画史上本当の傑作といえるような作品は二〇〇から三〇〇、それに準じる相当の秀作も含めて五〇〇から七〇〇という

芸術というのは要するに虚構であり、虚構によって真実を描くもの。映画は、最後に生まれてきた、最も手の込んだ、洗練された総合芸術

ところではないかと思っています。

以上を踏まえ、リベラルアーツとして映画を見る場合には、ただ、「面白いもの」、「スリリングなもの」、「見終わったときに心地よくさせてくれるもの」といった基準だけで選ぶのではなく、この映画は自分に何を与えてくれるのか（たとえば、経験したことのないような人間の複雑な感情、人間の善と悪それぞれの深さとその裏側、洗練された一つの幻想世界、など）という観点をも加えると、選択の範囲も広まり、映画を見る目も変わってくると思います。

広義のエンタテインメントの要素なくして成り立たないのがアメリカ映画ですが、そのアメリカ映画にも、広い視野、深いヴィジョンとすぐれたポップ感覚を両立させたすぐれた映画は数多くあります。ことに、人間のダークサイドを描くと、アメリカ映画は強いですね。

二つの例を挙げてみましょう。

一つは、僕が今書いている原稿の関係で何年ぶりかで見直したばかりの『**地獄の黙示録**』（フランシス・フォード・コッポラ監督）です。すべてのシーン、シークエンスが徹底的に考え抜かれていて完成度が高く、「エピソードの羅列」という、映画としては成功しにくいストーリー、プロットの形を用いている

『**地獄の黙示録**』フランシス・フォード・コッポラ監督、1979

にもかかわらず、どんどん盛り上げてゆきます。ベトナム戦争を素材に、深さとポップ感覚を見事に融合し、狂気さえにじませた傑作です。

もう一つは、アメリカ映画史上有数の才人コーエン兄弟による『**ミラーズ・クロッシング**』です。主人公は、ただただ殴られているだけなのに、にもかかわらずすごくかっこよく、強烈な苦みのあるハードボイルドとして成り立っているという、いかにも彼ららしい、ひねりのきいた作品です。

この映画は、ファーストシーンもすばらしい。八百長ボクシングの情報をノミ屋（公営競技等を利用して私設の券売り場を開設し利益を得る者）から横流しされたギャングが、ノミ屋のボスのところにすごみにきて言います。

「いいか。これは『倫理《エスィックス》』の問題だ。八百長の情報を横流しされて黙っちゃいられねえ。俺たちが、八百長を信じないで、何が信じられる？　トーシローみたいに運でも信じろってのか、え！」

これには感心しました。「倫理」という言葉を普通とは全く異なった意味で使っているのですが、確かに、ギャングにとってみれば、八百長の情報を統制することこそ「倫理」の核心なのだというのも、確かな真実でしょう。

そして、現実の世界で政治家や官僚が「倫理」を口にする場合にも、実は、このギャングの場合と変わりないことが多いのかもしれないという気もして

『ミラーズ・クロッシング』コーエン兄弟監督、1990

きます。

このように、映画の始まり数分間のこのシーンを見ただけで、観客は、「倫理」の意味や機能についてもう一度深く考え直してみざるをえなくなる。僕にとっては、第1章の冒頭でふれたマイケル・サンデルの『これからの「正義」の話をしよう』一冊から得られたものより、このシーンから受け取った衝撃的な情報とメッセージのほうがずっと大きく重かったという気がします。芸術、ことに新しい芸術形式である映画やロックには、そんな凝縮された起爆力があるのです。

なお、映画については、監督、脚本、撮影、編集、美術等各分野のプロによる書物や彼らに対するインタビューに基づく書物がかなりの数出ており、僕にとっては、電車の中で読んでいると乗り過ごしてしまうくらい面白いジャンルです。リベラルアーツの中ではかなり専門的な領域になりますが、二つだけ挙げておきます。デニス・シェファー／ラリー・サルヴァート『**マスターズオブライト――アメリカン・シネマの撮影監督たち**』、ゲイブリエラ・オールドハム編著『**ファースト・カット――アメリカン・シネマの編集者たち**』（ともにフィルムアート社）。いずれも、有名なプロたちに対するインタビュー

『**マスターズオブライト――アメリカン・シネマの撮影監督たち**』デニス・シェファー／ラリー・サルヴァート著、高間賢治／宮本高晴訳、フィルムアート社

『**ファースト・カット――アメリカン・シネマの編集者たち**』ゲイブリエラ・オールドハム編著、奥村賢／西澤誠一監修、那田尚史／江口浩／廣木明子／永積けい／宇塚則夫訳、フィルムアート社

をまとめたものです。

なお、僕は、筆名で『映画館の妖精』〔騒人社〕という創作を書いており、これは映画に捧げたオマージュでもありますが、後に挙げる映画監督の小栗康平氏が帯の言葉を書いてくださいました。彼に尋ねたところでは、小説の中に出てくる映画に関する技術的な事柄に、誤りは一つもなかったということでした。

最後に一つだけ補足しておくと、初めての外国にビジネス等で出かける場合には、一本でもいいから、その国の映画、それもなるべく評価の高いものを見ておくとよいと思います。百聞は一見にしかずで、文字からは得られない種々の情報が得られ、また、その国の人々やその生活に対する共感や理解が、ぐっと深まるはずです。

映画作りの二つの方向と日本映画

映画を見るときに予備知識として一つ知っておくとよいのが、アメリカとヨーロッパにおける映画の作られ方の違いです。

あくまで一般論ですが、アメリカでは、プロデューサーが非常に大きな権限をもって映画作りをコントロールしていることが多く、また、分業責任制が徹底していて、監督といっても、実際には、完成したシナリオを示されてオファーを受けた「演出担当者」にすぎない場合が、ままあります。もちろん、その場合であっても、撮影現場では監督の力は大きく、映画の基本的なトーンを決定するのは彼ですが。

また、アメリカ映画では、インディペンデント系の作品の一部を除けば、商業性、エンタテインメントの要請を満たしていることが絶対の条件とされており、この「タガ」は非常に厳しいものになりえます。したがって、こうした制約の中で継続的にすぐれた映画を作り続けるには、並々ならぬ才能、力量、粘り強さが要求されます。

一方、伝統的なヨーロッパ映画では、監督は、企画やシナリオの段階からその映画のイメージを左右する中核として活動し、俳優やスタッフに対する権力も絶大で、プロデューサーは、裏方的な役割に徹しています。

かつてのヨーロッパ映画の巨匠たちは、アメリカ映画の場合に比べればエンタテインメントの枠に縛られることなく、みずからの芸術を自由に追求することができましたし、この自由を絶対的なものとして要求し、それが満足される場合にしか映画を作ろうとはしなかった監督も、かなりの数います。僕が最も映画監督らしい映画監督とみているロベール・ブレッソン（『田舎司祭の日記』、『抵抗』、『スリ』、『バルタザールどこへ行く』、『少女ムシェット』、『ラルジャン』）もその一人です。

以上のような映画の作り方の違いは、それぞれの国における観客が、また、映画産業が、映画をどのようなものととらえているかに左右されるわけですが、近年は、世界的な大衆社会化の傾向に伴い、先のような明確な違いは失われてきており、かつてはヨーロッパ方式に近かった日本の映画作りについても、エンタテインメント至上のアメリカ映画的な方向性が強くなってきているようです。しかし、アメリカ映画の秀作のようにアイディアをとことん叩いて新たなセンス・オブ・ワンダーを作り上げるというまでのプロ意識がそこにあるわけでは必ずしもない。

たとえば、『それでもボクはやってない』〈周防《すお》正行監督〉、『そして父になる』〈是枝《これえだ》裕和監督〉等の近年の秀作といわれる作品がそうで、確かに、ていねいに仕上げられたウェルメイドな作品なのですが、すべてが想定の範囲内

ロベール・ブレッソン（Robert Bresson）
1901-1999

で進んでゆき、観客にどのような感情を抱かせたいかが最初からみえてしまうという印象は、否めませんでした。同時代のアジア映画の代表的秀作群と比べても、そうした点では見劣りがするのは残念です。

しかし、戦後しばらくの間、日本映画は、その質において疑いもなく世界の最高水準にあり、その後の世界中の映画監督たちに、広く深い影響を与えてきたのです。これについては、敗戦と戦後の価値観の変動によって刺激された巨匠たちの危機意識が創造的なエネルギーとなって結晶したことと、その後崩壊していった徒弟制的・職人的な映画作りのシステムの成果、蓄積によるところが大きかったのではないかと思います。

脚本、撮影、照明、編集、美術、いずれも名人芸の結晶であり、何気ないカメラのオペレーション一つとっても、すうっと動いてここぞというところでぴたりと止まり、しかも、決して観客にカメラの動きを意識させたりしません。

僕は、ジャン＝リュック・ゴダールやフランソワ・トリュフォーらのヌーヴェルヴァーグとアメリカンニューシネマで育った世代の人間であり、少年時代には、戦後の日本映画から特別に強いインパクトを受けてはいませんでした。それよりは、ネオレアリズモとそれ以降のイタリア映画、たとえばフェデリコ・フェリーニやミケランジェロ・アントニオーニらの作品に惹《ひ》かれていたと思います。

そういうわけで、日本映画全盛時代の名作群の価値が僕に本当にわかるようになったのは、三〇歳ころ以降のことでした。いわば、自国の映画を「再発見」したわけです。かつての日本映画は、特別な秀作とまではいえない作品であっても、その技術の高さには目を見張るものがあり、また、観客に平手打ちを食らわすような予想外の展開や場面が必ず含まれていました。

僕は、日本の戦後芸術で誇るべきものがあるとしたら、戦後詩（思潮社の『現代詩文庫』には数々のすぐれた詩集が収録されています）を含めた戦後文学の一部、一九六〇年代までの映画、一九六〇年代以降の漫画ではないかと思っていますが、ことに、日本映画の堂々たる伝統がかなりの程度に失われてしまったことについては、残念に思います。

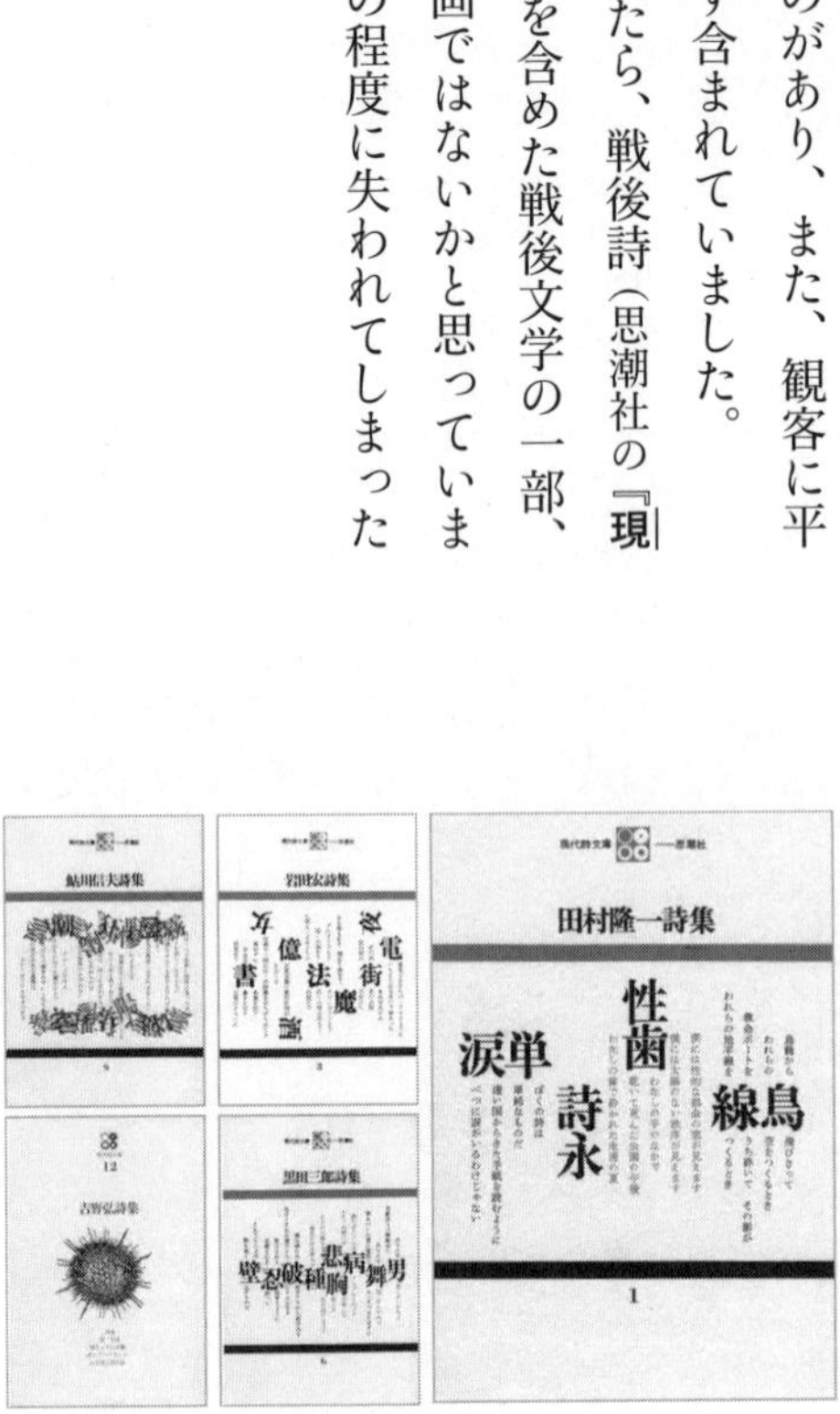

『現代詩文庫』シリーズ、思潮社

戦後日本映画の主要な監督たち

そこで、この項目では、残されたスペースを用いて、日本の精神的風土や国民性と社会的意識の変遷《へんせん》という社会科学的な視点を軸にしながら、戦後日本映画の主要な監督たち、その一部の仕事を追ってみたいと思います。先のような事柄の変遷の過程が、そのままに日本映画の変遷の過程にも重なり合っているからです。そして、若い読者の方々には、ここで僕が取り上げる作品のいくつかだけでも、新たな興味と位置付けをもって見ていただくことができればと思います。これらの映画は、現代社会において中心的な力をもっている世代の、あるいは海外の人々をも含めた知識人の、共通財産、共有財産になっているからです。

溝口健二

日本的な情緒、心情に深く浸りながら戦後に新たな表現を見出した監督といえば、まず、溝口健二が挙げられます。戦後の低迷期を経た後に、彼が起死回生の一作として取り組んだ『**西鶴一代女**』（一九五二年。以下「一九」は省略します）は、溝口の代表作の一つであり、その後の数本の傑作『**雨月物語**』

溝口健二（みぞぐち・けんじ）1898-1956

〔五三年〕、『**山椒大夫**』、『**近松物語**』〔ともに五四年〕が美的、感覚的に洗練され、スムーズで角が取れているのに対して、この作品は、底の知れない日本人の感情世界〔それはまさに溝口自身の感情世界でもありました〕に真っ向から取り組み、悪戦苦闘しています。

この映画は、封建時代において「愛」に生きた女性の一代記と評されました。しかし、それはこの作品の表面にすぎず、底のほうには、もっと不明瞭でどろどろしたものがあります。主人公が男性遍歴の末にどんどん身を持ち崩してゆくのは、確かに封建時代の社会体制からはじき出された女性の悲劇でもありますが、同時に、男性というエゴイスティックな存在にその場その場でみずからのすべてを簡単に預けてしまう主人公の、個人としての輪郭《りんかく》が完全に欠如した生き方の帰結でもあります。

映画は、前半は、大変な気迫を感じさせながらも、ごつごつした手探りの印象が否めません。しかし、主人公が乞食、街娼に身を落とし、最後に、今は大名となったみずからの子を一目だけ見せてもらった後に姿をくらまし、巡礼となってさまよう一連のシークエンス〔映画の最後の三分の一の部分〕になると、画面は、すさまじい無常感と迫力をたたえ始めます。

『西鶴一代女』溝口健二監督、1952

溝口が主人公に仮託しているのは、おそらく、男性社会の犠牲となって溝口を育て、支えたみずからの母、姉の姿であり、みずからが踏みにじってきた陰の社会の女たちの姿であり、戦後の窮乏の中で娼婦となって生き延びざるをえなかった多数の日本女性たちの姿でもありましょう。また、溝口自身、下層のしいたげられた女性に対する一種倒錯的な性的愛着をもっていたともいわれています。

近代以前の時代から引き継がれたそのような溝口の感受性を戦後の世界に正面からぶつけてみることによって解釈し直した西鶴の世界が、映画『西鶴一代女』なのであり、溝口の戦後作品歴における転身の核、かなめとなる作品なのです。

小津安二郎

小津安二郎は、戦後に対する危機意識をあらわにした二つの作品の後、『**晩春**』（四九年）、『**東京物語**』（五三年）という二つの代表的傑作を撮りました。ことに、後者は、平凡な生の営みの描写がそのままで普遍的な輝きを帯びるという小津映画の特質が極限まで発揮された恐るべき傑作です。

これは溝口、黒澤も同じですが、彼らの代表作を見ると、日本人という枠

小津安二郎（おづ・やすじろう）1903-1963

を超えた人間そのものについての深い考察が行われ、登場人物たちが実に普遍的な高みにまで持ち上げられていることには、驚かざるをえません。戦後間もない時期に（時期には）こういうすごいものが作られていたんだなと思うと、日本・日本人特殊論にどこまで根拠があるのだろうかという気もするのです。

『東京物語』は英国映画協会発行の雑誌「サイト・アンド・サウンド」誌が一〇年ごとに行う、世界で最も権威あるといわれるベスト集計（僕も、このベスト集計、ことに監督たちのそれが、これまでに見たリストの中では自分のそれに比較的近いと感じています）において、二〇一二年に、映画監督による投票で一位、批評家による投票で三位に選ばれました。過去にも高位に入っていましたが、今回は監督、批評家総合でベストワンの可能性もあり、そうであるとすれば、常にその地位にあった『市民ケーン』（オーソン・ウェルズ）を押しのけた、少なくとも並んだことになります。同誌は『東京物語』を「〔小津は〕その技術を完璧の域に高め、家族と時間と喪失に関する非常に普遍的な映画を作り上げた」と評価しました。小津は、生前、「いつか毛唐《けとう》（外国人）も俺の映画を理解するときがくるよ」と語っていたのですが、とうとう、その予言が一〇〇パーセント実現したことになります。すばらしいですね。

『晩春』小津安二郎監督、1949

『東京物語』小津安二郎監督、1953

その小津は、モノクローム時代最後の二作品である『早春』〈五六年〉と『東京暮色』〈五七年〉においては、新たに、社会の倫理からの逸脱《いつだつ》とその収拾《しゅうしゅう》というテーマに取り組みました。これらは、戦後すぐの二、三の模索的な試みを除けば、小津が、彼の手の内に完全に入っている「整えられた安全な感情世界」の外に出ようとした例外的な作品といえます。

『早春』は子どものいない倦怠夫婦の不倫がドラマの核ですが、小津には珍しいなまめかしさを含んだ感情の流れ、これと対照的な、仲間の恋愛、アヴァンチュールが本当はうらやましくてたまらないのにそれを正面から出さずに噂のたねにしたりくさしたり鹿爪《しかつめ》らしく意見をしたりする同僚たちのみみっちさの細密な描写、そして、静かな不安をはらんだ精妙な画面構成が秀逸でした。

『東京暮色』は、母の不倫とその結果の失踪が、その娘たち姉妹の不幸、すなわち長女の不幸な結婚、軽薄なボーイフレンドに妊娠させられ、逃げられた末の次女の自殺につながるという実に暗い話で、気がめいるところはあるのですが、妻に逃げられ、娘たちにも幸福をもたらすことのできなかった男の家庭によどんでいる息詰まるような時間の重み、妊娠した良家の娘に対す

『早春』小津安二郎監督、1956

『東京暮色』小津安二郎監督、1957

る周囲の人々のこの上なく冷ややかで侮蔑《ぶべつ》的な視線等、はっとするような鋭い描写があって、作品としては破綻があるものの、力作でした。

これら二つの作品、ことに後者において、小津は、迷いに迷っているようにみえます。彼の映画が前提としている安定した美と感情の世界からすれば、『早春』の主要人物たちで限度いっぱい、『東京暮色』の主要人物たちに至っては到底肯定できないはずなのです。それでは、小津は、自分が肯定できない人物たちをなぜ延々と細密に描き続けたのでしょうか？

それは、小津が、彼らの姿に、彼の枠組みではとらえきれない、「個」としての先鋭な生き方、ことに性にまつわるそれを感じていたからではないかと僕は思います。実際、これらの作品には、小津の、性に対する恐れ、恐怖の感覚が、さまざまなショットににじみ出ており、それが、実に鮮烈な印象を与えるのです。

しかし、『東京暮色』は散々の不評であり、小津は、戦後日本人の姿をリアルに描こうとする試みを完全に放棄して、明るくて飄々《ひょうひょう》と軽いカラー時代へと移ってゆきました。観客たちは、小津の映画にみずからのリアルな肖像など見たくはなかったのです。僕自身は、批評家やファンの大多数と異なり、小津のカラー作品は、最後の『**秋刀魚《さんま》の味**』〈六二年〉を除けば、作品としては弱く、モノクローム時代の充実した作品群とは比べものにならないと思っています。

黒澤明

黒澤明は、小津と同様外国映画に学んだ現代的な語りのスタイルを身につけていた監督であり、また、一貫して集団よりも個人を重視しましたが、その倫理観自体は、やはりきわめて古風なものでした。強烈な個人主義的感覚の帰結として、しばしば、「個人」と「集団」あるいは「社会」との確執をテーマとしていますが、現代劇では、そうした部分はいささか生煮えに終わる場合が多く、溝口と同じく、時代劇のほうが描写が自然で生き生きしていました。目立った例外は、トルストイに関連してふれた『**生きる**』〈五二年〉ですが、これも、見方を変えれば、現代の下級武士〈役人〉の覚醒《かくせい》と反逆の物語です。

『**羅生門**』〈五〇年〉は明と暗のコントラストを最大限に活用した鮮烈な映像美と見事な語りのスタイルによって、戦後日本映画の存在を世界に初めて知

黒澤明（くろさわ・あきら）1910-1998

『生きる』黒澤明監督、1952

らしめました。

もう一つの時代劇の傑作が、**『七人の侍』**〈五四年〉です。その内容は、「十分な食事を提供する代わりに村を守ってもらいたい」という百姓たちのオファーを、みずからの「義」に生きる個人主義的理想主義者である七人の侍が受け入れるという、現実にはありえないファンタジーです。しかし、黒澤は、細部を徹底的に詰めた強靱なリアリズムによって、このファンタジーに、時代劇史上空前絶後の重厚さと深みを与えました。

そこで典型的に対比されるのは、全く引き合わず釣り合いの悪いオファーを差し出しながら、契約のリスクからは折りあらば逃れようとする百姓たちのみっともなさと小ずるさであり、それとは対照的に揺るぎなく立派な侍たちの「契約意識」です。志村喬《たかし》扮する温厚なリーダーが、百姓たちのエゴイズムに怒ってついに刀を抜く鮮やかなシーンにおいて、その対比は最高潮に達します。

百姓たちの精神的性格は彼らが強いられている状況の結果であることに理解を示すエピソードが随所にちりばめられているものの、黒澤は、決して、百姓たちをそのままに肯定してはいません。こうした部分に、黒澤の、今日では忘れられた側面、意外に観客、ことに左派の人々から批判され、嫌われ

『羅生門』黒澤明監督、1950

『七人の侍』黒澤明監督、1954

ることの多かった貴族主義、大衆蔑視《べっし》という側面があるのです。しかし、そうした葛藤こそ、黒澤の全盛期の作品群を駆り立てるダイナミズムの源泉でした。残念ながら、『赤ひげ』〈六五年〉以降、こうしたダイナミズムはほとんど失われ、作品も単調になってゆきました。

成瀬巳喜男《みきお》

成瀬巳喜男は、黒澤とは対照的に、庶民の側から戦後の世界を見詰め続けた作家です。ことに、林芙美子の原作によった何本かの作品において、庶民的情感の世界を超えた透徹した人間認識を示しました。日本映画が最高水準にあった時代の名監督たちの中で、小津と並んで現代劇ばかりを撮り続けた人ですが、小津の「家族」がある意味では一つの理想化されたファンタジーである〈『早春』と『東京暮色』は、小津がこのファンタジーの殻《から》をみずから打ち破ろうとした作品といえます〉のに対し、成瀬は、庶民の世界の情感や軋轢《あつれき》をそのままの形で作品に昇華しようとしたリアリストでした。

『浮雲』〈五五年〉が代表作とされていますが、『稲妻』〈五二年〉も、それに劣らない、日本映画の知られざる傑作の一つです。それぞれ違う父親の子で

成瀬巳喜男（なるせ・みきお）1905-1969

『浮雲』成瀬巳喜男監督、1955

ある四人の子を産み育てた、愚痴ばかり言っている母親、むき出しのエゴイストである長女、やさしいが自分を主張できず、人のいいなりになってばかりいる次女、だめ男の長男、気丈でしっかり者の三女という家族構成に、守銭奴で女に目のない動物的な中年男がからみます。男は、長女の愛人であるにもかかわらず、次女に手を出し、三女にも執着します。

こう書くと、いかにもどろどろした生臭いお話のように感じられますが、成瀬は、黒澤とは対照的な、一切の誇張を排した淡々として客観的なスタイルで、穏やかな愛情と若干の批評意識を保ちつつ、三女を除いては個人としての生き方をもたない人々の織り成す世界とその日常感覚を、くっきりと描き出してゆきます。

僕は名古屋の下町の生まれなのですが、お人好しでおとなしい人々の間にエゴイスティックな小悪党が入り混じって暮らしている戦後の下町独特の雰囲気をはっとするほどのハードフォーカスでとらえた成瀬の作品群は、実際、現実の下町をそのまま映像に昇華したかのようにリアルで生き生きしていると思います。その作品群は、芸術としてのみならず、社会学の素材としても一級の価値をもっているでしょう。

成瀬はロケを嫌ったといわれ、セットの撮影が多いのですが、セットでも

『稲妻』成瀬巳喜男監督、1952

実に鮮やかに下町の情感を表現しましたし、ロケシーンの町のたたずまいと何の違和感もなくスムーズにつながっています。ところで、僕が古い日本映画の街頭シーンでいつも注意してみているのが、路面が舗装されているかどうかです。大通りは比較的早く舗装されていますが、東京でも、小道、路地は、「えっ、このころまでこうだったっけ?」と思うほど後まで土のままなのですね。そうした路地に漂う情感の表現にかけては、成瀬をしのぐ監督はいませんでした。

そんなことも考えながら、たまには、庶民の生活を描いた古い日本映画を見るのもいいのではないでしょうか。必ず、日本についての新たな発見があり、それが、これからの日本について考える上での大きなヒントになると思います。

市川崑《こん》

市川崑は、戦後にデビューした監督たちの最初の中核でした。『**炎上**』〈五八年〉等、戦中戦後の日本人の意識の深層に迫った作品群や、戦争の悲惨を最もリアルに描いた日本映画としてヨーロッパでも高く評価され、その後の海外のリアリズム戦争映画にも大きな影響を与えた『**野火**』〈五九年〉を残し

市川崑(いちかわ・こん)1915-2008

ています。しかし、僕は、幸田文《あや》の原作を素材に、文筆家で生活力に乏しい父、宗教的な教条主義者の母に代わり、また、女性に対する古い社会の圧力をはね返しながら、気が弱くてだめな弟を徹底的に守り抜く姉の姿をじっと見据えた**『おとうと』**〈六〇年〉が一番好きです。

こうした姉に託して市川が描いているのは、実際には、戦後の日本人女性が初めて自己を確立し、近代的な個人として生き抜いてゆこうとする際の模索と苦闘の姿であると思います。情緒や主観に流されない内省的で気丈な女性を美しく造形した最初の日本映画かもしれません。

今村昌平

今村昌平は、もっぱらその土俗的な描写で注目されましたが、実は、そのような側面と並んで、非常に近代的で分析的な、醒めた視線をも備えた監督でした。

『にっぽん昆虫記』〈六三年〉、**『赤い殺意』**〈六四年〉のヒロインは、『おとうと』のヒロインと対照的に、日本人、ことに女性の土俗的な側面を一身に体現した人々であり、中でも、まさに昆虫のようにふてぶてしく、エゴのかたまりとして戦後を生き抜いてゆく『にっぽん昆虫記』のヒロインの生き様《ざま》は

『おとうと』市川崑監督、1960

今村昌平（いまむら・しょうへい）1926-2006

圧巻です。

今村は、日本人の内にひそむ近代以前の意識のあり方を一貫して追究し続けましたが、**『神々の深き欲望』**〈六八年〉における壮大な土俗的、人類学的アプローチからやがて方向を変え、**『黒い雨』**〈八九年〉、**『カンゾー先生』**〈九八年〉では、そうした日本人が戦争に際して被った受難と他国の人々に加えた加害の双方を、祈るような視線で対象化し、造形しました。

映画の中にみられる日本の風俗も、今村昌平、大島渚あたりから、現代に近いもの、僕が何とか正確に記憶している高度経済成長時代後半のものになってゆきます。

大島渚
左派の作家では、大島渚が、戦後民主主義の二重意識《ダブル・スタンダード》と虚偽を鋭く告発し続けました。彼のテーマは、処女作であり、忘れられた佳作である**『愛と希望の街』**〈五九年〉以来、常に、個人と国家や社会の関係に関わっています。
代表作と目される**『儀式』**〈七一年〉は陰影の深い映画です。旧家の家父長でありかつての高級官僚であった男をその長とする、右翼から共産党員までを、また、多数の私生児たちを構成員に含んだ一族の奇妙な成り立ちは、戦

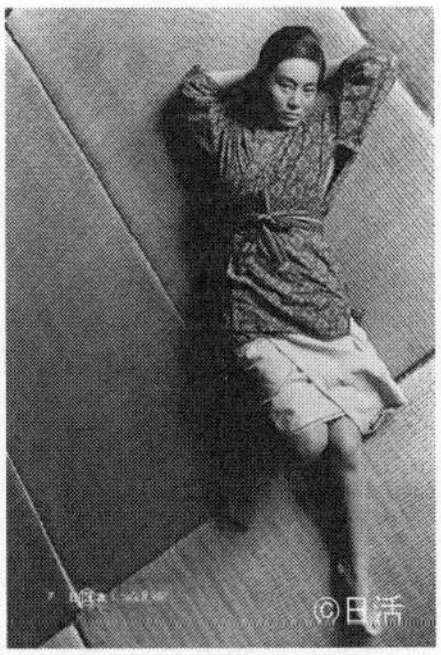
『にっぽん昆虫記』今村昌平監督、1963

大島渚(おおしま・なぎさ)1932-2013

後日本社会のメタファ、戯画として秀逸でしたし、そこにからめとられて脱出することのできない主人公の無為無残な姿は、自己憐憫《れんびん》を含みながらも、説得力のある「生きた人間」のそれになっていました。『**少年**』〈六九年〉も、硬質な抒情に満ちた秀作です。

小栗康平

小栗康平は、左派の監督たちの遺産を受け継ぎながら内省的にそれらを再構成しており、個人の内面を見詰める姿勢が一貫していることが特色です。たとえば、広い範囲の観客から好評を得た『**泥の河**』〈八一年〉の、主人公の少年が、自分が裏切ってしまったために姿を見せてくれない（と彼は感じている）姉弟の小舟を追って走りに走り続ける痛切なラストシーンは、明らかに、浦山桐《きり》郎《お》の『**キューポラのある街**』〈六二年〉（一六歳の初々しい吉永小百合が主演しています）へのオマージュ、捧げ物であると同時に、その弱点であった「貧しい人々はみんな仲良し、お友達」的な描写へのはっきりした決別宣言ともなっています。

小栗の試みは、『**死の棘**』〈九〇年〉あたりから、社会の拘束を離れた人間の内なる領域の探究へと向かいました。『**眠る男**』〈九六年〉、『**埋もれ木**』〈二

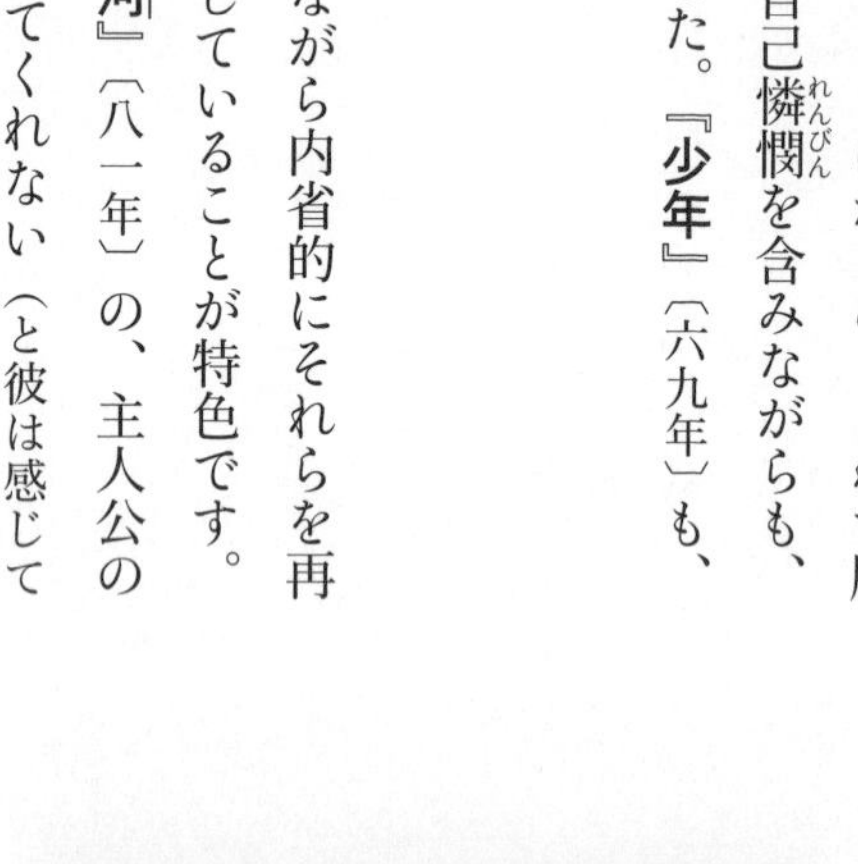
『儀式』大島渚監督、1971

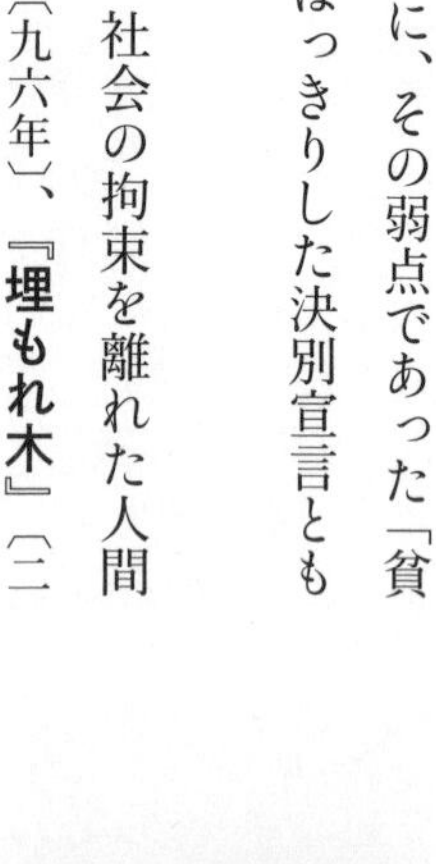
小栗康平（おぐり・こうへい）1945-

〇〇五年〕といった近年の作品は、残念ながら十分に成功しているとはいいにくいのですが、ここまでに掲げた映画作家たちの仕事に匹敵する試みを日本映画において継続して行い続けているわずかな監督たちの代表的存在であることに、変わりはないでしょう。

小栗の次に日本映画を代表する監督といえば、まずは、宮崎駿《はやお》ということになるでしょう。しかし、宮崎はアートアニメーション系統の作家であって、映画監督というのとは少し違う、彼が描いた日本も、彼なりの柔らかな一つの夢の世界であって、現実の日本のきしみや蹉跌《さてつ》は、そこにはほとんど反映されていません。

ここに挙げてきたような映画監督たちに匹敵するような新たな映画作家の出現を期待しているのは、僕だけではないと思います。

いかがでしょうか？　戦後日本映画の潮流が、戦後を生きた人々の意識や社会の変遷と対応していること、芸術作品と社会の対応関係のダイナミズムが理解していただけたのではないかと思います。

戦後最初の巨匠たちが描いた日本の庶民の姿は、近代的な市民意識などと

『泥の河』小栗康平監督、1981

はほとんど関わりがありませんでした。第二世代の監督たちにして、やっと、そうした意識の主体たりうる個人を造形し、あるいは、そうした意識の主体たりえない人々の生の成り立ちを客観的に探究することが可能になったのです。そして、それは、つい五〇年余り前、一九五〇年代末から六〇年代前半のことだったのです。

また、以上のような日本映画の歩みは、かつての日本、たとえば『怪談』等で有名なラフカディオ・ハーン（小泉八雲）が愛したような懐かしい日本の残照が次第に失われてゆく過程をも、ありありと映し出しています。かつての日本映画に流れる情緒の中核を形作っていた風景、風物や人の心のさりげない形といったものは、もはや、失われたまま返ってきません。

僕たちは、そうした貴重なものと引き換えに何を手に入れたのか、手に入れるべきだったのかが、今、問われているのではないでしょうか？

ラフカディオ・ハーン（Patrick Lafcadio Hearn）1850-1904

3

音楽——自由と可能性の音楽としてのロックとジャズ、作曲家の「声」を伝えるクラシック

リベラルアーツとしてのロック

ロックは、アメリカ、イギリスをはじめとするかなりの国々でポップカルチャー、サブカルチャー、カウンターカルチャーの主要な部分になっていますが、日本の場合には、それは、おおむね一九六〇年代から一九七〇年代に少年時代を送った人々のことに限られるようです。

これはもったいないという気がします。ポップカルチャーとしてのロックの広がりや影響、起爆力は、映画のそれをしのぐものだったし、今でもなお、潜在的にはそういう力をもっている、つまり、終わった音楽ではないと思う

からです。

先の世代には、ロックを聴かなかったら、ぐれたり、暴力をふるったり、引きこもったりして、少年時代に人生をだめにしてしまったんじゃないかと思う、そんなふうに語る人を、かなりの数みかけます。僕自身も、その一人かもしれません。ぐれるとか暴力まではいかなかったとしても、本しか読まないこちこちの優等生、ひいては、そのような法律家や学者になっていた可能性はあると思います。

「若いころにはいわゆるエリート裁判官のコースをたどり、中堅になってからは研究や執筆でも知られ、弁護士や学者からも一定の評価を得ていたのに、そんな人が、なぜ、裁判所、裁判官、裁判を痛烈に批判する本を書かれたのですか？」という質問を、僕の二冊の新書について数多く受けてきましたが、その際には語らなかったより内面的な答えの一つに「ロックを浴びるように聴き、ヌーヴェルヴァーグとアメリカンニューシネマの映画を見ていたから」ということがあるかもしれません。そうした芸術につちかわれた感性をもっていたから、日本の裁判所、裁判官の官僚化が進み、ヒエラルキー的な支配、統制のシステムが確立していったとき、それらに対する違和感が非常に大きくなっていったのだと思います。

芸術から入ってきたものは、
頭だけではなく、皮膚感覚、身体の感覚、
文章の組み立て方やリズムにまで
染み付いている

このように、芸術から入ってきたものは、頭だけではなく、皮膚感覚、身体の感覚、あるいは文章の組み立て方やリズムにまで染み付いているのですね。僕の文章について、リズム感やめりはりの付け方が一般的な法律家の硬い文章とは異なるという人が多いことについても、文学や批評の影響だけではなく、ロックや映画の影響も大きいと思います。

ロックというのは、様式ではなく、スピリットなのです。ジャズにもそういう部分はありますが、ロックは特にそうです。単なるポップミュージックとロックの分かれ目は、感覚的かつ微妙なものですが、厳然としてあるのです。第1部でプレスリーやジ・オーフスプリングの音楽に関連してふれましたが、圧倒的な自由の感覚を内に含んでいるかどうかということです。また、その自由の感覚は、ある意味、非常に先鋭で、アナーキー（無政府主義的）なものでもあります。

一九八〇年代以降にロックのプロデューサー（本人はプロデューサーと呼ばれることを嫌っているそうですが）として、ざらざらした質感のラフで凶暴な音作りによって一時代を画した、スティーヴ・アルビニという人物がいます。

この人はアーティストとしても一流で、ビッグ・ブラックというバンドを

スティーヴ・アルビニ
(Steven Frank Albini) 1962-

率いて、かきむしるような音作りの、きわめて破壊的でノイジーなロックをやっていました。このバンドのCDは、ジャケットにものすごいことが書いてあったりするので、まじめな外国人に会うような場合には、机の上に出しておけません。ところが、次に彼が作ったバンドの名前は、さらに過激に、何と「レイプマン」でした。日本の漫画から名前を取ったということです。結局、人権団体等から猛攻撃を受け、一年ほどで解散に追い込まれてしまいます。その後作ったシェラックというバンドは、さすがに少しこたえたのか、彼としてはかなりおとなしいものになっています。

プロデューサーなどというのは、本来、熱くなったり自意識過剰になったり落ち込んだりするアーティストを冷静にバックアップする仕事です。そういう仕事をしている人間が、「レイプマン」などというとんでもない名前のバンドを作ってしまう。でも、これもまた、ある意味では、ロック精神のアナーキーな部分、過激な部分の、一つの現れなのです。今では長い伝統のあるパンクロック、それらからも影響を受けたと思われるラップミュージック（これはアメリカンブラックミュージックの一部ですが）にも、過激な表現は非常に多いですね。

ロック音楽は、あらゆる意味での精神の解放区である。基本的にはそういう約束事の世界だということです。また、本来、芸術とはすべてそういうものではないかとも思います。

なお、念のため付け加えておくと、ライターとしての僕自身が暴力や偏見を是認するわけでは全くありません。

まあ、ロックのそうしたコアな部分にまで入ってゆく必要は必ずしもありませんが、次の項目にも記すとおり、ロックは、本来、インターネット上で一曲ずつ切り売りされ、消費されるような音楽ではない、人の運命を変えてしまうような絶大な力をもった芸術だったのだということは、意識して聴いてみるといいと思います。

意識革命の音楽だったロック

ロック音楽がそのゆりかごの時代である一九五〇年代からもっていた革命的な意味、メッセージについては、第1部で、プレスリーに関連して記したとおりです。

現代の若者にとっては想像することが難しいかもしれませんが、一九六〇年代には、ロックは、まさに革命的な音楽でした。その時代のロックは、一つの音楽ジャンル以上のものであり、世界の見方、感じ方を変える力、既成の感性の秩序を解体して再び組み立て直し、そうすることによって世界を変える力をもっていました。少なくとも、ミュージシャンと熱心な聴き手は、そのように信じていました。六〇年代のロックほど「無限の可能性の意識」に近付いた音楽は、かつてなかったかもしれません。

たとえば、ザ・ビートルズ、ボブ・ディラン、ジミ・ヘンドリックス、ジャニス・ジョプリンらの音楽は、皆、そのようなものであり、そのような音楽として聴かないと、その神秘を本当に明かしてはくれません。それらは、本来、インターネット上で一曲ずつ切り売りされ、消費されるような音楽ではないのです。

先のアーティストの中で、おそらく、自分の音楽を完全に開花させる手前でそのキャリアを終えてしまったのは、ジャニス・ジョプリンでしょう。彼女が自分のイメージにぴったり合ったバンドを組むことができたのは、短い生涯の最後に近い時点でしたし、彼女の残した四枚のオリジナルアルバム（二枚は彼女が最初に属していたグループ名義）は、どれも、統一感が十分でなく音楽にムラがあります。また、アメリカのロック批評家の間には、彼女の攻撃

ジャニス・ジョプリン (Janis Lyn Joplin)
1943-1970

的なシャウティングに陶酔するのは何となく格好が悪い、みたいな感覚もあります。

しかし、ジャニスは彼女なりにブルースの神髄を把握していたと僕は思いますし、歌のうまさも、黒人ロッカーの草分けであるチャック・ベリーがまだ有名になる以前の彼女の歌を聴いて感心したと自伝に書いているとおり、不世出《ふせいしゅつ》のものです。

何よりすごいのは彼女のパフォーマンスで、ドキュメンタリー映画『**ジャニス**』〈ハワード・オーク監督。DVDで入手可能〉でそれらをまとめて見た時には、本当に圧倒されました。彼女は、どのパフォーマンスにおいても、「そこにいる聴衆のすべて」と「全身全霊を傾けての真剣勝負のコミュニケーション」を行おうとしています。これに比べれば、初期ないし中期のローリング・ストーンズの悪魔的なパフォーマンスでさえ、小ぎれいで小粒なものに思えます。

でも、彼女がしようとしていたのは限りなく危険なことで、そんなことをしていたら、一晩だけでものすごいエネルギーを使い果たし、たちまちのうちに自分をすり減らしてしまいます。しかし、彼女は、生命を削りながらそれをやったし、ジミ・ヘンドリックスも、ギターで同じことをしていました。

『ジャニス』ハワード・オーク監督、1974

もちろん、ジャニス自身、そうした企ての危険性をよく知っていたはずです。

「私は、コンサートで二万五〇〇〇人もの人たちとメイクラヴし、そのあと、たった一人でホテルに帰るのよ」

という彼女の一番有名な言葉が、そのことを裏付けています。

ジャニスとジミは、人間の感覚、感じ方の革命であろうとしていたロックの、可能性の意識に引き裂かれ、その幻想に殉じて死んでいったのであり、その死の悲劇性と輝きがいつまでも薄れないのは、決して、感傷だけによるものではありません。

なお、彼女の音楽を最良の形で聴けるのは、後記のリストにも記すとおり、三枚組のボックスセット『ジャニス（JANIS）』で、これには、彼女の最良の録音のほとんどが年代順に収められています。また、一枚ものの各種ベスト盤でも、彼女の音楽がもつたぐいまれな力の一端にふれることは、十分にできます。

さて、その後のロックの歴史を、僕なりに、簡潔に要約してみましょう。

一九七〇年代は、六〇年代の大きな挫折を踏まえた成熟の時代であり、七

『ジャニス（JANIS）』ジャニス・ジョプリン

〇年代のロックは、最も洗練された、音楽においても言葉においても厚みのある表現を見出しました。しかし、七〇年代の後半は、パンクロックによる原点回帰、揺り戻し運動の時代でもあります。六〇年代ほどの起爆力はありませんでしたが、すぐれたアーティストが輩出し、すぐれたアルバムが最も多く作られたのは、七〇年代であると思います。

八〇年代は、エスニックリズムの導入、また、過去の伝統の再解釈の時代でしょうか。この時期の前半くらいまでが、ロックの高速発展、ビッグバンの時代だったといえます。しかし、八〇年代には、ロックがその中心を失って大きく拡散し始めたことも確かです。

九〇年代、傍流から一気にメインストリームに押し上げられたグランジロックのヒーロー、ニルヴァーナのリーダーであったカート・コバーンの突然の自殺は、いわば、「大文字のロックの時代」の終わりを告げるものでした。

この後、ロックの創造的中心は、オルタナティヴ、つまり、もう一つのロック、メインストリームではない傍流のロックのほうに移ってゆきます。もっとも、九〇年代にはまだアーティストの創造意欲は盛んで、僕は、すぐれたアルバムの数からすれば、七〇年代に次いで多かった時代ではないかと思います。後記のものはそのごく一部にすぎません。

カート・コバーン（Kurt Cobain）1967-1994

二〇〇〇年代以降、先のような状況に大きな変化はないように感じますが、持続力のあるグループ、アーティストが目立って減ってきたことは間違いありません。衰退期の特徴ですが、ロックがこのまま縮小再生産時代に入ってゆくのか、それとも、さらに、新たな、かつ大きな展開がありうるのかについては、まだ見極めはつけられないと思います。つまり、ロックは、聴き手の数、ことにアメリカとイギリス以外の国々における聴き手の数こそかなり減ったとはいえ、なお、現在進行形で生きている音楽なのです。

ロックのアーティストと名盤

ロックとクラシックが音楽における僕の主要分野（次はジャズ）ですが、クラシックについては学校でも学ぶので、ある程度のことはわかるという人が多いでしょう。しかし、ロックについては、全く知らない、わからないという若者が増えています。そこで、ロックを聴いてみたいけど何から始めたらいいかわからないという人のために、すぐれたアーティストとそのアルバムを、ある程度まとめて紹介しておきます。

アルバムタイトルは、日本におけるタイトルが有名なものを除き、原タイトルをそのまま日本語にしています。日本では現在発売されていないアルバムもありますが、輸入盤はおおむね入手可能で、価格もかなり安いはずです。また、輸入盤は、一時品切れでもまずは再発されます。

一〇年単位の年代ごとにアーティストのABC順で記しています。アンソロジーやグレイテストヒッツについては、そのアーティストが主として活躍した年代に含めました。

一九六〇年代までのアーティストについてはあまり異論がないと思いますが、七〇年代以降については、多様化が進んだため、僕の判断で選んでいる部分がより大きくなり、日本では知られていないすぐれたアーティストも選んでいます。アルバムについては、そのアーティストの特色が最もよく出ているものを選んでおり、質は高いものばかりですが、必ずしも一番人気のある作品とは限りません。

なお、重要なアーティストでここでは紙数の関係から省いた人々の名前だけ、そのアーティストが主として活躍した年代とともに記しておきます。リトル・リチャード（一九五〇年代）、ザ・バーズ、クリーム、ザ・ドアーズ、フランク・ザッパ、ザ・フー（六〇年代）、デヴィッド・ボウイ、エリック・クラプトン、ジョニ・ミッチェル（七〇年代）、マドンナ、U2（八〇年代）です。

多くのアルバムはUSアマゾン（Amazon.com）のデジタル・ミュージック（Digital Music）のコーナーで各曲三〇秒ずつ試聴できますから、興味のもてそうなものを選んで、まず試聴してみてから買うことをお勧めします。

一九五〇年代（ゆりかごの時代。アルバムは、いずれもアンソロジーやコレクションで、音質も考慮しています）

バディ・ホリー（Buddy Holly）『**メモリアル・コレクション（Memorial Collection）**』（プレスリーに次ぐ白人の先駆者。抒情とパンチの両面を併せ持つ眼鏡のロッカー）①

チャック・ベリー（Chuck Berry）『**ゴールド（Gold）**』（黒人の先駆者。ロックンロールの基本型を作った）②

エルヴィス・プレスリー（Elvis Presley）『**30ナンバーワン・ヒッツ（30#1Hits）**』③、『**ザ・キング・オブ・ロックンロール――五〇年代全録音（The King of Rock'n'Roll:The Complete '50s Masters）**』④（ロック史の別格的存在。なぜなら、彼はロックを「やった」のではなく「創造した」のだから。エルヴィス・イズ・キング）

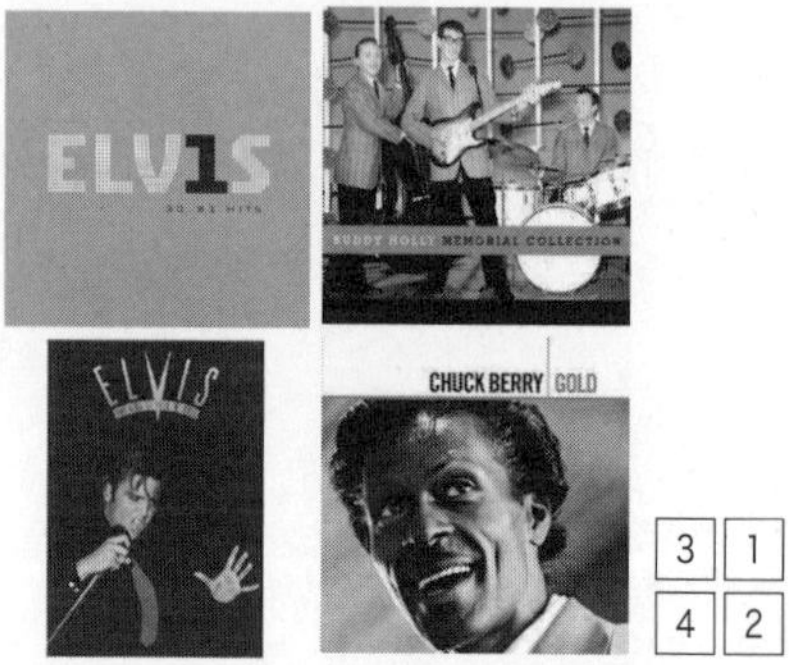

六〇年代（数はそれほど多くないが大物、強力盤ぞろい）

ザ・バンド（The Band）『**ミュージック・フロム・ビッグ・ピンク（Music From Big Pink）**』（六〇年代にあって、深みのある渋い音楽世界を創造。このアルバムはロックの黙示録にして新約聖書）⑤

ザ・ビーチ・ボーイズ（The Beach Boys）『**プラチナム・コレクション（The Platinum Collection）**』（ロックのイノセンスを象徴する若々しく鮮やかなサウンド。アルバムは手頃な三枚もののアンソロジー）⑥

ザ・ビートルズ（The Beatles）『**サージェント・ペパーズ・ロンリー・ハーツ・クラブ・バンド（Sgt. Pepper's Lonely Hearts Club Band）**』⑦（イエス・キリストより有名と自負した最強グループの、ロックを代表するアルバム。ほかに、『**アビイ・ロード（Abbey Road）**』⑧、『**リヴォルヴァー（Revolver）**』⑨、『**ラバー・ソウル（Rubber Soul）**』⑩、『**ザ・ビートルズ（The Beatles）**』⑪も超傑作。最後のものがいわゆる「ホワイト・アルバム」）

ボブ・ディラン（Bob Dylan）『**ブロンド・オン・ブロンド（Blonde on Blonde）**』（ポピュラー音楽のあらゆる約束事をくつがえした鬼才）⑫

CCR（Creedence Clearwater Revival）『**クロニクル 1（Chronicle, Vol.1）**』

11	9	7	5
12	10	8	6

（六〇年代ロックンロールの代表格）⑬

グレイトフル・デッド（Grateful Dead）『**ライヴ／デッド（Live/Dead）**』（ヒッピー精神の権化であり象徴であったサンフランシスコのグループ）⑭

ジェファーソン・エアプレイン（Jefferson Airplane）『**シュールリアリスティック・ピロー（Surrealistic Pillow）**』（同じくサンフランシスコのグループだが、よりポップでかっちりした音楽性をもっていた）⑮

ジャニス・ジョプリン（Janis Joplin）『**ジャニス（JANIS）**』（伝説の女性ブルースロックシンガー。三枚組ボックス）⑯

ジミ・ヘンドリックス（Jimi Hendrix）『**エレクトリック・レディランド（Electric Ladyland）**』（ロックギターの頂点。あらゆる点でユニーク）⑰

ザ・キンクス（The Kinks）『**サムシン・エルス・バイ・ザ・キンクス（Something Else By the Kinks）**』（イギリス的な語りと詩心のグループ）⑱

ザ・ローリング・ストーンズ（The Rolling Stones）『**レット・イット・ブリード（Let It Bleed）**』（ロックにおける悪と不良イメージを集大成したグループ）⑲

ザ・ヴェルヴェット・アンダーグラウンド（The Velvet Underground）『**ザ・ヴェルヴェット・アンダーグラウンド・アンド・ニコ（The Velvet Underground and Nico）**』（前衛派ロックの出発点となったグループ、アルバム）⑳

19	17	15	13
20	18	16	14

七〇年代（名盤の数では圧倒的）

ジ・オールマン・ブラザーズ・バンド（The Allman Brothers Band）『**フィルモア・イースト・ライヴ（At Fillmore East）**』（サザンロックの代表格。ギター中心の悠々《ゆうゆう》たるアンサンブル）㉑

ブロンディ（Blondie）『**グレイテスト・ヒッツ（Greatest Hits）**』（アメリカンニューウェイヴのポップ派。叩き込むようなサウンドがすばらしい）㉒

ブルース・スプリングスティーン（Bruce Springsteen）『**明日なき暴走（Born to Run）**』（七〇年代アメリカを牽引《けんいん》したロッカー。このアルバム冒頭の「サンダー・ロード」は、五分間で歌われる啓示の自伝）㉓

ザ・クラッシュ（Clash）『**ロンドン・コーリング（London Calling）**』（ブリティッシュパンクのトップグループ）㉔

ジ・イーグルス（The Eagles）『**ホテル・カリフォルニア（Hotel California）**』（七〇年代ウェストコーストの代表格）㉕

エレクトリック・ライト・オーケストラ（Electric Light Orchestra）『**アウト・オブ・ザ・ブルー（Out of the Blue）**』（ポップロックとクラシックを極上のセンスで融合）㉖

25	23	21
26	24	22

エルトン・ジョン（Elton John）『**グッバイ・イエロー・ブリック・ロード(Goodbye Yellow Brick Road)**』（ポップロックのキャプテン。メロディアス）㉗

エルヴィス・コステロ（Elvis Costello）『**マイ・エイム・イズ・トゥルー(My Aim is True)**』（戦闘的ブリティッシュニューウェイヴの申し子）㉘

フリートウッド・マック（Fleetwood Mac）『**噂(Rumours)**』（ブルースロックから大化けし、七〇年代アメリカで人気トップに）㉙

ジョン・レノン（John Lennon）『**ジョンの魂(Plastic Ono Band)**』（ロックの私的表現を極限まで追求）㉚

ジョン・プライン（John Prine）『**スイート・リヴェンジ(Sweet Revenge)**』（七〇年代アメリカの知られざるすぐれたシンガーソングライター）㉛

レッド・ツェッペリン（Led Zeppelin）『**レッド・ツェッペリンⅣ(Untitled)**』（アートヘヴィーロックの第一人者）㉜

レイナード・スキナード（Lynyrd Skynyrd）『**ストリート・サヴァイヴァーズ(Street Survivors)**』（サザンロック中最も高密度の演奏）㉝

ニール・ヤング（Neil Young）『**今宵その夜(Tonight's the Night)**』（七〇年代アメリカを代表するシンガーソングライター。カントリーロック系）㉞

ポール・サイモン（Paul Simon）『**ポール・サイモン(Paul Simon)**』（元サ

33	31	29	27
34	32	30	28

イモン・アンド・ガーファンクルからソロへ。洗練と冒険が調和）㉟

ピンク・フロイド（Pink Floyd）『**炎（Wish You Were Here）**』（プログレッシヴロックの代表格。狂気がにじむ）㊱

ランディ・ニューマン（Randy Newman）『**セイル・アウェイ（Sail Away）**』（孤高と皮肉のシンガーソングライター。狭いが深い天才）㊲

ロキシー・ミュージック（Roxy Music）『**サイレン（Siren）**』（耽美《たんび》派ロックの代表格。このアルバム冒頭の「恋はドラッグ」は代表曲の一つ）㊳

セックス・ピストルズ（Sex Pistols）『**勝手にしやがれ!!（Never Mind the Bollocks, Here's the Sex Pistols）**』（彼らは、この、ただ一枚のアルバムで、パンクを象徴するグループとなった）㊴

スティーリー・ダン（Steely Dan）『**プレッツェル・ロジック（Pretzel Logic）**』（知性と洗練を売り物としたスタジオ集団。コアとなるメンバーは二人）㊵

ヴァン・モリソン（Van Morrison）『**ムーンダンス（Moondance）**』（ロックにおけるソウル精神の権化）㊶

ウォーレン・ジヴォン（Warren Zevon）『**ウォーレン・ジヴォン（Warren Zevon）**』（悲劇と悪意と暴力がないまぜになった独自の世界を確立したシンガーソングライター）㊷

41	39	37	35
42	40	38	36

八〇年代（この年代から拡散が始まる。良質だがマイナーなアーティストが増える）

ザ・ビューティフル・サウス（The Beautiful South）『**ウェルカム・トゥー・ザ・ビューティフル・サウス（Welcome to the Beautiful South）**』（美しいメロディーと辛辣《しんらつ》な歌詞のブレンドが実にブリティッシュ）㊸

ジョイ・ディヴィジョン（Joy Division）『**クローサー（Closer）**』（独特のほの暗く内向的な抒情。リーダーであったイアン・カーティスは自殺）㊹

ローリー・アンダーソン（Laurie Anderson）『**ストレンジ・エンジェルズ（Strange Angels）**』（ロック音楽における洗練の一つの極致）㊺

ニュー・オーダー（New Order）『**権力の美学（Power, Corruption & Lies）**』（ジョイ・ディヴィジョンの残されたメンバーが作ったグループ。エレクトロ傾向の強い切実なポップ）㊻

プリンス（Prince）『**サイン・オブ・ザ・タイムズ（Sign O' the Times）**』（ロックとアメリカ黒人音楽の伝統をすべて取り込んだ鬼才）㊼

R.E.M.『**マーマー（Murmur）**』（カレッジロックムーヴメントから出発したスケールある良心派）㊽

トーキング・ヘッズ（Talking Heads）『**リメイン・イン・ライト（Remain**

47	45	43
48	46	44

in Light)』（アメリカンニューウェイヴの代表格。知的で切れのいいサウンド）㊾

九〇年代（オルタナ全盛時代に。しかし、すぐれたアルバムは多かった）

チャンバワンバ（Chumbawamba）『**アンイージー・リスニング（Uneasy Listening）**』（アナーキスト系インテリバンド。これまた実にブリティッシュ）㊿

マッシヴ・アタック（Massive Attack）『**ブルー・ラインズ（Blue Lines）**』（ヒップホップ・ダンス系ロックの代表格。浮遊感ある鋭利なサウンド）(51)

ニルヴァーナ（Nirvana）『**ネヴァーマインド（Nevermind）**』（リーダーであったカート・コバーンの自殺は、九〇年代ロックの転換点となった。このアルバムはすでに古典）(52)

ジ・オーフスプリング（The Offspring）『**グレイテスト・ヒッツ（Greatest Hits）**』（ポップパンク中最も毒のあるサウンド）(53)

レディオヘッド（Radiohead）『**OKコンピューター（OK Computer）**』（オルタナティヴロックの代表格）(54)

レイジ・アゲンスト・ザ・マシーン（Rage against The Machine）『**ザ・バトル・オブ・ロサンゼルス（The Battle of Los Angeles）**』（アナーキーなラップメタルバンド）(55)

55	53	51	49
	54	52	50

二〇〇〇年代以降（過渡期か？　あるいは、衰退期の始まりか？）

ベック（Beck）『シー・チェンジ（Sea Change）』（雑食系、混淆《こんこう》系サウンドの元祖）㊻

エリオット・スミス（Elliott Smith）『フィギュア8（Figure 8）』（九〇年代後半を代表するシンガーソングライターの遺作。胸にナイフを突き立てて自殺したともいう）㊼

M.I.A.『カラ（Kala）』（サンプリング系の才人。すごいイマジネーション）㊽

モディスト・マウス（Modest Mouse）『グッド・ニューズ・フォー・ピープル・フー・ラヴ・バッド・ニューズ（Good News for People Who Love Bad News）』（八方破れのヴォーカルと繊細な音楽性が見事に調和）㊾

ザ・ホワイト・ストライプス（The White Stripes）『エレファント（Elephant）』（姉弟によるガレージロック的、二人レッド・ツェッペリン的サウンド）㊿

ウィルコ（Wilco）『ヤンキー・ホテル・フォックストロット（Yankee Hotel Foxtrot）』（オルタナカントリー系インテリバンド。音楽性が高い）(61)

60	58	56
61	59	57

ジャズという音楽の意味

ジャズの特質を一言で表せば、「フリーでスポンテイニアスな（自由な、自然発生的な）アドリブの音楽」ということになるでしょうか。

僕は、裁判官時代に過労と環境による圧迫からうつ状態を体験していますが、それからの回復期、新築の家の畳の上に寝そべって、来る日も来る日もジャズばかりを聴いて過ごしたことをよく覚えています。

あの時、自分の耳になぜジャズの「声」が一番近く響いてきたかといえば、それは、ジャズが、何よりも「自由の音楽」であるからだと思います。アドリブを主体とし、演奏者が互いの「声」を聴きながらスポンテイニアスに音楽の方向を定めてゆくジャズは、「決め事」の最も少ない音楽であり、また、長老格のヴェテランが若者のバックを支えるような形までをも含めた、その時々の自在なアンサンブルの作り方が可能な、ヒエラルキー的なピラミッドからは最も遠い音楽です。僕が裁判所の官僚機構に窒息しそうになりながら過ごしていたその時期に、ジャズが何よりも切実に耳に響いてきたのは、当然のことでした。

ジャズの歴史には巨人的存在が多く、彼らのアルバムを合わせるとジャズの名盤の相当部分を占めてしまうのですが、その中でまず第一に挙げられるのは、マイルス・デイヴィスでしょう。その時々の若く優秀なサイドメンの創造性をうまく引き出し、採り入れつつ、彼らを適切にコントロールもして、どんどんスタイルを変えながら、常にジャズの最前線を走り続けました。

ことに、そのエレクトリック導入期、一九六八年から七五年ころまでの彼の音楽は、ロックに対する対抗意識で燃え上がっており、一つ一つのアルバムに興奮させられたものです。当時は、ジャズファンよりもむしろロックファンのほうが彼の音楽を認めていました。ジャズファンの多くは、彼の音楽についてゆけず、拒絶反応を示していたのです。この時期のアルバムの中で特に質が高くかつ比較的取っ付きやすいのは、この時期最後の日本におけるライヴ『**アガルタ**』（①）と『**パンゲア**』（②）でしょう。

全盛期の古典的なジャズとしては、ソニー・ロリンズの『**サキソフォン・コロッサス**』（③）、セロニアス・モンクの『**ブリリアント・コーナーズ**』（④）、ジョン・コルトレーンの『**マイ・フェイヴァリット・シングス**』（⑤）をお薦めします。質と聴きやすさの双方を兼ね備えたアルバムばかりです

マイルス・デイヴィス
(Miles Dewey Davis III) 1926-1991

5	3	1
	4	2

クラシックという音楽の意味

クラシック音楽（正しい英語はクラシカルミュージックです）の本質は何でしょうか。十分に楽譜が読めなくてもなお伝わってくるクラシック音楽のサムシング、それは、マニアックなクラシックファンのいうところの技術や芸ではなく、僕には、やはり、作曲家と演奏者の「声」であるように感じられます。

たとえば、同時代の音楽家でも、ベートーヴェンの「声」とシューベルトの「声」とでは全く異なります（なお、亡くなった年をみると、意外にも、ベートーヴェンのほうが一年早いだけです）。ベートーヴェンには常に構築の意思があり、ことに交響曲の場合にそうですが、音楽が、堂々とした講演のように、周到かつ明確に組み立てられています。よく響く、強い声であり、他人に聴かせることをはっきりと意図している声でもあります。

しかし、室内楽になると、その声の性格はより微妙になります。彼の最も個人的な音楽と思われるピアノソナタ、ことに後期の作品の一部では、ベートーヴェンは、もはや同時代には誰も彼の声を聴きうる（その水準に達しうる）者がいないので、みずからに問いかけ、みずからと、また、その向こうに存

ルートヴィヒ・ヴァン・ベートーヴェン (Ludwig van Beethoven) 1770-1827

フランツ・シューベルト (Franz Peter Schubert) 1797-1828

在するであろう未来の聴き手と、対話しているように感じられます。

シューベルトの音楽は、対照的に、徹底して無償のものです。天性の声をもった語り手が、音楽仲間たちを始めとする彼の共同体との交歓のために、語りたいままに語り、歌っているという印象が強い。

ところが、晩年の作品では、そうした音楽の自然な流れが薄れ、構成は大きく複雑になり、果てしない繰り返しや転調が延々と続くようになります。こうした作品は、かつては、構成が弱いものと考えられていました。しかし、おそらく、そうではない。若くして多くのことに敗れ、身体も弱っていた晩年のシューベルトは、かつては湧き上がるままに友人知人に聴かせていた「歌」を、今はただ自分自身のために歌っているのです。

晩年のシューベルトの長大な作品に込められているのは、おそらく、絶望と、無垢への深い憧憬《しょうけい》です。シューベルトは、もはや音楽の中にしかありえない彼の失われた無垢《イノセンス》を愛惜《あいせき》しながら去っていったのです。

モーツァルトの場合は、ほかのどの作曲家とも異なります。彼の「声」は、類をみない特異なもので、いわば、アンプを介さずにプレーヤーからダイレクトにスピーカーに響いてしまう信号のようです。

彼の音楽の情緒は、彼のその時々の感情に対応したものとは限りません。たとえば、彼の宿命の調性といわれたト短調の作品の一部、交響曲第二五番や弦楽五重奏曲第三番では、曲の冒頭から、何の前置きもなく、暴風のように激しい感情が堰《せき》を切ったようにあふれ出します。それは、きわめて純度の高い嘆きの声のように聴こえますが、作曲者がそうしたことを意図して音楽を作っていたのかどうかになると微妙です。天才中の天才である彼の「声」は、時と所を問わず、ある時突然にその居場所を見出して、間歇泉《かんけつ》のように激しく噴出するのです。言葉を換えれば、モーツァルトの音楽は「個性」を超越しています。だからこそ、それは、聴き手に深い癒《いや》しをもたらすのでしょう。

僕にとって、クラシック音楽を聴くことは、こうした作曲家の「声」と、それをみずからの解釈によって聴衆に仲介しようとする演奏者の「声」とを併せて聴くことです。そのような聴き方をする限り、中世、ルネサンスの音楽から現代音楽まで、聴けない音楽はないと思います。もちろん、バロック音楽以前の音楽や現代音楽の「声」については、それを聴き取るためにある

ヴォルフガング・アマデウス・モーツァルト（Wolfgang Amadeus Mozart）1756-1791

程度の努力が必要とされるかもしれませんが。

クラシック音楽は、いわば、非常に感覚的な論理の流れであり、言葉を介しないで音楽家が伝えてくる「声」であり、ストーリーのない物語なのです。そして、そうした物語が占める場所の連なりは、やがては聴き手自身の「場所」ともなり、その精神のよりどころともなるでしょう。それは、もちろん、聴き手の人生を構成するパースペクティヴ、ヴィジョンの一部にも、組み込まれてゆくはずです。

4

漫画——批評的精神とポップ感覚を兼ね備えた大衆芸術

リベラルアーツとしての現代漫画

第2章「1　哲学」の項目等でふれた鶴見俊輔は、早くから、漫画を芸術、大衆芸術ととらえていました。一般的にも、戦後の漫画に圧倒的な影響を与えた手塚治虫等の作品については、比較的早くからそうしたとらえ方はありました。しかし、漫画が芸術の一分野として広く認知されるようになったのは、一九六〇年代のことではないかと思います。

ちょうどそのころから凋落《ちょうらく》傾向がみえ始めた日本映画に代わり、日本の現代漫画は、そのすぐれた部分をとってみれば、同時代の芸術表現の中でも最もエネルギー、力のあるものの一つとなりました。漫画は芸術表現の中でもことに感覚的な様式であり、また、その根底には在野的な批評精神がありま す。鳥獣戯画に始まる日本の漫画の伝統は、民族性と芸術形式の結び付きという意味でも非常に興味深いものだと思います。

以下、その年代以降の主要な漫画家を年齢順に紹介してゆきます。

つげ義春

漫画が芸術の一分野として広く認知されるようになった大きなきっかけを作ったのが、雑誌『ガロ』への掲載から始まる鬼才つげ義春の仕事でした。彼の作風、画風自体は全く独自のもので、また、作品の内容や執筆時期によって微妙に変化しており、模倣が困難なため直接的なフォロワーはありませんが、すぐれた文学と同レヴェルの深い表現を漫画にもたらし、その枠組みを一気に広げた彼の功績は、計り知れません。

アヴァンギャルド、前衛的な「**ねじ式**」が際立って有名ですが、彼の本質は、「**チーコ**」、「**峠の犬**」、「**海辺の叙景**」、「**ゲンセンカン主人**」、「**やなぎ屋主人**」等の内面性の強い作品にあると思います。この世界から消え去りたい、あるいは、誰の目も届かないような世界の片隅に逃避してひっそりと生息したい、という彼の願望が、こうした作品には、痛いほど強く現れています。

『**ねじ式 つげ義春作品集**』つげ義春著、青林工藝舎

二つの名前と居場所をもちつつそのことを意に介さず生きている一匹の犬に話者の存在の不確かさを重ね合わせた「峠の犬」など、時代物の設定と素直な描きぶりの描線ゆえに一層深みを増している、このさりげなさがすごいと思います。

彼の作品は各種の文庫で読むことができますが、文庫は漫画を読むにはなるべく避けたい判型なので、できれば、**『つげ義春全集』**（筑摩書房）の4から8までを入手するのがいいでしょう（一部はユーズドになります。なお、1から3は『ガロ』時代以前の初期作品なので、とりあえずは外していいと思います）。

諸星《もろほし》大二郎

どこかで普遍的なものにふれながらも日本という舞台と情緒を絶対に手放さないつげ義春に対し、諸星大二郎はコスモポリタン、世界人タイプです。SF的な設定が多く、子ども向けの作品でも、奥行きのある深い世界を演出します。

ルイス・キャロルの『鏡の国のアリス』で、キャロルは、だじゃれが好きで泣き虫な蚊の姿をとりながら、「向こうの森には、名前をもつものなどいない」と語ります。その「向こうの森」、すべてのものに名前が付けられる

『つげ義春全集』つげ義春著、筑摩書房

以前の、善悪未分化、自己、他者を含むすべてが一体の世界、無垢の世界こそ、諸星ワールドの登場人物たちが、あこがれ、帰ってゆこうとする場所です。

手塚賞に入選した「**生物都市**」に始まり、『**暗黒神話**』、「**夢みる機械**」、「**ぼくとフリオと校庭で**」、そして、こうしたテーマを完璧な詩的イメージにまで高めた「**夢の木の下で**」と「**荒れ地にて**」（二作とも『**夢の木の下で**』に収録）に至るまで、彼の作品は、そのすべてがこのテーマの変奏曲ともいえます。

彼の作品については、オリジナルの作品集のほか、各種の選集が出ており、文庫もあります。つげと異なり、文庫以外のものの入手も比較的容易です。

大友克洋《かつひろ》

大友克洋は、デビュー当時から画力抜群で、アナーキー、ノンシャラン（投げやりで無頓着《むとんちゃく》）、虚無的な短編群に、「すごい人が出てきたな」と感心したことをよく覚えています。日本人の顔をリアルに描いた最初の漫画家かもしれません。白いバックや風景の多用も非常に新鮮で、その後の漫画の描線や描法に決定的な影響を与えました。

短編集『**ショート・ピース**』、『**ハイウェイスター**』ではユーモアをも交え

『**彼方より—諸星大二郎自選短編集**』諸星大二郎著、集英社（「生物都市」収録）

てスタイルを確立し、『AKIRA』と『童夢』で大ブレイクしました。後者の二作は、構成も緊密ですし、それぞれのコマが美術といってもよいくらいの繊細で鋭い筆致で描かれていて、今でもなお新鮮です。これらの作品で漫画については創造的エネルギーを使い果たしてしまったのか、その後は映像作品が中心になっているのは残念です。

高野《たかの》文子

高野文子は、現代の漫画家の中でも傑出した芸術的感性の持主です。寡作ですが、駄作が全くありません。普通の漫画家なら忘れられてしまうほどに間隔を空けて新作を出し、それが、たとえば『**ドミトリーともきんす**』（二〇一四年の作品）という、科学書を題材にした、過去の科学者たちとの仮想の対話的ほのぼの漫画！　それでもちゃんと売れるのだから、たいしたものです。いかに固定ファンの編集者、読者が多いかということでしょう。

彼女も、つげ同様、作品によってかなり描線やタッチを変えています。画風が変化している度合いは、つげ以上かもしれません。初期の秀作を集めた『**絶対安全剃刀《かみそり》**』、彼女のイメージするところのかつての少女漫画の理想の形を再現した『**おともだち**』、収められた作品のどれもが新たな感性の世界を

『AKIRA』大友克洋著、講談社

『ドミトリーともきんす』高野文子著、中央公論新社

開いている『**棒がいっぽん**』など、全作品が読むに値します。僕自身は、『棒がいっぽん』がベストではないかと思います。

高橋留美子

高橋留美子は、メジャー系の漫画家では最も先鋭な作品を描く人です。ギャグとシリアス、喜劇と悲劇の双方に長けていて、乗っているときにはギャグものについてもすさまじい切れ味を示します。その双方の要素がうまくブレンドされた『**めぞん一刻**』が代表作でしょうか。彼女の漫画で僕が感心するのは、顔を描かなくても、後ろ姿や手の表情だけで完璧な感情表現ができること、人物造形の確かさと深さ、展開の巧みさです。描線も抜群の美しさで、大友同様、その後の漫画に大きな影響を与えました。

彼女の本質もまた、諸星とは少し違った意味においてですが、無垢への固着です。それが鬼気迫る迫力で描かれている短編「**人魚の傷**」(同名の作品集に収録)は、悲劇のほうの代表作ではないかと思います。彼女の漫画を読んでいるとやがて見えてくるのは、教室の片隅で少年漫画に読みふけり、それを写すことに没頭している、孤独な、しかし、充実した少女の姿です。ある時期から作品の質が落ちたように感じられるのは残念です。

『めぞん一刻』高橋留美子著、小学館

近藤ようこ

近藤ようこは、地味な作風ですが、国文学、日本の古典専攻の知識を生かし、時代物でも現代物でも、日本人の無意識の世界を活写しています。男女の関係を扱った短編あるいは連作短編が中心ですが、多くの作品があるにもかかわらず常に一定の水準を維持しているのは立派です。時代物の代表作として**『水鏡《みずかがみ》綺譚《きたん》』**、**『逢魔《おうま》が橋』**、現代物の代表作として**『見晴らしガ丘にて』**が挙げられます。この人の漫画には深い毒があるのですが、それを抑えて温かみのある作品でも成功させるところがプロですね。先に挙げた作品は、そのバランスが取れたものばかりです。

岩明《いわあき》 均《ひとし》

岩明均は**『寄生獣』**でよく知られています。力で押しまくった作品ですが、最初から長編にするつもりは必ずしもなかったようで、それがかえって先の読めない展開を可能にしたのかもしれません。**『七夕の国』**と**『雪の峠・剣の舞』**は、いずれも布置結構《ふちけっこう》、全体の構成が見事で、現在までの彼のベストではないかと思います。この人も近藤ようことは別の意味で毒の深いところ

『水鏡綺譚』近藤ようこ著、青林工藝舎

『寄生獣』岩明均著、講談社

があり、『寄生獣』には、残酷描写がある程度含まれます。

こうの史代《ふみよ》

こうの史代は、地味な作風、古風なたたずまいの画風ですが、広島で被爆した人々の年代記『**夕凪《ゆうなぎ》の街 桜の国**』で一躍注目を集めました。これも大変いい作品ですが、静かな三角関係をからめつつ庶民の戦争体験をじっくりと掘り下げた『**この世界の片隅に**』が代表作ではないかと思います。後者は、最初のほうの随想的な描写がやや長い感はあるものの、後半のたたみかけはすばらしく、おっとりから一転して読者の喉元《のどもと》に匕首《あいくち》を突き付ける転換技法がすばらしい。これは、プレゼンテーションなどでも非常に効果的な方法なので、見習っていただきたいところです。

五十嵐大介

五十嵐大介は、久々に現れた天才肌の漫画家という印象の人でした。『**はなしっぱなし**』、『**そらトびタマシイ**』、『**魔女**』、『**SARU**』、『**海獣の子供**』など、すぐれた作品ばかりで駄作が全くないのは、つげ、高野とこの人くらいではないかと思います。その作風、持味《もちあじ》は、水木しげる以来のアニミズム、

『この世界の片隅に』こうの史代著、双葉社

『はなしっぱなし』五十嵐大介著、河出書房新社

万物霊有思想の伝統に与《くみ》していますが、五十嵐のそれは、世界的な広がりがあり、詩的な深さにおいても際立っています。詩人の魂をもった漫画家であり、デビュー作『はなしっぱなし』は、描かれた散文詩だと思います。この時点ですでに絵も完成していました。

なお、以上は、完結した作品のみを選択しています。

漫画からも十分に養える批評的精神とポップ感覚

日本人は知的に高い民族だと思いますが、すでに記してきたとおり、批評的精神や客観性に関しては、必ずしもそうはいいにくいようです。合格者が数倍になった今でも日本の司法試験の難しさはかなりのものなのに、弁護士、あるいはその訴訟活動の平均レヴェルがなお今一つなのには、このことが関係しているように思います。

アメリカの弁護士の裁判官評価アンケート結果が的確なのに対し、日本のそれは、数が非常に少ないのでやむをえない面もありますが、おおむね浅く、だまされやすく、また、主観的、情緒的なものが目立ちます。

真剣勝負で向き合えば、漫画も法学も変わらない。あらゆる事柄は、あらゆる事柄に応用できる

この相違は、第2部のはじめのほうでふれたインターネット上のブログや各種のレヴューの記述における英米のそれと日本のそれとの相違と、まさにパラレルなのです。

鶴見俊輔は、かつて、白土三平の『**忍者武芸帳 影丸伝**』（唯物史観による貸本漫画の秀作）が読みこなせる学生は、日本の学生としてはかなりすぐれたほうに属すると書きました。僕も、たとえば先に掲げたような漫画についてきちんと読みこなし、分析ができる学生は、これは必ずしも日本に限ったことではなく、確実にすぐれた部分に属すると思います。それができれば司法試験も多分受かる、少なくとも、より受かりやすいでしょう。

つまり、真剣勝負で向き合えば、漫画も法学も変わらないということです。これがわかれば、あれもわかります。

なお、法学はポップ感覚からはほど遠い学問ですが、僕の本には、専門書についても、映画、ロックやジャズ、漫画から学んだポップ感覚が隠し味として施してあるつもりです。あらゆる事柄は、あらゆる事柄に応用できるのです。

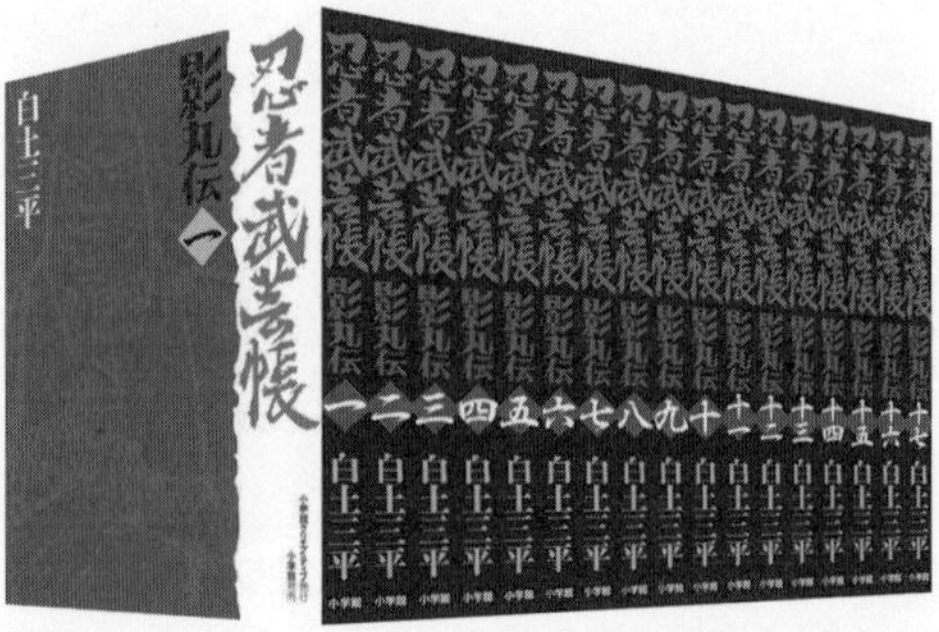

『忍者武芸帳 影丸伝』白土三平著、小学館クリエイティブ（©小学館クリエイティブ）

最後に、スペースの関係上ふれることのできなかった現代漫画の旗手たちの名前を、ロックの項目の場合と同じように、印象に残っている作品一つと簡単な解説とともに挙げておきましょう。こちらではギャグ系の漫画家、作品を比較的多めに選んでいるので、そこはリベラルアーツの範囲から外れるのではないかと思われる方もあるかもしれませんが、僕は、ユーモアやウィットも、リベラルアーツの重要な要素ではないかと思います。

すでに亡くなった方や一線を退いた（？）方をも含め、マニアックな選択も一部含みますが、まあお許しを。先のラインアップ同様おおむね年齢順です。年齢不明の人については、おおよそのところを推測して並べました。

勝又進**『勝又進短編集』**（青林堂コミック・オン・デマンズ）（つげ義春と同じく『ガロ』から出た異才。不遇だったが、初期作品はすばらしかった）①

花輪和一**『刑務所の中』**（日本人の業の世界を仏教的な世界観で描く漫画家の獄中記）②

樹村みのり**『見送りの後で』**（二十年早すぎたジェンダーの作家の、『愛ちゃんを捜して』と並ぶ心なごむ作品。ジェンダー色が強い作品としては『海辺のカイン』等がある）③

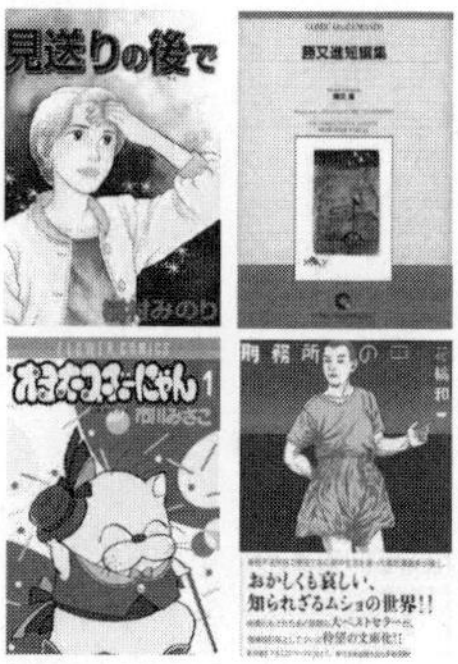

3	1
4	2

市川みさこ『**オヨネコぶーにゃん**』（古典的少女ギャグ漫画の秀作、高度経済成長期の終わりにあってまだまだ幸せな子どもたち。もはや失われた世界かも）④

吾妻ひでお『**失踪日記**』（美少女もので知られる漫画家の失踪体験「私漫画」。それまでの作品に比べ密度が高い）⑤

いしいひさいち『**バイトくん**』（四コマ漫画に新境地を開いた漫画家の代表作）⑥

曽祢《そね》まさこ『**呪いのシリーズ**』（ていねいに描かれた少女向け怪奇怨念ファンタジー）⑦

いがらしみきお『**きょうのおことば**』（『かむろば村へ』、『I（アイ）』等のシリアスな秀作と並ぶ、かわいらしく品位あるギャグ作品）⑧

高橋葉介『**真琴・グッドバイ**』（ドイツ・ロマン派の幻想文学作家ホフマン風の怪奇幻想作品の多い漫画家の、珍しいポップギャグ作品）⑨

石坂啓『**アイ’ム ホーム**』（ギャグから一転、魂の暗部を直視した。『俺になりたい男』、『ひみつの箱』（絵は堀田あきお）もいい）⑩

山科けいすけ『**パパはなんだかわからない**』（毒のあるユーモアでサラリーマン生活を描く漫画家の、ほのぼの風味をもまじえた秀作）⑪

しりあがり寿『**真夜中の弥次さん喜多さん**』（ドラッグでもやって描いたかのようなシュールレアリスティックギャグの秀作）⑫

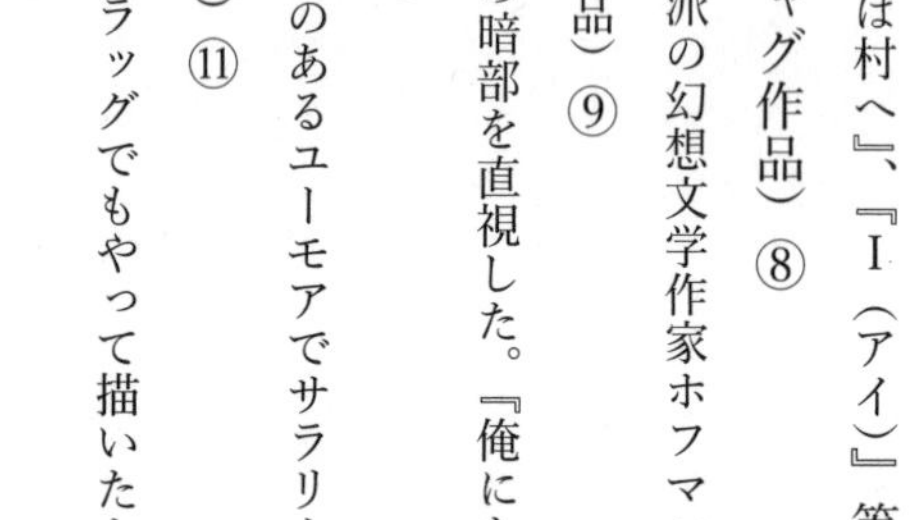

11	9	7	5
12	10	8	6

小道迷子『**なんたって桃の湯**』（四コマで、少女たちの感性をほのぼのとまた鋭く描いた漫画家の、最も調和の取れた作品）⑬

玖保キリコ『**いまどきのこども**』（今では少し古くなったかもしれないが、子どもたちの世界を見詰める温かい視線が秀逸。ほかに、『シニカル・ヒステリー・アワー』等）⑭

さそうあきら『**神童**』（多才な作家の最も調和の取れた作品。同じくクラシック音楽に対する深い造詣《ぞうけい》を示した『マエストロ』もいい）⑮

猫十字社『**黒のもんもん組**』（ポップパンク的少女ギャグの古典的秀作）⑯

あさりよしとお『**宇宙家族カールビンソン**』（近未来SF的な異世界の中でのほのぼのホームドラマギャグ）⑰

けらえいこ『**あたしンち**』（日本のかつての家族の形を現代に移しかえて大ヒットしたホームドラマギャグ）⑱

望月ミネタロウ『**東京怪童**』（ギャグ風味のシリアスものを描いてきた漫画家が「心」の領域に入った作品。この作品の仕掛けがきちんと理解できれば、難しい教科書も理解できるでしょう）⑲

西原《さいばら》理恵子『**上京ものがたり**』（無頼派といわれるが、本当にいいのはリリカルな作品群。『女の子ものがたり』、『パーマネント野ばら』も秀作）⑳

19	17	15	13
20	18	16	14

冨樫《とがし》義博『HUNTER×HUNTER』（連載中。審美的にすぐれた絵作りと、残酷かつ古風なストーリー）㉑

すぎむらしんいち『ALL NUDE』（下世話でシュールなポップギャグの世界）㉒

松本大洋『ZERO』（『ピンポン』の作者のベスト作。主人公たちが狂気に突き進んでゆくラストがすばらしい）㉓

安達哲『バカ姉弟《きょうだい》』（アブナい世界を描く異才が、アブナさをかわいらしさと調和させて成功）㉔

あずまきよひこ『あずまんが大王』（四コマに新しい感覚を開き、かわいいキャラクターで若者たちに大受け）㉕

三部《さんべ》けい『カミヤドリ』（シリアスかつ緻密に組み立てられたアジア近未来SF）㉖

小畑健《おばたたけし》（原作大場つぐみ）『DEATH NOTE』（細部にこだわった見事な絵作りとマニアックで暗いストーリー）㉗

伊藤理佐『女いっぴき猫ふたり』（ノンシャランでアナーキーな女流漫画家の、猫との楽しい生活スケッチ）㉘

黒田硫黄『大日本天狗党絵詞《えことば》』（「党」に夢をかける異端者である「天狗」たちの悲惨。見事な人物造形）㉙

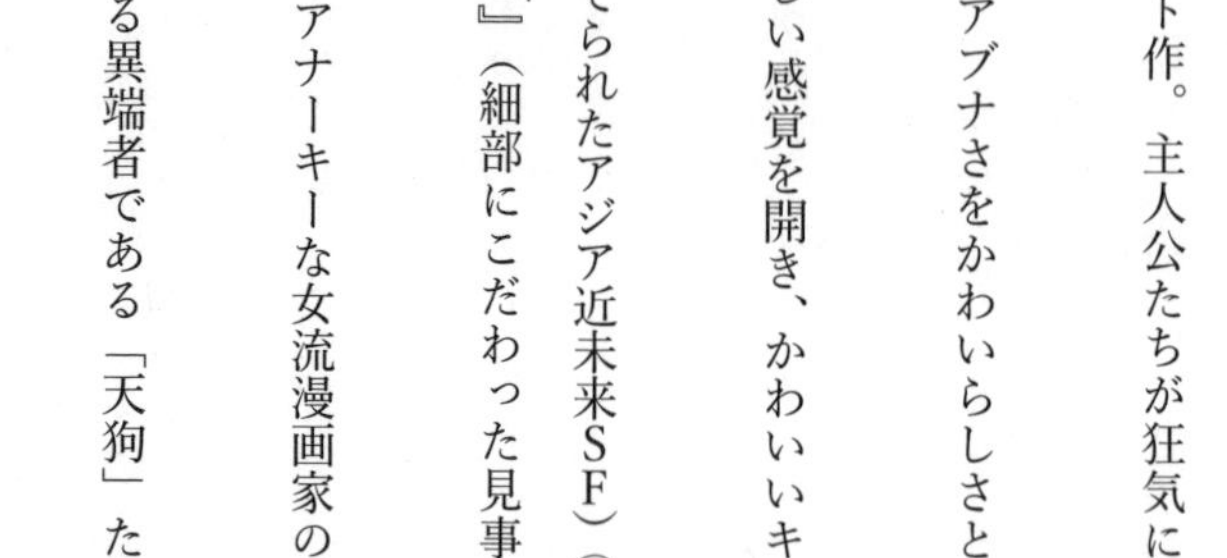

安野《あんの》モヨコ**『働きマン』**（大人の男たちのジャーナリズムの世界に女性漫画家が挑戦。かなり成功）㉚

古谷実**『ヒミズ』**（的確な描線と徹底してデスペレートなストーリー。その方向での唯一の成功作）㉛

石黒正数**『ネムルバカ』**（『それでも町は廻っている』の作者が青春の悲哀を描いた突然変異的秀作。同じキャラクターと猫が主人公の『木曜日のフルット』もかわいい）㉜

押切蓮介**『猫背を伸ばして』**（売れない時代の漫画家生活の悲哀を等身大で淡々と描写。身につまされる）㉝

現代漫画の芸術的基盤を築いたのは、一九四〇年代の後半から五〇年代生まれの人々で、おおよそ僕の前後の世代です。その後に漫画表現の枠をさらに広げたのが、六〇年代、七〇年代生まれの人々ですが、先に挙げた最初のグループの漫画家たちについてみると、一番若い五十嵐大介でも一九六九年生まれで、すでに四〇代の半ばになります。

その後のいわゆるアニメ・ゲーム世代になると、大きな存在感のある人は今のところまだ少ないように感じられます。漫画は現代日本文化の中核に位

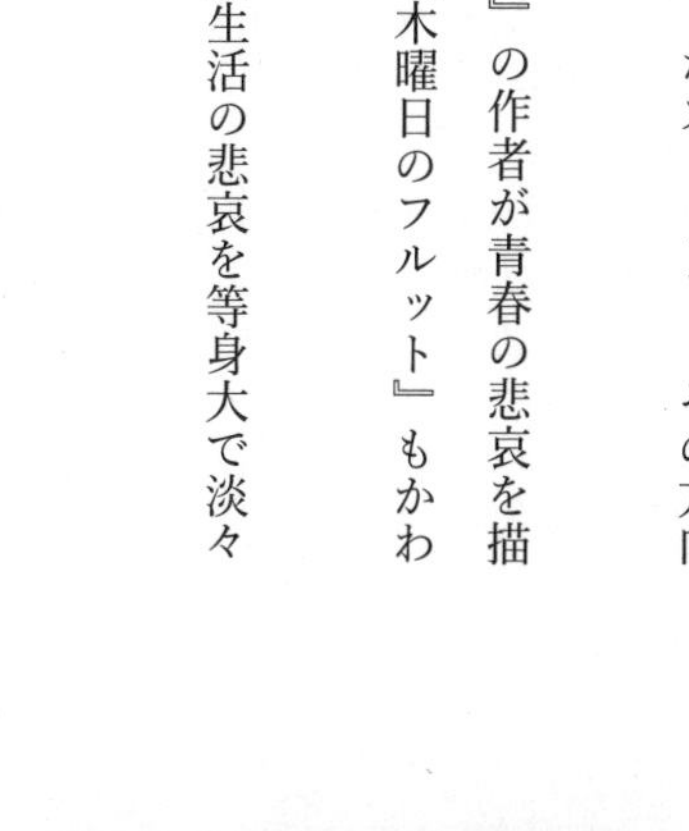

33 31 29
32 30

置するジャンルだと思うので、才能ある若者たちが続いてほしいものだと思います。

5

広い意味での美術——視覚的な美意識の核を形作る

リベラルアーツとしての美術の重要性

美術は、写真や映画がなかった時代には、記録の手段でもあり、視覚によって芸術家のインスピレーションを人々に伝える唯一の手段でもありました。

現代でも、教養としてのリベラルアーツの領域に含まれることは明らかです。

「美」というのは人間共通の基本的な価値観、価値意識であり、すでに述べてきたとおり、芸術全般のみならず、書物についても、それが後世に残るか否かといった観点からは、著者の文章術やレトリック、すなわち美意識が問われます。美意識を欠いた情報やメッセージが人の心を深くとらえることは難しく、そして、人間のそうした美意識の中核を形作るのは、美術と音楽と

「美」というのは人間共通の基本的な価値観、価値意識であり、作品や書物が後世に残るか否かといった観点からは、作者の文章術やレトリック、すなわち美意識が問われる

いう二つのリベラルアーツの領域なのです。芸大には美術学部と音楽学部があることからも、そのことがわかります。

ことに、絵画は、人間が美を表現する際の最も基本的な手段の一つとして昔から重要でしたし、近代に入って多数の天才が矢継ぎ早に登場したことから、確実に美術の中心に位置するようになりました。

絵画は、文学のように複雑な事柄や感情を詳しく表現できるわけではなく、音楽のようにはなやかでもありませんが、完結した小宇宙としての均整、美しさ、深みといった点については、随一ではないでしょうか。時間的要素を含まず、十秒でも鑑賞可能だし、逆に一日中見ていてもかまわない、そのような意味では、受容する側に多くの自由を残してくれている芸術形式でもあります。

美術、写真、漫画は、僕の中では、ボーダーレスに、ゆるやかにつながっています。それは、おそらく、絵画的、視覚的なイメージ、それらに共通する広い意味でのエロス的なニュアンスを介してのことなのでしょう。また、子ども時代に友達の家や図書館で飽かずめくり続けた美術書から学び取ったイメージは、今でも、幼少年時代に暮らした町のイメージと並んで、僕の美意識や夢のトーンを決定しているように感じられます。そうした意味では、無意識の深いところに入ってきてその人の視覚的な美意識やセンスの核を作るのは美術、ことに、現代人にとっては絵画ではないかと思います。

美術についていては、言葉がくっついているわけではなく、視覚的イメージがすべてですから、自分自身の私的なイメージ、情緒との結び付きを大切にしながら眺めてみることをお勧めします。ただの名作という以上の何かがみえてくるはずです。

美術作品についていては、今では、美術展のみならず、旅行、ことに海外旅行の際に、オリジナルを見ることが容易になりました。ただ、何の感覚も予備知識もないままにオリジナルを見ても、得られるものは多くないと思います。美術についていては、鑑賞の方法を知っておくことも大切です。

いわゆる「絵画の見方」に関する本は、定評のあるものはおおむねよく書けていますが、僕には、特に強く心に残っているものまではありません。絵画についていては、やはり、個々の画家の作品をまとめて楽しみながらその見方についても学ぶのが一番ではないかと思います。

たとえば、美術出版社の『**世界の巨匠シリーズ**』（函《はこ》入りの大型本で、多く

『世界の巨匠シリーズ』、美術出版社

の図書館に備えられています）は、印刷の質が抜群ですし、欧米の解説執筆者も充実しているので、それらをじっくり眺めながら時には解説も読んでみることをお勧めします。海外旅行が容易になったことなどの反面として、美術書は売れなくなってしまいました。したがって、今後、このシリーズをしのぐ全集が出ることは、もう、おそらくないと思います。

なお、このシリーズは、後に函なしの廉価《れんか》版も出ていますが、そちらは印刷の質が落ちます。ユーズドを購入する場合には注意してください。ほかに、集英社等も何度か世界、日本の美術全集を出しており、それらについては、インターネットオークションで全巻セットを容易に安く入手できます。

関連して、第六感の重要性についてお話ししておきましょう。

僕は、ある時、ふと、先の『世界の巨匠シリーズ』（何冊かは持っていました）を手元に置きたくなってインターネットで調べているうちに、このシリーズの大半でかつ状態のよいものが、初めて見たヤフーオークションのページにセットで安く出ているのを見付け、さっそくサイトに登録して落札したことがあります。大荷物が着いて家族から叱られましたが、僕は大変満足でした。ユーズドを一冊ずつ買っていたら、お金も手間もかかり、また、入手困難なものもいくらか含まれるシリーズだからです。

これ自体はごく小さなことにすぎませんが、僕は、こういうふうに、ある瞬間しか手に入らないものを偶然手に入れたり、蜘蛛の糸がつながるようなわずかな可能性で新しい仕事の機会や人間関係にたどり着いたことが、かなりの回数あります。僕は、こうしたことを「守護天使の導き」と呼んでおり、それも正しいと思いますが、実は、運命論を持ち出さなくても、説明のつくことではあるのです。

人間には動物の一種として「第六感」というものがあり、ある領域の事柄に感覚を研ぎ澄ましていれば、そうした事柄については、無意識の計算によって、五感を超えた直感を働かせることが可能になるからです。このことは多くの人々が書いていて、僕に限ったことではありません。そして、実際には、どんな仕事でも、こうした直感の働きによって助けられる場合がかなり多いのです。また、こうした第六感の働きも、当然のことながら、その人のバックグラウンドに大きく左右されます。リベラルアーツ的な情報や感覚の蓄積は、こうした側面でも非常に重要なのです。

虚構と真実のせめぎ合いとしての写真芸術

美術の一角を占める写真については、映画と同じく、虚構という要素が大きい芸術だと思います。写っているのが現実の「もの」や「モデル」であるからこそ、かえって、写真は、避けようもなく、撮影者の心をあぶり出してしまいます。たとえば、同じモデルを何人かの写真家が撮ると、それぞれの写真家の撮った写真におけるモデルの顔が違って見える、具体的にはそれぞれの写真家に似て見える、ということがいわれます。つまり、写真家は、無意識のうちに、モデルが自分に近い顔に見える角度や表情を選択しているということです。無色透明なはずの商業写真でさえ、こういうことが起こるのです。

これは記録映画の場合でも同じことで、たとえばマイケル・ムーア監督の『華氏911』のタイトルバックは、会見に備えてメイクアップを行っているブッシュ大統領らアメリカ政府高官の映像ですが、この映像は、編集と音楽によるわずかな効果が加えられることで、ただそれだけで、ブッシュを仇《きゅう》敵《てき》としていた左派ムーアの激しい憎しみによって、今にも燃え上がらんばかりに見えます。記録映画は、劇映画以上に主観的なものになりうるのです。

『華氏911』マイケル・ムーア監督、2004

そうした虚構と真実のせめぎ合いこそ、写真、また記録映画の本質なのではないでしょうか。ことに、芸術写真の場合には、写されているのは実はむしろ写真家の内面なのではないかと思うほど、撮影者の主観が色濃く出ていることがよくあります。

写真集は、洋書（輸入もの）が圧倒的にいい。価格は高めですが、買えないというほどではありません。芸術に興味のある人は、大きな書店の輸入書コーナーでじっくり立ち見をしてみることをお勧めします。必ず、一人や二人は、自分の感性に強く訴えかけてくる写真家が見つかるはずです。また、写真家については、有名な人であるか否かにこだわらないほうがいいと思います。有名な写真家は時事的なものにすぐれた人が多いのですが、僕は、そういう方向の写真にはあまり興味がありません。美術に近い、審美的、内面的なものを多く選んでいます。

美術、写真はいずれもきわめて感覚的な表現であり、その意味は、音楽の場合と同じく、みずからの中に、みずからのよりどころとして、そうした感受性が働きうる柔軟な場所を保っておくことにあるのではないかと思います。

記録映画や写真、ことに芸術写真には、
撮影者の主観が色濃く出る。
虚構と真実のせめぎ合いに
その本質がある

海外旅行で美術を見る、また、文化を肌で感じる

美術については、かつては複製で鑑賞するのが一般的であり、だからこそ先にふれたようなすぐれた美術全集も出ていたのですが、近年は、展覧会や海外旅行で実際に作品を見ることが容易になってきました。そこで、海外旅行と広い意味での美術の関係についても書いておきたいと思います。

最近は、海外旅行に出る人の数が本当に多くなりました。一つの都市とその周辺に滞在する場合にはインターネットで航空券とホテルを予約すれば十分ですが、短期間で一つの国を一通り回りたいといった場合には、旅行社のツアーも便利ですね。何かと制約は多いですが、その半面、わずらわしい手続から解放されて、見ること、感じることに集中できるというメリットもあります。

ツアーのデメリットは、ツアーという「パック」の中から一歩も出ずに、いわば、輸出された「日本」の中からパノラマのように「世界」を見物する姿勢になりがちだということです。しかし、この点は、心がけ次第で、ある程度改善、工夫できることでもあります。

僕も、昨年、初めての団体ツアーで、それまで訪れたことのなかったスペインに行ってきました。

大都会の雑踏はどこも同じで、午後のマドリッド中心部からは絵はがき的感覚しか得られませんでしたが、夕食後にホテルから出てしばらく散歩した「夜のマドリッド」はよかったです。空気感が日本とは異なり、赤、黄、青等の光がくっきりとした縁取りで浮き立って見えます。小さな公園で、高校生くらいの少年を筆頭にした四人の黒人兄弟姉妹がボール遊びをしているのをベンチに座ってしばらく見ていましたが、彼らの軽やかで妖精的な身のこなしは、とても魅力的でした。僕はアメリカに一年間いましたが、アメリカの黒人の子どもたちについて、そんな印象をもったことはありません。その公園の子どもたちの発散していたオーラは、明らかに、スペインのお向かいであるアフリカの現代ポピュラー音楽奏者たちが発散している強烈な明るさに、より近いものでした。

プラド美術館にいられた時間はわずかでしたが、僕は、ガイドからあまり離れない範囲でなるべく多くの絵を見るようにしていました。ヴェラスケス

『ラス・メニーナス（宮廷の侍女たち）』ディエゴ・ヴェラスケス作、1656

の『ラス・メニーナス（宮廷の侍女たち）』はその精緻な構図で有名な作品ですが、近くで見ると、前景の幼い王女にハード・フォーカスで焦点が合わせられていて、王女から離れるにつれて焦点がぼけるという写真同様の描き方がされていることがわかって、驚きました。彼の時代に写真などあったわけはないからです。このことに限らず、ヴェラスケスは、人間の視覚の働きを知り尽くしてこの大作を描いていることが、現物を見ると、はっきりとわかりました。

ゴヤの有名な一対の絵画『裸体のマハ』と『着衣のマハ』は、現物を見ると、明らかに前者のほうが精魂込めて描かれており、後者は、あくまで比べればということですが、インスピレーションに欠け、見劣りがします。細かな部分を見てゆくとそれが歴然としているのですが、これも、画集ではなかなかわかりません。

『裸体のマハ』における、うっすらと静脈が浮き出して見えるような裸婦のきめ細かな白い肌とそこに戯《たわむ》れる光の描写の繊細さには、唖然《あぜん》とするほかありませんでした。

また、ヴェラスケスがモデルである王族たちを常にいくぶん美化して描いているのに対し、ゴヤは、『カルロスⅣ世の家族』で、冷たいほど即物的に、

『裸体のマハ』フランシスコ・デ・ゴヤ作、1800頃

彼らの秘められた性格までをもキャンヴァスに写し取っている、その対照も、現物を見るとよくわかります。ゴヤ晩年の『**黒い絵**』と呼ばれる連作も、完全に印象派以降の絵画を先取りしており、画集で見るそれをはるかにしのぐ迫力でした。

プラド美術館といえば、フラ・アンジェリコの代表的傑作の一つ『**受胎告知**』があるのに、どの国のツアーも、これを無視しています。僕は、売店での買物にあてられた一〇分余りのうちに引き返して、たった一人で、数分間、この輝くようなルネサンス絵画を独占してじっくり見てきました。

セルバンテスが『**ドン・キホーテ**』の中でモデルに使ったという旅館でしばらく休憩した際には、その周囲を少し歩いてみました。雑踏をほんの少しでも離れると、土地の精が何かを語りかけてくる、外国では、いつもそういう感じがします。

この短い散歩中に古い建物越しに見た真っ青な空とそこに貼り付けられたように動かない白い雲は、ダリの絵に出てくる風景そのもので、ダリは、わざとあんなふうに描いたわけではなく、自分がよく見知っている風景の超現実性をただ際立たせたにすぎないということも、よくわかりました。

『カルロスⅣ世の家族』フランシスコ・デ・ゴヤ作、1800

『受胎告知』フラ・アンジェリコ作、1430頃

スペインの強烈な陽光に照らされた風景は、いくぶん非現実的な輝きを帯びます。この国からダリ、ミロ、映画監督のルイス・ブニュエルなど名だたるシュールレアリズムの芸術家が出ていることは、偶然ではないと思います。

ほかにも、グラナダの古い小さな町の幻想的な夜景、その広場で遅くまで遊ぶ子どもたち（僕が仕事で滞在した沖縄でもよく見た光景でした）、軒先に椅子を出して、父親とともに、ワインらしきものをコップから飲んでいる、健康的に太った、まるでバッカスの子ども時代を思わせるような、半ズボンだけでおへそを出した半裸の少年など、ツアー本来の行程からちょっと外れたところに、その国の文化や人々の暮らしぶりの片鱗《へんりん》を見ることができました（なお、モーツァルトを論じた書物に関連してふれたギリシア神話のディオニュソスが、ローマ神話のバッカスに当たります）。

僕の場合、海外旅行の目的は、その国の総体としての生きた文化と過去の文化の双方を見、感じてくることです。そのような趣旨から、美術という項目に関連して、海外旅行の一側面をも取り上げてみました。

『ドン・キホーテ』セルバンテス著、牛島信明訳、岩波書店

6

まとめ

第3章では、文学に始まり、映画、音楽、漫画、広い意味での美術まで、芸術に関する幅広い領域を取り上げました。

芸術は、現実の重みに匹敵するある確実なリアリティーを提供し、そうすることによって、僕たちの人生と世界を側面から照らし出し、その意味を明らかにするものです。そして、僕たちの知性と感性を伸ばし、現実認識と想像力を研ぎ澄ますためにも役立つものです。決して、消費される楽しみにとどまるものではありません。

プラグマティズム的な視点からは、価値観、人生観、世界観、人間知、人間性に対する洞察力等の基盤としての「教養」、リベラルアーツという意味で、芸術は、すでにふれた自然科学系の書物、社会・人文科学系の書物と並んで、重要なものだと思います。

価値観、人生観、世界観、人間知、
人間性に対する洞察力等の基盤としての
リベラルアーツという意味で、芸術作品は
自然科学、社会・人文科学系の書物と並んで重要

むしろ、僕自身は、考える方法、感じる方法、書き、訴える技術という点では、オールジャンルの芸術からより多くを学んできたかもしれないと思いますし、個々の作品から受けたインパクトの深さについても、芸術の場合に際立ったものが多かったという気がしています。

僕は、いわゆる「団塊の世代」後の、比較的地味で目立たない世代に属していますが、二〇世紀後半という、芸術上のムーヴメントが盛んですぐれた作品が数多く生み出された時代に成長したという意味では、非常に恵まれていたと思います。

芸術の欠点をあえて挙げれば、ジャンルや作家によっては、一つ一つの作品の切り口、視点が限られている場合があるということでしょう。深いが狭いということです。しかし、その狭さは、第1章や第2章で解説したような書物から得られるパースペクティヴやヴィジョンの中にそれを置いてみれば、また、ボーダーレス、ジャンルレスの横断性、歴史と体系の視点をもって個々の作品をみれば、かなりの程度に補えます。もちろん、偉大な芸術家は、皆、自分の内に固有の世界観や考え方、感じ方の秩序をもっており、ドストエフスキーやトルストイのように思想家を兼ねるほどその水準が高い場合も、まれではありません。

それに、何より、芸術には楽しみの要素が強いので、学ぶことがより容易だという大きなメリットがあります。

あとがき──リベラルアーツが開く豊かな「知」の世界

　この本では、リベラルアーツを学ぶことの重要性、それを身につけるための方法、個々のジャンルごとの具体的な学び方について、個々の書物や作品の紹介、分析をまじえながら、「はしがき」に始まり個々の各論に至るまで、詳しくお話ししてきました。

　それらについての僕の考え方やメソッドはもう十分に理解していただけたのではないかと思いますので、あとがきは、なるべく簡潔に終えたいと思います。

「知りたい」というのは、人間の基本的な欲求の一つであり、もしかしたらその最大のものかもしれません。トルストイの「イヴァン・イリイチの死」の主人公は、死に臨《のぞ》んで、みずからの人生の意味について悶《もだ》え苦しむほどに激しい自問自答を繰り返しますし、諸星大二郎の漫画の主人公たちを突き動かす衝動も、常に、「この世界の成り立ちとみずからの生の意味を知りたい」というものです。

現代においては、情報社会化の進行に伴い、人々は、雑多な情報に埋もれて、先のような人間の基本的で純粋な衝動を失いがちになっています。しかし、情報の海におぼれ、刹那《せつな》的なコミュニケーションを繰り返しても、必ずしも人生は豊かにならない、そこには何か大切なものが欠けている、そのことに気付き始めている人々、また若者も、多いのではないでしょうか？

現代に生きることのメリット、デメリットはいろいろありますが、僕は、自然科学がこの世界の成り立ちをかなりの程度に明らかにしてくれた時代に生きられたことは、それだけでも、大きな幸運だろうと思っています。自然科学の項目でもふれたように、僕たちの住むこの広大な宇宙は、ほんのわずかな量子的揺らぎから生まれたということ、また、宇宙は無数に存在し、その中には僕たちの宇宙ときわめて近い宇宙も存在しうるということ、したがって、人間存在は、ある意味では、有限ではなく、孤立した存在でもないということ、こうした事実を知る前と知った後では、僕自身の世界観や人生観は、確実に変わったからです。

この宇宙が「ある」というのは、考えてみればそれ自体一つの奇跡であり、ある意味では、僕たちは、奇跡の中に住んでいるのです。そして、あらゆる種類のリベラルアーツは、その奇跡の一端にふれようとする人間の企てだともいえます。僕たちがそれらから学びうるのは、単なる発想や方法にとどまらず、もっと深いものでもあるのです。

本文では、経典としてではなく、リベラルアーツの古典として、『新約聖書』に言及しました。しかし、僕が近年最も大きな感銘を受けた聖書の言葉は、実は、『旧約聖書』からのもので、アメリカ映画屈指の名監督テレンス・マリックが、彼の代表作と目すべき**『ツリー・オブ・ライフ』**の冒頭で引いた言葉でした。

わたしが大地を据えたとき お前はどこにいたのか
そのとき、夜明けの星はこぞって喜び歌い 神の子らは皆、喜びの声をあげた

旧約聖書中でも最も暗い謎に満ちたセクションといわれる「ヨブ記」からマリックが先のような輝ける言葉（第三八章第四節、第七節）を抜き出して、

いと思います。

親子、兄弟、夫婦の確執《かくしつ》を描いたこの映画の冒頭に添えた意味は、深いと思います。

僕たちの宇宙は、一三八億年前に、ほんのわずかな量子的揺らぎから生まれました。先にも記したとおり、奇跡は無数にあるとしても、この宇宙が「ある」ということ以上の奇跡は、そこに住む僕たちにとってはありえないでしょう。そのような宇宙、この世界が、よきものとして始まったことを信じたいものです。

また、そのような「知」がもたらされ、もし望むなら、この世界と人々、自己と他者についていくらでも学びうる時代に生きていることをも、喜びたいと思います。

最後に、本書の企画立案に携わり、編集も担当してくださったディスカヴァー・トゥエンティワン社長の干場弓子さん、編集作業を補助してくださった同社の松石悠さんに感謝の意を表します。

瀬木 比呂志

二〇一五年四月四日

索引

あ

い

う

え

お

つ

て

と

な

に

ね

の

は

クレジット

P.34 朝日新聞社 /Getty Images ／ P.86 写真協力 公益財団法人川喜多記念映画文化財団／ P.151 ©Album Art/PPS ／ P.153 ©Rex/PPS ／ P.158 Getty Images ／ P.161 ©Alamy/PPS ／ P.163 ©Mary Evans/PPS ／ P.168 ©SPL/PPS ／ P.169 ©Rex/PPS ／ P.175 ©Science Source/PPS ／ P.180 ©Rex/PPS ／ P.222 朝日新聞社 /Getty Images ／ P.267 ©Ronald Grant Archive/PPS, ©2014 Metro-Goldwyn-Mayer Studios Inc. All Rights Reserved. Distributed by Twentieth Century Fox Home Entertainment LLC. ／ P.282 ©Kobal/PPS ／ P.298 ©AKG/PPS ／ P.302 Getty Images ／ P.307 ©Rex/PPS ／ P.311 ©Ronald Grant Archive/PPS ／ P.312 ©2014 Twentieth Century Fox Home Entertainment LLC. All Rights Reserved. ／ P.316 ©PPS ／ P.322-323 写真提供 / 松竹／ P.325 ©PPS ／ P.326 ©KADOKAWA 1950 ／ P.327 朝日新聞社 /Getty Images ／ P.328 ©KADOKAWA 1952 ／ P.329 Getty Images ／ P.330 ©KADOKAWA 1960 ／ P.330 朝日新聞社 / Getty Images ／ P.331 ©Rex/PPS ／ P.332 朝日新聞社 /Getty Images ／ P.333 © 木村プロダクション／ P.337 ©Alamy/PPS ／ P.340 ©Rex/PPS ／ P.343 ©Rex/PPS ／ P.356 ©PPS ／ P.364 © 諸星大二郎 / 集英社／ P.373 © 小道迷子 / 小学館／ P.374 © 冨樫義博 / 集英社／ P.374 ©KIYOHIKO AZUMA/YOTUBA SUTAZIO ／ P.374 © 大場つぐみ・小畑健 / 集英社／ P.382 ©WESTSIDE PRODUCTIONS,LLC 2004 ALL RIGHTS RESERVED.

本文中で紹介した映画作品の DVD 発売情報（一部）

A)
『カポーティ』
販売元：20 世紀フォックス ホーム エンターテイメント ジャパン

B)
『ミラーズ・クロッシング』
販売元：20 世紀フォックス ホーム エンターテイメント ジャパン

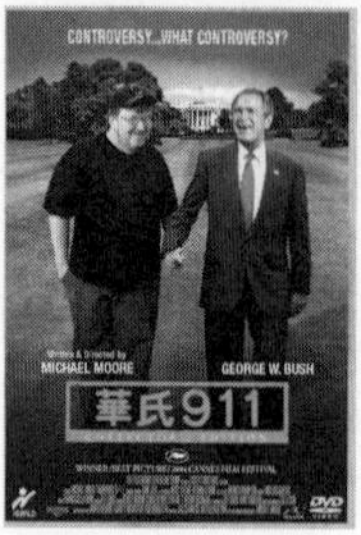

C)
『華氏 911』
発売元：KADOKAWA
販売元：NBC ユニバーサル・エンターテイメント

リベラルアーツの学び方

発行日　2015年5月30日　第1刷
2015年6月20日　第2刷

Author
瀬木比呂志

Publisher
干場弓子

Editor
干場弓子 + 松石悠

Book Designer
加藤賢策（LABORATORIES）

Publication
株式会社ディスカヴァー・トゥエンティワン
〒102-0093東京都千代田区平河町2-16-1 平河町森タワー 11F
TEL 03-3237-8321（代表）　FAX 03-3237-8323
http://www.d21.co.jp

Marketing Group
Staff　小田孝文　中澤泰宏　片平美恵子　吉澤道子　井筒浩　小関勝則　千葉潤子
飯田智樹　佐藤昌幸　谷口奈緒美　山中麻吏　西川なつか　古矢薫　伊藤利文　米山健一
原大士　郭迪　松原史与志　蛯原昇　中山大祐　林拓馬　安永智洋　鍋田匠伴　榊原僚
佐竹祐哉　塔下太朗　廣内悠理　安達情未　伊東佑真　梅本翔太　奥田千晶　田中姫菜
橋本莉奈　川島理　倉田華　牧野類　渡辺基志
Assistant Staff　俵敬子　町田加奈子　丸山香織　小林里美　井澤徳子　橋詰悠子
藤井多穂子　藤井かおり　葛目美枝子　竹内恵子　清水有基栄　小松里絵
川井栄子　伊藤由美　伊藤香　阿部薫　常徳すみ　三塚ゆり子　イエン・サムハマ　頼奕璇

Operation Group
Staff　松尾幸政　田中亜紀　中村郁子　福永友紀　山﨑あゆみ　杉田彰子

Productive Group
Staff　藤田浩芳　千葉正幸　原典宏　林秀樹　三谷祐一　石橋和佳　大山聡子
大竹朝子　堀部直人　井上慎平　木下智尋　伍佳妮　張俊崴

Proofreader
株式会社鷗来堂

DTP
アーティザンカンパニー株式会社

Printing
大日本印刷株式会社

ISBN978-4-7993-1672-6

ディスカヴァー・レボリューションズ！

いま、日本は、世界は、大きな変化と変革のうねりのなかにいます。

政治、経済、社会、そして、その中に生きる私たちの生活、仕事、生き方、人間関係……、すべての面で、新しい価値基準が求められています。すでに静かに変わりつつあります。

漠とした不安と恐れとともに、どこかワクワクゾクゾクする変革のとき。「ディスカヴァー・レボリューションズ・シリーズ」は、この千載一遇の変化のときにこそ、自らを変革し、新しい時代を創っていこうとする方々とともにありたいと願って創刊されました。

それは、二十一世紀をひらく会社として、二十世紀の価値基準がまさに最後の栄華を誇っていた時代に、次なる二十一世紀の新しい価値基準の選択肢を提供する会社として設立された、わたしたちディスカヴァー・トゥエンティワンのミッションそのものでもあります。

多彩な変革の士の多様な視点が集まり、ひとりひとりの行動の起点となる場となることを目指します。

二〇一二年一二月
千場弓子

ディスカヴァー・レボリューションズ既刊紹介!!

もう終わっている会社
本気の会社改革のすすめ
古我知史

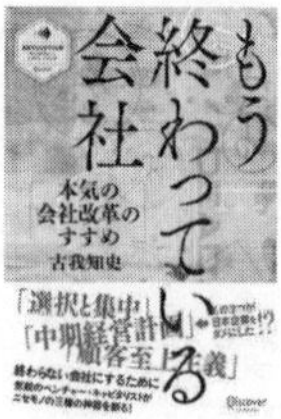

本体価格 1500 円
ISBN: 978-4-7993-1255-1

「選択と集中」「中期経営計画」「顧客至上主義」

この3つが日本企業をダメにした!?

終わらない会社にするために、マッキンゼー出身の気鋭のベンチャー・キャピタリストが、ニセモノの三種の神器を斬り、ベンチャー・スピリッツを大企業に取り戻す、日本企業復活の秘策を熱く語る！

発売以来、話題沸騰！ 首都圏、大阪の主要書店でビジネスジャンル１位続出。

発行日 二〇一二年十二月二五日／ページ数 二八〇ページ／四六判並製
電子版は、ディスカヴァーサイト、アマゾン・キンドル、楽天 Kobo 他で

やり過ぎる力
混迷の時代を切り開く真のリーダーシップ論
朝比奈一郎

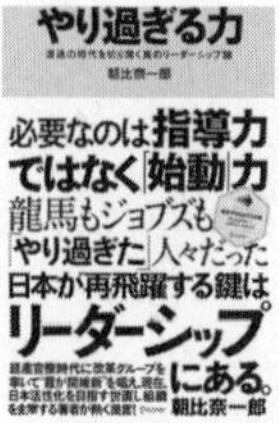

本体価格 1500 円
ISBN: 978-4-7993-1257-5

日本の近代を切り開いた坂本龍馬ら維新の志士も、コンピュータの概念を変えたスティーブ・ジョブズも、「やり過ぎた」人々だった。

経産官僚時代に省庁横断的な改革グループを率いて「霞ヶ関維新」を唱え、現在、日本活性化を目指す世直し組織「青山社中」を主宰する著者が熱く提言！

事例を挙げて「やり過ぎる力」の重要性を論じ、さらに「やり過ぎる力」を身につけ、実践するためにするべきことを説く。各界より絶賛の声。

発行日 二〇一三年二月二八日／ページ数 二〇八ページ／四六判並製
電子版は、ディスカヴァーサイト、アマゾン・キンドル、楽天 Kobo 他で

ディスカヴァー・レボリューションズ既刊紹介 !!

ノマド化する時代

グローバル化、ボーダレス化、フラット化の世界をいかにサバイブするか？

大石哲之（@tyk97）

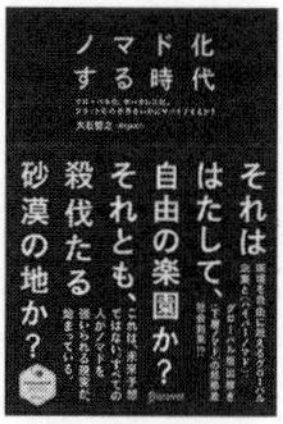

本体価格 1500 円
ISBN: 978-4-7993-1305-3

〈ノマド化する時代〉とは、主役が近代国家からグローバル企業・個人に移る新しい中世。組織や個人が世界中に離散する時代。それはまた、国境を自由に超えるグローバル企業を渡り歩く〈ハイパーノマド〉と、いわばグローバル版出稼ぎの〈下層ノマド〉の、超格差社会でもある。このような社会に、僕たちはすでにいやおうなしに巻き込まれている。そこで、いったいどうサバイブしていったらいいのか？ 丹念な取材で多くの〈ノマド〉たちをレポートするともに、この時代をノマドとして生きるヒントを説く。

発行日二〇一三年三月一五日／ページ数二六四ページ／四六判並製
電子版は、ディスカヴァーサイト、アマゾン・キンドル、楽天 Kobo 他で

僕らが元気で長く生きるのに本当はそんなにお金はかからない

投資型医療が日本を救う

武内和久／山本雄士

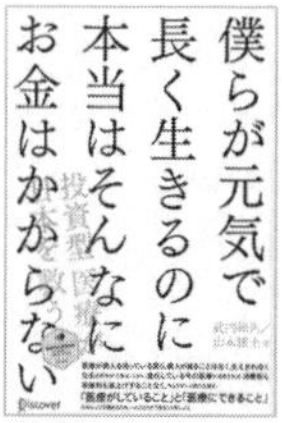

本体価格 1600 円
ISBN: 978-4-7993-1335-0

本書はいわば、全日本国民に向けた「医療啓発本」である。本書を通じて読者は、深刻さを増すばかりの日本の社会状況―このままでは病人が減ることはなく支えきれなくなる日、健保と年金という社会保障費の負担に日本が沈没してしまう日がやがて来る―の中で、わたしたちのとるべき、本質的かつ具体的な医療改革の方向性とその豊かな可能性を知るだろう。すなわち、進化している今の医療を活用すれば、消費税も保険料も値上げもすることなく、今よりずっと病人が減るのだ。現在の病気待ち、治療中心の「トラブル・シューティング型医療」から、健康を効果的に維持・増進する「投資型医療」への転換である。東大医学部、ハーバードビジネススクールの双方で学んだ異色の医療従事者と厚労省からマッキンゼーへの出向を経験した異色の官僚による、現在の医療の課題とそれを救う七つの提言。

発行日二〇一三年六月二五日／ページ数三〇八ページ／四六判並製
電子版は、ディスカヴァーサイト、アマゾン・キンドル、楽天 Kobo 他で

ディスカヴァー・レボリューションズ既刊紹介!!

独裁力

ビジネスパーソンのための権力学入門

木谷哲夫

本体価格 1500 円
ISBN: 978-4-7993-1477-7

権力は非常に魅力があり、権力欲にとりつかれ、それを追い求める人たちがいることは確か。したがって、組織で自分の意思を貫徹し、自分が望む何かを組織を通じてやり遂げたい人は、そういう権力亡者に勝つことが必要になる。権力亡者との闘争に打ち勝ち、権力を、乾いた視点で合目的的に活用し、何かを実現するために「道具」として使いこなすために。組織を率いて正しい意思決定を行い、実行し、結果を出していくために、リーダーもフォロワーもすべてが知っておくべき「権力」の科学。前グーグル日本法人名誉会長 村上憲郎氏絶賛!

発行日二〇一四年四月二〇日／ページ数二八〇ページ／四六判並製
電子版は、ディスカヴァーサイト、アマゾン・キンドル、楽天 Kobo 他で

コンサル一〇〇年史

並木裕太

本体価格 2500 円
ISBN:978-4-7993-1591-0

時に名だたる企業の社運をかけた一大事業を動かし、また時に一国の政府の政策決定にまで関与するなど、社会に対して決定的な影響力を有する頭脳集団として近年ますます注目を浴びる「コンサル」。その卓越したビジネスノウハウが各所で語られるなか、実態そのものについては謎に包まれたままであった。本書は、そうした「コンサル」の正体を明らかにするべく、20世紀初頭に活躍したフレデリック・テイラーに始まる100年の歴史を紐解くとともに、実際のプロジェクトをコンサルティング・ファームがどのように手がけたか、またコンサルタントたちは現場でどのように働いているのかなどを詳らかにする。

発行日二〇一五年一月二九日／ページ数三五二ページ／A五判並製
電子版は、ディスカヴァーサイト、アマゾン・キンドル、楽天 Kobo 他で